「八月ジャーナリズム」と戦後日本

戦争の記憶はどう作られてきたのか

米倉 律

花伝社

日本大学法学部叢書 第43巻

「八月ジャーナリズム」と戦後日本——戦争の記憶はどう作られてきたのか◆目次

序章 「八月ジャーナリズム」とテレビ

1 本書の目的

「八月ジャーナリズム」とは何か

毎年八月、とくにその前半は、日本のメディアにとって特別な時期である。広島、長崎に原爆が投下された八月六日および九日の「原爆の日」から八月一五日の「終戦記念日」にかけて、新聞、雑誌、テレビなどでは戦争関連の特集記事や番組が集中的に掲載・放送されることが慣例化し、「八月ジャーナリズム」と呼ばれている。例えばテレビでは、NHKが広島、長崎の「原爆の日」の平和記念式典や八月一五日の全国戦没者追悼式の生中継を行うほか、民放を含めた各局がニュースや情報番組の中で関連の特集や企画を放送する。またそうした定時番組以外にも多くの特集番組が制作され、戦争や戦後に関する様々なテーマや問題が取り上げられる。「戦後七五年」にあたった二〇二〇年八月（前半）を例にとると、関連番組の数は、NHK、民放の地上波の全国放送だけで三八本を数え（定時のニュース・情報番組を除く）、番組で取り上げられたテーマも原爆投下、空襲、日中戦、沖縄戦、南方戦線での激戦、東京裁判、戦後補償など多岐にわたっていた。

「八月ジャーナリズム」という呼称には、八月（前半）に限って集中的に戦争関連の報道をするマス・メディアへの皮肉や批判の意味も込められている。例えば、作家の保阪正康は、「八月ジャーナリズム」が他国には見られない、戦争をめぐる「独自の歴史空間」を形成してきたとしつつも、実際には形骸化・儀式化が進んでいると指摘する。[1] そして「八月ジャーナリズム」は、八月一五日正午に甲子園球児たちが行う一分間の黙とうのような「夏の風物詩」的なものとなっており、単に「底の浅い非戦論」が再生産されているに過ぎないのではないかという。また、佐々木亮（朝日新聞）は、反戦、平和、反核が八月の季語のようになっているとし、「夏が終わっても被爆者の苦しみは終わらない。原爆問題の重要性は季節で変わるわけではない。」と自戒を込めて指摘している。[2] 確かに「八月ジャーナリズム」に保阪や佐々木の指摘するようなマンネリ化や年中行事化の傾向があることは否めない。しかし他方で、「八月ジャーナリズム」は、戦後日本を生きる多くの人々に、普段は忘れているとしてもその時期には戦争を思い出し、戦争の犠牲者を偲び、平和への誓いを新たにする特別な機会を提供し続けてきたこともまた否定できない事実である。

「八月ジャーナリズム」が、日本人の戦争観や戦争イメージの形成に深く関わっていることを示唆する、いくつかの興味深いデータがある。朝日新聞が二〇一五年に実施したアンケート調査では、[3]「戦争のイメージ」形成に寄与したものとして回答者の四割近くが「本、映画、テレビなど」を挙げており、「両親や祖父母らの体験談」や「学校の授業や修学旅行」を上回っていた。そして作品別では、『はだしのゲン』『火垂るの墓』『永遠の0』といった映画作品に次いで「NHKの報道やドキュメンタリー、ドラマ」を挙げた割合が高かった。また、少し古いデータだがNHKが二〇〇〇年五月に実施した世論調査においても、「先の戦争に対する自分の考えに影響のあったメディア」として「テレビ」を挙げた割合（複数回答）は三二％で、「身近な人」三六％に次いで高かった。[4] テレビについては、近年その影響力がより大きくなっている可能性があることを伺わせる調査結果もある。東京、京都、広島、那覇の四都市の中学生を対象として村上登司文（京都教育大学）が実施した調査によると、「第二次世界大戦の様子について誰から聞いたか」という問い（複数回答）に対して、二〇〇六年には「先生」が七七％で最も多かったが、二〇一六年には「先生」は五六％に減少、代わりに「テレビ」が〇六年の二位（五五％）から二三％増加して一位（七七・九％）となっている。[5]「テレビ」は、「先生」だけでなく「祖父母」「父や母」や「被爆者」なども大きく引き離している。[6] つまり、学校での平和教育や戦争の直接・間接的な体験者の口承よりも、テレビの影響力が大きくなっているのである。

本書の問い

このようにテレビをはじめとする「八月ジャーナリズム」の影響力が大きいとすれば、そこで改めて問われるべきなのは、「八月ジャーナリズム」が戦争についての何をどのように描いてきたのか、またそれらにはどのような特徴や問題があるのかといった諸点である。

戦争終結からすでに七五年以上が経過した。しかし、戦後最悪と言われる近年の日韓関係に象徴されるように、日本と諸外国、とりわけアジア諸国とのあいだには今なお戦争に由来する緊張関係が様々な形で存在している。その背景には、戦争観や歴史認識をめぐる大きな隔たりや相互理解の不在がある。それぞれの社会における戦争観や歴史認識は、政治、教育、研究、マス・メディア、式典、博物館、記念碑、個人の記憶など、多様なものが相互に作用しながら形成される。[7]その中でも、前述のようにテレビをはじめとするマス・メディアの影響力が大きいことに鑑みれば、「八月ジャーナリズム」には、混迷する歴史認識問題を生み出す一端を担ってきた責任と、逆にその解決策を見出していくうえでの責任という、二つの重い責任があるのではないだろうか。

さらに言えば、「八月ジャーナリズム」は「戦後日本」の自意識（＝アイデンティティ）の形成それ自体にも深く関わってきたと考えられる。なぜなら「八月ジャーナリズム」は「戦後日本」の原点である戦争および終戦において、日本人が何を体験し、何を失い、また何を学んだのか、そしてそこからどのように立ち上がってきたのかを、繰り返し確認しながら語り継いできた、「戦後日本」のある種の「自画像」のようなものでもあるからである。だから今、「八月ジャーナリズム」の歴史的展開を問うことは、「戦後日本」を改めて検証し、その自意識のありようを問い直す作業でもあるだろう。

もとより、キャロル・グラックが言うように、テレビなどのマス・メディアは、人々の戦争観や歴史認識を形成する「作り手」であると同時に、逆にその産物でもある。なぜならば「メディアとは言葉どおり、多くの場合は『ミディウム（伝達手段）』であって、記憶を操作する存在ではない」からである。[8]従って、「八月ジャーナリズム」は、一方において戦後日本のなかで形成され共有されてきた戦争観や歴史認識を反映したものであり、また他方において人々の戦争観や歴史認識の形成に影響を及ぼしてきたものでもあるという、その両面性と相互性において理解され検証される必要がある。

こうして、本書が設定する問いは次のようなものである。すなわち、①「八月ジャーナリズム」は、戦争についての何を、どのように表象し、伝えてきたのか、②「八月ジャーナリズム」は、「戦後日本」における人々の戦争観や歴史認識をどのように反映してきたのか、また逆に、その形成にどのように関わってきたのか、という問いである。

2　「戦争記憶」とメディア、テレビ

「受難の体験」としての戦争観

戦後日本における戦争観や歴史認識は、五百旗頭薫が指摘するように「加害者・被害者・敗者」という三つの立場が複合的に絡み合いながら形作られてきた。[9] しかし、そのなかでも兵士や市民が戦争で体験した「被害」の側面が焦点化され強調される一方で、日本が他国とりわけアジア諸国にもたらした「加害」の側面（侵略、植民地支配、残虐行為、強制労働、「従軍慰安婦」など）が後景化される傾向があることがしばしば指摘されてきた。例えばジョン・ダワーは、戦後日本における戦争をめぐる「語り」の顕著な特徴として、日本人のあいだに広く浸透した「被害者意識」を指摘している。

「苦しめられた」と人々はいう。ではだれによってなのか。何によってなのか。そう人々はたずねた。人は「犠牲」という。ではどんな目的のための犠牲だったのか。……米軍による空襲や原爆の犠牲になったり、すぐに気づくような戦勝国のダブル・スタンダードの犠牲になったりしたことは、そうした被害者意識の一側面にすぎない。より説得力があり、日本人に浸透してい

たのは、日本人が、戦争それ自体の犠牲になったという意識、絶望的な「聖戦」に投げ込んだ軍国主義指導者の愚行によって、さらに洗脳されるがままに一般民衆が無知であったことによって、犠牲になったという意識だった。[10]

ダワーによれば、自分たち国民は「戦争」一般の犠牲者であり、戦争責任は指導者にあって自分たちは彼らに「だまされた」被害者でもあるとする強固な「被害者意識」こそ、日本人が自らの「戦争責任」に対する意識を深めることを鈍らせる効果をもたらしてきた。そしてこの「被害者意識」は、政治・外交レベルにおいては、戦争責任、反省、謝罪などに言及する日本政府による折々の公式の声明が、諸外国からしばしば「生ぬるい」と受け止められ、時として日本が「歴史に関する記憶喪失（historical amnesia）」に陥っていると批判される要因にもなってきた。また橋本明子は、戦後日本の文化を「敗戦の記憶・トラウマ」に強く規定された文化（＝敗戦の文化）として特徴づけ、そうした文化が、「戦争を国家存続のためにやむをえず戦った悲劇の戦争に仕立て、将兵たちを勇者あるいは犠牲者」として語る傾向、「現在の成長と繁栄も、過去に国民が経験した犠牲の上に築かれた」ものとして語る傾向を生み出したと指摘している。[11] 橋本の指摘するような傾向は、例えば、「今、私たちが享受している平和と繁栄は、戦没者の皆様の尊い犠牲の上に築かれたものであることを、私たちは決して忘れることはありません。」[12]という、安倍前首相が全国戦没者追悼式でしばしば用いてきた言い方に典型的に見られる。

このように「被害」や「犠牲」という意識に偏重した戦後日本における戦争観、歴史認識の特徴については、冷戦構造を背景にした日本の戦後処理の特殊性がその要因として挙げられることが多い[13]。すなわち、アメリカの対ソ戦略上の政治的配慮が優先されることで、アメリカを含む多くの国々によって日本への賠償請求権が放棄され（サンフランシスコ講和条約）、日本の戦争責任の追及は中途半端な形で決着した。また、日本の侵略戦争の大きな被害者であったアジア諸国の多くは当時、脱植民地化＝国民国家形成の過程と重なっていて国際社会に占める地位・影響力が相対的に小さく、日本の戦後処理に対して十分な発言権をもたなかった。結果的に、日本は戦争責任を事実上棚上げしたまま経済成長にまい進することができた[14]。そのような状況下で形成された戦後日本の戦争観を、吉田裕は「ダブル・スタンダード」と名付けている。すなわち、対外的には戦争責任を認めることによってアメリカの同盟者としての地位を獲得しつつ、他方で「国内においては戦争責任の問題を事実上、否定する、あるいは不問に付す」[15]というダブル・スタンダードである。こうした見方は、日本の戦後体制を、一方における「対米従属」と、他方における国内での敗戦の否認（アジア諸国への侵略の責任や中国に対する敗戦の否定など）を特徴とする「永続敗戦」体制だとする白井聡『永続敗戦論』（二〇一三年）にも共通したものであると言える[16]。

このような戦後日本の戦争観と歴史認識における「被害」「犠牲」の強調と「加害者意識」の過小は、「八月ジャーナリズム」でも傾向として存在することがかねてから指摘されてきた。しかしそうした指摘の多くは、新聞の八月一五日付社説を時系列分析した根津朝彦の実証的な研究[17]など少数の例外を除くと、論壇等における印象批評的なものに留まってきた。そうした傾向が存在するとして、それはいつどのように形成されたのか、またそれは日本の戦後史のなかで一貫して変わらないものなのかどうか、あるいは変化があったとして各時期の政治・社会状況とどのような関係にあるのか、といった諸点は、特にテレビの「八月ジャーナリズム」に関しては、これまで殆ど明らかにされていない。

「戦争記憶」をめぐるポリティクス（記憶の政治）とメディア

戦争観や歴史認識とメディアの関係を考えるとき、キーワードになるのが「記憶」である。日本では戦争を主題とする歴史学や社会学において、一九九〇年代以降に大きな転換があったとされる。それは戦争についての直接的「体験」を出発点または前提にした研究から、戦争の「記憶」およびその共有や継承のあり方を問題とする研究への転換であった。エヤル・ベン＝アリはこの転換について、世界的な「記憶論―記憶研究」の興隆を背景とした日本版の「記憶ブーム」と特徴づけている。[18] この日本の「記憶ブーム」は、「戦争記憶」をめぐる様々な論争や問い直しという形をとった。背景には、ちょうど同じ時期に、元「従軍慰安婦」や元徴用工が戦後補償を求めて起こした訴訟などがアジア諸国で相次いだことがあった。そうした動きは、終戦後半世紀という時間が経過したなかで、戦争中に起きた出来事や経験をどのようなものとして認識し、理解し、語るのか、またそれらについて時代や世代や国境を越えてどう対話し、共有するのかという、「戦争記憶」をめぐるせめぎあい（＝記憶の政治）を継起していった。

「戦後五〇年」という大きな節目となった一九九五年前後には、戦争の「記憶」をキーワードとした重要な著作・研究成果が相次いで発表された。[19] イアン・ブルマ『戦争の記憶――日本人とドイツ人』の翻訳（一九九四年）、雑誌『現代思想』の「戦争の記憶」特集（一九九五年）、高橋哲哉『記憶のエチカ――戦争・哲学・アウシュヴィッツ』（一九九五年）、加藤典洋『敗戦後論』（一九九五年）、吉田裕『日本人の戦争観』（一九九五年）、富山一郎『戦場の記憶』（一九九五年）、雑誌『世界』一九九五年一一月号に掲載された安丸良夫とC・グラックの対談「戦後50年記憶の地平」などである。「記憶」をキーワードにしたこれらの著作・研究成果は、大きな話題を呼んで多くの読者を獲得しただけでなく、その評価をめぐって激しい論争を引き起こしもした。その代表的なものとしては、加藤典洋と高橋哲哉を中心に展開された「歴史主体論争」、歴史教科書において「従軍慰安婦」や南京虐殺などをいかに記述するかが焦点化された「歴史教科書論争」、林健太郎、小堀圭一郎ら保守派の論客のあいだで展開された「歴史認識論争」などが挙げられる。[20]

「記憶論的転回」とも呼ばれる、こうした戦争の「記憶」のあり方を焦点化する研究や社会的議論にとって重要な意味を持つ領域のひとつがメディアにほかならない。なぜならば、岩崎稔・長志殊絵が指摘するように[21]、戦争の「記憶」の位相が、戦争経験者らによって直接伝えられる水準から、そうした直接的当事者がもはや不在となるなかで、もっぱら文化的表現物を介して再生産される「文化的記憶という位相」へと変位しているからである。この「文化的記憶」とは、その提唱者であるアライダ・アスマンによれば、人々の日常的なコミュニケーションのなかで共有されていくような「コミュニケーション的記憶」とは異なり、メディアによって媒介されるものであり、各種のメディアやそれに基づく文化的実践がなければ世代や時代を超えて継承され得ない種類の記憶である。[22]ここでいうメディアには、新聞、雑誌、テレビ、映画、広告といったマス・メディアだけでなく、文学作品、歴史教科書、博物館・資料館などの展示、さらには戦争関連のイベントやモニュメントなど多様なものが含まれる。そしてこれらのメディアを対象とした研究では、その中にどのような戦争観が表れているか、戦争観の中にどのような力のせめぎあい、相克が見られるかといった点が分析対象となる。[23] そして、こうした問題関心はテレビを主たる対象とする本書においても共有されている。

「集合的記憶」とテレビ

「戦争記憶」とテレビの関係を考えるうえで鍵となるのが「集合的記憶」の概念である。モーリス・アルヴァックスは、その古典的著書『集合的記憶』において、「記憶」を純粋に個人の心理的現象として説明するのではなく集合的な現象として捉えた。[24] アルヴァックスの記憶理論の要諦は、記憶が常に「社会的枠組み」によって条件づけられているというものであった。アルヴァックスによれば、どのような個人であっても、家族、職場、地域コミュニティ、宗教的コミュニティ、国家などの集団に所属しているのであり、そうした集団の内部に存在する思考様式、価値体系、解釈図式などを通じて、個人は過去の出来事を位置づけ、意味づけ、物語化していく。[25]

記憶をこのように社会的・集合的な枠組みにおいて捉えるならば、現代社会における集合的記憶の生成および媒介プロセスにとってマス・メディア、とりわけテレビは大きな位置を占めていると考えることができる。なぜならば、一九五三年に本放送が始まったテレビは、一九七〇年代までにほぼ一〇〇%の世帯に普及し、多くの人々によって視聴されることを通じて政治や経済、社会、文化など多様な領域において大きな影響を持つメディアとなってきたからである。ＮＨＫの「国民生活時間調査」によれば、日本人のテレビ視聴時間は、一九七〇年代には一日三時間（平日平均）を超え、インターネットが台頭して若年層を中心にテレビ離れが進んでいるといわれる今日においてもなお三時間以上の高水準を維持している。[26] こうした高い普及率と長時間の視聴習慣によって、テレビは国内外で起こるニュースや出来事を数百万～数千万という多くの人びとが同時に体験し、その記憶を共有するメディアとして機能してきた。そして、戦争関連を含む多くの歴史的な出来事がテレビ視聴を通じて経験され、それらに関する知識やイメージがテレビ視聴を介して形成されてきたのである。[27]「国民（ネイション）」の概念を「想像の共同体」と捉え、その創出にとって活字メディア（新聞）が果たした大きな役割を論じたのはベネディクト・アンダーソンであるが、[28] 現代社会における「記憶の共同体」の生成にとっては、テレビの果たしてきた役割が極めて大きいと考えられる。

テレビが介在する集合的記憶の特徴を理解するうえでは、テレビ特有のメディア特性を踏まえておく必要がある。ここではテレビの三つのメディア特性を指摘しておきたい。

第一は、映像・音声を動員して情報を伝えるという「視聴覚メディア」としてのテレビの特性である。テレビ番組の映像・音声は見る者に強い印象を与える。それゆえに、テレビを通じて形成される記憶は、番組で流された映像や音声に強く規定される。例えば、多くの人びとにとって、二〇一一年三月の東日本大震災は、沿岸に押し寄せる津波や原発事故の映像とともに、また二〇〇一年九月一一日の米同時多発テロ事件（9・11）は、ニューヨークの国際貿易センタービルにハイジャックされた二機の旅客機が突入する映像とともに記憶されているだろう。あるいはさらに過去にさかのぼり、皇太子ご成婚（一九五九年）、六〇年安保（一九六〇年）、東京オリンピック（一九六四年）、浅間山荘事件

（一九七二年）といった戦後日本の歴史を画してきた数々のニュースや事件についても同様に、それを伝えたテレビの映像や音声とともに記憶されているだろう。[29] また、戦中や終戦直後、あるいは一九六〇年代以前の出来事に関する多くのイメージが一般にモノトーンの情景とともに想起されるのは、それらの出来事を撮影・記録したテレビや記録映画の映像がカラーではなくモノクロの時代のものだったためであろう。

第二は、テレビが人々の日常生活に深く根を下ろした「日常性のメディア」であるという点である。戦後日本においてテレビは長らく、あらゆるメディアのなかで最も長時間接触されるメディアとして、人々の日常的な生活空間と生活時間の中に深く組み込まれてきた。かつて藤竹暁はテレビ全盛期におけるテレビ視聴について、「家庭のお茶の間あるいは居間という、もっともくつろいだ状態の下で行われる」行動であると特徴づけていた。[30] その後、時代と人々のライフスタイルの変化に応じてテレビ視聴行動も変化を続けてきたが、にもかかわらず今に至るまでテレビ視聴は、基本的に日常的でプライベートな時間と空間の中で体験される行動であり続けている。このような「日常性のメディア」であるがゆえに、テレビは極めて「大衆的なメディア」である。テレビ草創期（一九五〇〜六〇年代前半）においてこそ、テレビ制作者たちは様々な実験的・前衛的な試みを展開して表現媒体としてのテレビの可能性を多様に追求したものの、[31] 六〇年代半ば以降、テレビ受像機の普及が進み放送各局が熾烈な視聴率競争を展開するようになると、テレビは視聴者の「最大公約数」を追求する「大衆的メディア」へと変質していった。[32] テレビ番組には、人々が日常生活の中で安心して楽しめる内容が求められた。そしてテレビは、各時代における支配的な価値観や大衆的な欲望を映し出すメディアとして発展していき、またそうであることによって大衆に幅広く受け入れられていった。テレビにはもちろん、権力監視や調査報道を行うようなジャーナリズム機能や、様々な論者による言論活動の場を提供する機能もある。しかし「日常的」で「大衆的」であるというテレビのメディア特性は、テレビを多くの場合において保守的で現状肯定的なメディアたらしめてきた。同様の傾向は、テレビの「八月ジャーナリズム」においても見られる。

第三は、「ナショナル・メディア」としてのテレビのメディア特性である。テレビ放送は、電波という有限希少な資源を用いる事業であり、また社会的影響力が強いことを理由に「公共性」が高いメディアと見なされ、それゆえに日本のみならず世界の多くの国々において他のメディアにはない内容規制・所有規制、免許制など多くの公的規制や法制度が整備されてきた。放送産業はそのように「制度産業」としての性格を色濃く帯びてきた。そしてその結果として、テレビは近代国家の成立と一体となった集合的記憶の公的な編成に歴史的に深くコミットしてきた[33]。この点は、他メディアにおいてはあまり見られない、テレビ固有の性質である。このようなテレビを通じた集合的記憶の公的な編成のあり方について、伊藤守は「権力や利害関心に基づく特定の記憶や歴史像のヘゲモニックな調達のプロセス」であると特徴づけながら次のように言う。

> それは、外部の政治的組織や種々の団体の圧力、さらには「国民感情」といった目に見えない社会的圧力など、メディアをめぐる複雑な関係、さらにはテレビ局内部の幾つかの部局の対抗関係など、さまざまな社会的エージェント間の動的な闘争と交渉の過程を通じて、時には個々の記

憶のあからさまな排除や隠蔽さえもが行われる権力行使の過程であるとともに、他方ではそこに対抗的な記憶もまた生成する、せめぎあうプロセスなのである。[34]

伊藤が指摘するように、テレビ番組とは、その内部において同時代の多様な政治・社会的な諸力がせめぎ合う場なのであり、そうしたせめぎあいを通じて過去の記憶が取捨選択される極めて動的なプロセスを反映しているものである。しかもテレビは、他のメディアにも増してナショナルな権力作用が反映されやすい性格を構造的に内包している。それゆえにテレビ番組は、戦後の各時代における戦争に関するナショナルな次元の集合的記憶とそれをめぐる諸力のダイナミズムが深く刻印されたテクストであるとみなすことができるだろう。

3　本書の概要

対象・方法

以上のような問題意識と視点に基づいて、本書ではテレビを中心とした「八月ジャーナリズム」の戦後日本における歴史的展開を分析・検討する。

戦争記憶とテレビの関係をテーマとした研究は多くない。その背景には、映画やアニメ作品などと異なって、テレビ番組の場合、特に一九八〇年代以前など古い時期の番組の多くが保存されていないか、あるいは保存されていたとしても研究に活用し得るような環境の整備（番組アーカイブの公開）

が遅れてきたという事情がある。そうした制約のなかで、これまでは戦争責任問題、「従軍慰安婦」、在日朝鮮人など特定のテーマに沿って特定のテレビ番組の内容分析を行う研究が中心となってきた[35]。また、テレビの「八月ジャーナリズム」についても、一九五五年から九〇年までの五年ごとの節目の年の七〜八月の番組編成を分析した本橋春紀の研究や[36]、一九九五年八月に日本と諸外国で「戦後五〇年」がどう報道されたかを分析したNHK放送文化研究所の国際共同研究などがあるが[37]、いずれも特定の年や時期を対象にしたものであり、テレビの「八月ジャーナリズム」の歴史的展開の全体を扱ったものではない。

本書では、日本が敗戦した一九四五年以降、二〇二〇年までのすべての年における「八月ジャーナリズム」について、テレビを中心に分析・考察していく。また、新聞、ラジオの「八月ジャーナリズム」についても必要に応じて参照し、比較検討する。

対象とするテレビ番組は、テレビ放送の始まった一九五三年から二〇二〇年までの各年の八月前半（一日から一六日）に放送されたNHK、民放の戦争・終戦関連番組（地上波・全国放送、以下、関連番組または戦争関連番組）である[38]。冒頭でも述べたように戦争・終戦関連の番組の放送がこの期間に集中しているからである。ただし、一九五三年から現在までに放送された番組に関する情報を網羅した史料は存在しない[39]。そこで、新聞の「ラジオ・テレビ欄」、『TVガイド』『ザテレビジョン』『NHKウィークリーステラ』等のテレビ情報雑誌[40]、各局の公式HPなどに記載されている情報を利用した。これらの史料から各年に放送された関連番組をリストアップし、それらの番組に関するメタデータ（局、放送日時、放送時間量、番組ジャンル、タイトル、テーマ・内容などについての情報）を収集・整理して独自にデータベースを作成した。なお、今回の対象からは、定時放送のニュース・情報番組は除外している。もとより、ニュース・情報番組で戦争・終戦関連のニュース・情報を扱っていることは多いが、番組のなかの一項目として扱っていることが多く、残されている史料からその詳細（正確な放送時間量や内容・テーマ等）を把握することが困難なためである。[41]

そのようにして作成されたデータベースに収録された関連番組の数は、合計一六五四本である。この一六五四本を対象に、ジャンル・テーマ・内容の特徴や傾向、また戦後の各時期における傾向の変化などを量的および質的に分析した。以下、本書における関連番組についての情報、記述は、基本的にこの一六五四本の番組のデータベースに基づいている。なお分析にあたっては、ビデオやＤＶＤとして市販されている番組のほか、ＮＨＫアーカイブスや財団法人放送番組センターの「放送ライブラリー」で視聴できる番組[42]、関係者らが個人的に録画保存している番組など、視聴できるものは可能な限り視聴した。

テレビの「八月ジャーナリズム」の概要

ここでは、テレビの「八月ジャーナリズム」の歴史的展開の全体像を把握するために、三つの図表を使ってラフスケッチを示しておきたい。第一は、一九五三年から二〇二〇年までに放送された戦争・終戦関連の番組数の推移を示した図0−1である。これをみると、関連番組の数は、テレビ放送が始まったばかりの一九五〇年代にはひと桁台であったが、六〇年代以降増加し、「戦後二〇年」の節目にあたった一九六五年には六六本とピークに達する。その後は、各年一〇本台から四〇本台の

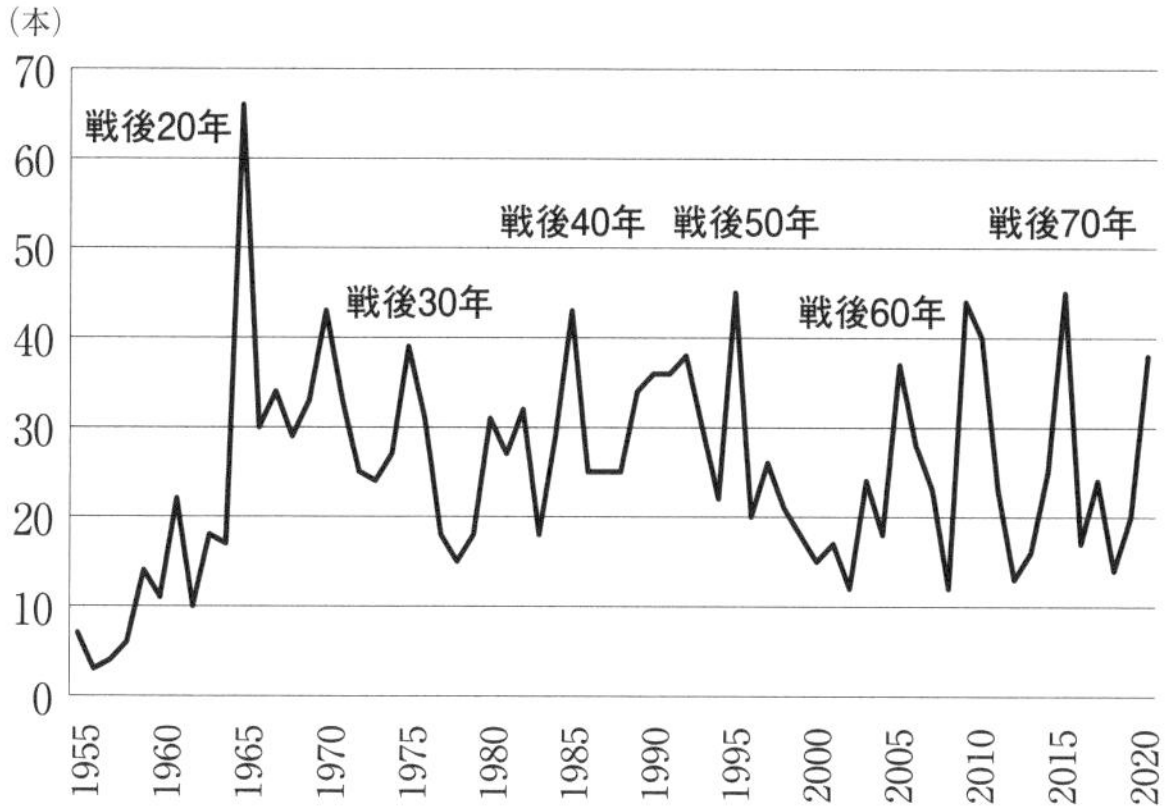

図０－１　戦争・終戦関連番組の本数の推移（各年８月１～16日）

あいだで増減を繰り返しているが、その中でも戦後三〇年（一九七五年）、戦後四〇年（一九八五年）といった一〇年ごとの節目の年には、特に本数が多くなる傾向が見られる。過去の大きな出来事（事件、事故、災害、著名人の生没など）に関するメディアの報道では、五年ごとや一〇年ごとなどのきりが良い年に「～周年」などとしてそれ以外の年に比べて大きく取り上げられる傾向がある。こうした傾向は、一般に「周年報道」と言われる。テレビの「八月ジャーナリズム」においても「周年報道」の傾向が存在していることが分かる。

次に**表０－１**は、一〇年区切りの各年代の本数についてＮＨＫ・民放別の内訳を示したものである。一九五〇年代はＮＨＫの本数が民放よりもやや上回っていたが、六〇年代から八〇年代までは民放のほうが多かったことが分かる。特に六〇～七〇年代は民放がＮＨＫを大きく上回っていた。しかしその後、ＮＨＫと民放の本数は拮抗するようになり、九〇年代にはＮＨＫが民放を上回る。そして二〇〇〇年代、一〇年代はＮＨＫが民放を大きく上回る傾向が続いてきた。

表０－１　年代ごとの本数（NHK、民放別）

	全体	内訳	
		NHK	民放
1950年代	37	22	15
1960年代	270	70	200
1970年代	273	81	192
1980年代	275	132	143
1990年代	294	159	135
2000年代	230	185	45
2010年代	237	155	82
合計	1616	804	812

（2020年＝38本は含まれていない）

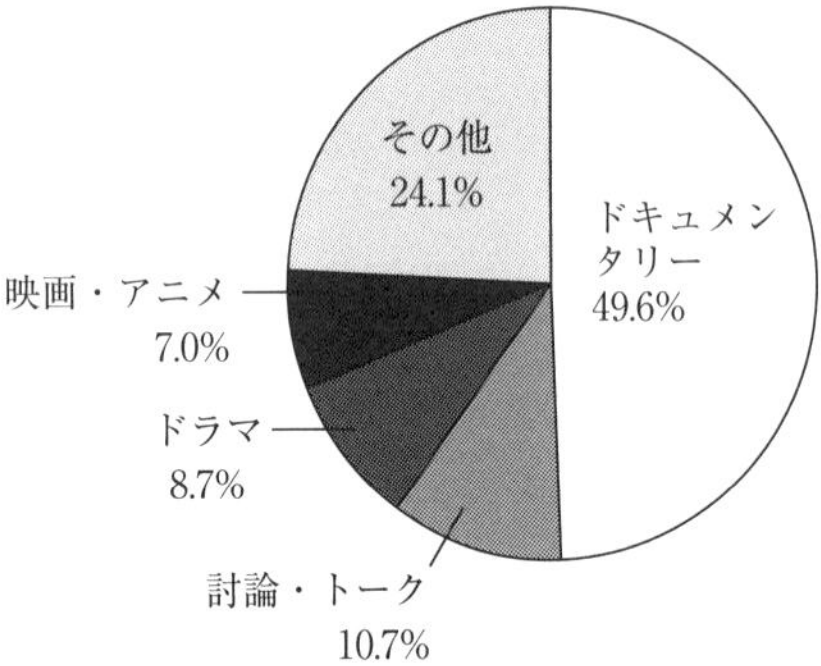

図０－２　番組ジャンル別の内訳（N =1654本）

このように、戦争終結からの時間の経過に伴って、（二〇一〇年代を例外として）民放が徐々にその本数を減らしてきたのに対して、ＮＨＫはむしろ最近二〇～三〇年のあいだに本数が増加するという形で、「八月ジャーナリズム」においてはＮＨＫと民放とでは逆の傾向を辿ってきた。

第三は、一六五四本を番組ジャンル別に見た内訳である（図０－２）。これをみると、最も割合が高いのは「ドキュメンタリー」で四九・六％（八二〇本）と全体のほぼ半分を占めている。そして以下、「討論・トーク」一〇・七％、「ドラマ」八・七％、「映画・アニメ」七％という順となっている。なお、この分類では「その他」が約四分の一（二四・一％）を占めているが、ここには、広島・長崎の「原爆の日」の平和記念式典や「終戦記念日」の全国戦没者慰霊式の中継番組、平和コンサートのような歌謡番組、その他分類の難しい番組が含まれている。後に見るように、この内訳は戦後を通して同じ傾向だったわけではないが、全体としてみるならばドキュメンタリー番組がテレビの「八月ジャーナリズム」の中心的なジャンルであることが分かる。従って、本書においても、他ジャンルの番組にも目配りをしつつも、ドキュメンタリー番組が主たる分析・検討の対象となっている。

本書の構成

最後に、本書の構成について説明しておく。本書では、基本的にテレビを中心とした「八月ジャーナリズム」の歴史的展開を時系列に従って記述していく。全体は八つの章で構成されている。

第1章「八月ジャーナリズムの形成：終戦～一九五〇年代」では、敗戦後の日本における「八月ジャーナリズム」の形成過程を明らかにする。「八月ジャーナリズム」はテレビに先立って、一九四〇年代後半から五〇年代にかけて、新聞、ラジオにおいて形成されたが、そのプロセスにおいて戦争・終戦をめぐる「語り」の「基本フォーマット」と呼び得るものが形成されていたことを示す。

第2章「テレビ時代の『八月ジャーナリズム』：一九六〇～七〇年代」では、一九六〇年代に放送メディアの主役となったテレビの「八月ジャーナリズム」の成立とその後の展開について検討する。そしてテレビの「八月ジャーナリズム」においては、その当初から、戦争における日本・日本人の「被害」の側面を焦点化する「語り」（＝「受難の語り」）が主流であったことを明らかにする。

第3章「アジアからの眼差し、アジアへの視点：一九七〇年代」では、一九七〇年代において「加害」の側面を取り上げる報道（＝「加害の語り」）が、数こそ少ないものの徐々に出現するようになっていったプロセスを分析する。

第4章「冷戦下の『反核・平和主義』と『加害』の前景化：一九八〇年代」では、「テレビの成熟期」でもある八〇年代、原爆関連番組を中心に「受難の語り」が「八月ジャーナリズム」の主流を占める一方で、日本の「加害」の問題を焦点化する「語り」（＝「加害の語り」）が次第に本格化していった状況とその背景を検討する。

第5章「『加害の語り』の時代：一九九〇年代」が対象とする一九九〇年代は、「八月ジャーナリズム」の歴史のなかで「加害の語り」が最も活発に展開された時期である。「従軍慰安婦」や徴用工の戦後補償を訴える訴訟が相次いで提起されるなか、それまでにない形で「加害」の問題を取り上げていた「テレビの八月ジャーナリズム」の内容や特徴を、時代背景とともに明らかにする。

第6章「内向化する『八月ジャーナリズム』：〇〇年代〜一〇年代」では、九〇年代後半以降に顕著となった歴史修正主義や新保守主義の台頭に見られるような日本社会の右傾化を背景として、テレビの「八月ジャーナリズム」でも「加害の語り」が再び後景化していったプロセスを検証するとともに、近年、大きな関心の対象となってきた「戦争体験・記憶」の「継承」問題が「八月ジャーナリズム」でどのように扱われているかについて、戦後七〇年（二〇一五年）の事例を中心に分析する。

そして終章「『八月ジャーナリズム』の行方」では、テレビの「八月ジャーナリズム」の戦後日本にとっての功罪を総括しながら、「八月ジャーナリズム」の今後の可能性と展望、課題などを示す。

【注】

1　保阪正康「ジャーナリストが『歴史』に向き合う能力とは何か」『月刊民放』八月号、二〇〇六年、四～五頁。
2　佐々木亮「季語の平和報道に異議『ナガサキノート』毎日掲載の思い」『Journalism』二〇二〇年八月号、五六頁。
3　朝日新聞「あなたは何で戦争を知りましたか① 本・映画・TV 新たな語り部」二〇一五年八月一三日朝刊。同アンケートは、東京都内の街頭アンケートで千人の回答を集めたもの。
4　牧田徹雄「日本人の戦争と平和観・その持続と風化」『放送研究と調査』二〇〇〇年九月号。
5　村上登司文「戦争体験継承が平和意識の形成に及ぼす影響―中学生に対する平和意識調査の時系列的分析―」『広島平和科学』三八号、二〇一六年、二三頁。
6　二〇一六年調査では、「テレビ」七七・九％、「先生」五六％、「祖父母（曾祖父母）」三六・五％、「インターネット」三五・九％、「被爆者」二八・四％、「新聞」二四・五％、「父や母」二一％、「被爆者以外の戦争体験者」一七・九％、という順番になっていた。
7　キャロル・グラック「現在のなかの過去」アンドルー・ゴードン編『歴史としての戦後日本 上』中村政則監訳、みすず書房、一五一頁。
8　キャロル・グラック『戦争の記憶 コロンビア大学特別講義――学生との対話』講談社、二〇一九年、一〇二頁。
9　五百旗頭薫「歴史認識の歴史へ」五百旗頭薫・小宮一夫ほか編『戦後日本の歴史認識』東京大学出版会、三頁。
10　ジョン・W・ダワー『忘却のしかた 記憶のしかた――日本・アメリカ・戦争』外岡秀俊訳、岩波書店、二〇一三年、一四三～一四四頁。
11　橋本明子『日本の長い戦後――敗戦の記憶・トラウマはどう語り継がれているか』山岡由美訳、みすず書房、二〇一七年、二四頁。
12　令和元年度全国戦没者追悼式総理大臣式辞、首相官邸ホームページ（https://www.kantei.go.jp/jp/98_abe/statement/2019/0815sikiji.html、二〇二〇年四月二三日）
13　例えば荒井信一『戦争責任論 現代史からの問い』岩波書店、二〇〇五年、油井大三郎『なぜ戦争観は衝突するのか 日本とアメリカ』岩波書店、二〇〇七年、など。

14 吉田裕『現代歴史学と戦争責任』青木書店、一九九七年、一三頁。

15 吉田裕『日本人の戦争観――戦後史のなかの変容』岩波書店、二〇〇五年、九一頁。

16 白井聡『永続敗戦論』太田出版、二〇一三年。

17 根津朝彦『戦後日本ジャーナリズムの思想』東京大学出版会、二〇一九年、第九章「八月一五日付社説に見る加害責任の認識変容」三〇九～三四八頁。新聞の「八月ジャーナリズム」を対象とした研究としては、ほかに門奈直樹「戦後史のなかの〝八・一五〟社説」『ジャーナリズムの現在』日本評論社、一九九三年、中野正志「天皇制とメディア（2）戦後60年――朝毎読三紙にみる八月一五日社説の検証」『朝日総研リポート』一八三号、二〇〇五年、などがある。

18 エヤル・ベン‐アリ「戦争体験の社会的記憶と語り」関沢まゆみ編『戦争記憶論――忘却、変容そして継承』昭和堂、二〇一〇年、六頁。

19 野上元「テーマ別研究動向（戦争・記憶・メディア）――議題設定の時代被拘束性を超えられるか？――」『社会学評論』62（2）二〇一一年、二三六～二四六頁。

20 高橋哲哉編『〈歴史認識〉論争』作品社、二〇〇二年、中島岳志『保守と大東亜戦争』集英社、二〇一八年、など参照。

21 岩崎稔・長志珠絵「『慰安婦』問題が照らし出す日本の戦後」成田龍一・吉田裕編『岩波講座アジア・太平洋戦争 戦後篇 記憶と認識の中のアジア・太平洋戦争』岩波書店、二〇一五年、一二六頁。

22 アライダ・アスマン『想起の空間――文化的記憶の形態と変遷』安川晴基訳、水声社、二〇〇七年、三三頁。

23 メディア表象を対象とした「戦争体験・記憶」に関する研究には、すでに多くの蓄積がある。代表的なものとして、『きけわだつみのこえ』『ひめゆりの塔』『ビルマの竪琴』といった代表的な反戦文学（映画）の受容のされ方の分析によって、戦争（反戦）をめぐる世論の動向を読み解いた『「反戦」のメディア史 戦後日本における世論と輿論の拮抗』（世界思想社、二〇〇六年）をはじめとする福間良明の一連の著作や、広島・長崎の被爆体験の記憶がメディアでどう表象され、語られているかを分析した奥田博子『原爆の記憶 ヒロシマ／ナガサキの思想』（慶應義塾大学出版会、二〇一〇年）や福間良明ほか編『複数のヒロシマ 記憶の戦後史とメディアの力学』（青弓社、二〇一二年）、写真や歌、マンガ、アート、博物館・資料館、記念碑といった多様なメディア表象を対象に「戦争の記憶」とその背後にある政治社会的な力学を読み解いた森村敏己編『視覚表象と集合的記憶――歴史・現在・戦争』（旬報社、二〇〇六年）、関沢まゆみ編『戦争記憶論――忘却、変容そして継承』（昭和堂、二〇一〇年）、古市憲寿『誰も戦争を教えてくれなかった』（講談社、二〇一三年）、などがある。

24 モーリス・アルヴァックス『集合的記憶』小関藤一郎訳、行路社、一九八九年。

25 安川晴基「「記憶」と「歴史」――集合的記憶論における一つのトポス」『藝文研究』Vol.94、二〇〇八年六月、二九六頁。

26 NHK放送文化研究所編『テレビ視聴の50年』NHK出版、二〇〇三年、一三六～一六三頁、関根智江・渡辺洋子・林田将来「日本人の生活時間・2015～睡眠の減少が止まり、必需時間が増加～」『放送研究と調査』二〇一六年五月号。

27 小城英子「記憶研究とテレビ」荻原滋編『テレビという記憶 テレビ視聴の社会史』新曜社、二〇一三年、小林直毅・西田善行「テレビアーカイブとしての『水俣』」『社会志林』第五八巻第四号、二〇一二年、参照。

28 ベネディクト・アンダーソン『定本 想像の共同体――ナショナリズムの起源と流行』白石隆・白石さや訳、書籍工房早山、二〇〇七年。

29 小林直毅・西田善行、前掲論文、八五頁。

30 藤竹暁『テレビメディアの社会力 マジックボックスを解読する』有斐閣、一九八五年、三二頁。

31 米倉律「文学者達が論じたラジオ・テレビ～草創期の放送 その可能性はどう語られていたか～」『放送研究と調査』二〇一一年一二月号、NHK放送文化研究所編『テレビ・ドキュメンタリーを創った人々』NHK出版、二〇一六年、参照。

32 松山秀明「テレビドラマ その発展と変容」『新放送論』島崎哲彦・米倉律編著、学文社、二〇一八年、一〇七頁。

33 テレビをはじめとするマス・メディアによる国民文化の共有、国民的アイデンティティの形成や再生産については大石裕編著『戦後日本のメディアと市民意識――「大きな物語」の変容』ミネルヴァ書房、二〇一二年、一一～四一頁参照。

34 伊藤守「公共の記憶をめぐる抗争とテレビジョン」伊藤守編『メディア文化の権力作用』せりか書房、二〇〇二年、一五五頁。

35 東野真「現代史ドキュメンタリーの展開――「戦争責任」をめぐる番組の分析から」『放送メディア研究』八号、二〇一一年、崔銀姫「公共の記憶とジャーナリズムの形骸化―戦時性暴力にかかわるドキュメンタリーをめぐって―」『佛教大学社会学部論集』四八号、丁智恵「1950～60年代のテレビ・ドキュメンタリーが描いた朝鮮のイメージ」『マス・コミュニケーション研究』八二号、二〇一三年、など。このほかに、NHKのドキュメンタリー番組における戦争の表象を扱ったものとして桜井均『テレビは戦争をどう描いてきたか 映像と記憶のアーカイブス』岩波書店、二〇〇五年、がある。

36 本橋春紀「被爆・終戦番組の四十年」『マス・コミュニケーション研究』四七号、一九九五年。

37 原由美子・服部弘・斉藤健作「戦争をめぐるテレビ報道と国民の意識――戦後50周年テレビ報道比較研究から」『放送研究と調査』一二月号、一九九七年、河野謙輔・森口宏ほか「世界のテレビは戦後50周年をどう伝えたか」『NHK放送文化調査研究所年報』四一集、一九九六年。

38 「戦争・終戦関連番組」は、アジア太平洋戦争およびその戦後に関わるテーマを扱った番組、または「終戦記念特集」などと明示的なタイトルが付けられている番組と定義している。ただし、第二次世界大戦関連でも独ソ戦やナチスによるユダヤ人虐殺といった欧米を中心的に扱った番組、日本が直接的に関わらないテーマを扱った番組は対象外としている。

39 NHKは一九五三年の放送開始以降のすべてのテレビ番組の放送記録（＝「NHK番組タイムマシーン」）をインターネット上に公開している（https://www.nhk.or.jp/archives/chronicle/timemachine/ 二〇二一年二月）。ただしこのサイト上で公開されているのは番組タイトル、放送日、放送時間、主要出演者などの情報で、番組の内容やテーマについての記載はない。民放はこうした放送記録を公開していない。

40 『週刊テレビガイド』（一九六二～八八年）、『TVガイド 関東版』（一九八八年～）以上、東京ニュース通信社、『ザテレビジョン』（一九八二～八五年）、『ザテレビジョン首都圏関東版』（一九八五年～）以上、角川書店、『NHKウィークリーステラ』（一九九〇年～）NHKサービスセンター。

41 一五分以下のミニ番組、再放送番組（初回放送が一～二カ月以内のもの）についても対象外とした。ただし、数カ月以上離れた時期や別の年に放送された番組の再放送は、番組編成上の意図に鑑み対象に含めている。

42 NHKは二〇一〇年から放送済の保存番組を研究利用する方法を検討するための「学術利用トライアル」を行っており、この枠組みの中で、約一〇〇万本の過去のテレビ・ラジオ番組を視聴することが可能となっている。また、財団法人放送番組センターの放送ライブラリーは放送法に基づく唯一の放送番組専門のアーカイブ施設で、本数は限定されているがNHK、民放のテレビ・ラジオ番組、CMを視聴することができる。

第1章 「八月ジャーナリズム」の形成：終戦〜一九五〇年代

テレビの「八月ジャーナリズム」には前史がある。日本でテレビ放送が始まったのは一九五三年二月であるが、「八月ジャーナリズム」は終戦直後から五〇年代前半にかけて、新聞およびラジオにおいて徐々に形成されていった。この形成期の「八月ジャーナリズム」は、その後のテレビの「八月ジャーナリズム」の基本的な特徴や傾向を決定づけるような役割を果たした。本章では、まず終戦期において「八月ジャーナリズム」がどのように形成されたのかを概観し、次にこの時期の「八月ジャーナリズム」の一方の担い手となったラジオが「国民的メディア」として「戦争」との深い関わりの中で発展していったことについても見ておく。そのうえで、戦後一〇年、二〇年という節目の年を経て「八月ジャーナリズム」が確立されていくプロセスおよびその特徴を明らかにする。

1 「八月ジャーナリズム」の起源——新聞、ラジオにおける関連記事・番組

一九四六年八月

「八月ジャーナリズム」の起源を辿ると、それは早くも敗戦の翌年、一九四六年八月の新聞とラジ

オに見出すことができる。一九四六年八月一五日、朝日新聞は一面トップで「けふ再建第二年へ」という記事を掲載している。そしてGHQの指導のもとで「無血民主主義革命」が進行してきたと敗戦からの一年間を総括、「日本が新憲法で戦争を放棄し、民主的平和国家として再生、国際国家に仲間入りできる日も遠くはない」と書いている。朝日新聞は社説でも「ポツダム宣言 受諾一周年」を掲載、ポツダム宣言は日本にとっての「基本法」とし、特にそのうちの一〇条における「言論、宗教及び思想の自由並びに基本的人権の尊重は確立されるべきである」という箇所に言及しながら、「自由なる人民の力」によって「民主主義革命」を推進していく必要があることを強調する。

読売新聞はより多くの戦争関連の記事を掲載している。八月六日に「けふ廣島の原子爆弾一周年」で一発の原子爆弾で日露戦争での日本の全戦死者を上回る犠牲者が出たことを回顧し、「あれから一年 廣島復興の歩み」という関連記事も載せている。そして、八月八日に「社説 再建第二年への展望」、八月一四日にGHQのマッカーサー元帥が終戦からの一年を振り返った「〝平和は庶民から生る〟世界に示した協力を感謝」という記事、ハワード・ハンドルマンINS通信極東総局長の「占領第一年の印象記」という寄稿記事、さらに「民主日本 成長の一カ年」と題した記事を掲載している。また、八月一五日の一面には「社説 再建への新発足」のほか、複数の関連記事を掲載している。

一方ラジオは、八月一五日に四本の終戦関連番組を編成している。すなわち、①「ポツダム宣言受諾の日を迎へて・蝋山正道」、②「新生日本の歌・大谷冽子」、③「詩の朗読『平和の花園』加藤士枝、世界平和に捧ぐ・石原謙、合唱と管弦楽・内田るり子外、世界の婦人たち」、そして④「トルーマン大統領メッセージ『新生日本国民に寄す』」の四本である。また前日の一四日午後七時半からは、吉田茂首相のラジオ演説「一年を顧みて」を放送している。

この吉田首相のラジオ演説は、「八月一五日」という日付を強く意識した内容であった[1]。演説は、八月一五日が「日本国民にとっては忘れることのできない敗戦の事実を率直に承認」した日であるということから語り起こされ、その後の諸改革によって日本を取り巻く情勢は急変しつつあるものの、「新しき文化国家としての日本、新しき民主主義国家としての日本を築き上げるための再生工作は未完成」であること、しかし目下国会で審議中の新憲法は新しく生まれ変わる日本の将来への「明るい希望を約束する」道標であること、そしてその先に日本の国際社会への復帰も展望し得ることを説いている。演説は最後に、八月一五日を「再建日本出発の日」と名づけるとともに、「国民諸君の忍耐と努力をお願いしたい」と呼びかけて締めくくられている。

八月六日と八月一五日の「記念日」化

こうして一九四六年に新聞、ラジオにおいて出現した終戦関連の記事や番組は、その後、四〇年代後半から五〇年代前半にかけて、年を追うごとにその数が徐々に増加していく。そしてそれと同時に、八月六日（広島・原爆の日）と八月一五日（終戦記念日）とが、特に重要な日付（＝「記念日」）として特別な位置づけを与えられていく。

例えば、一九五二年、サンフランシスコ講和条約が四月二八日に発効し、日本が国際社会に復帰して「独立日本」として初めて迎えた八月を例に見てみよう。この年の朝日新聞は、「広島・原爆の日」の前日にあたる八月五日、「安らかに眠って下さい。あやまちは繰り返しませんから」という言葉が彫られた慰霊碑が広島市の平和公園に完成したことを伝える記事を掲載、六日には原爆七周忌となった広島市の祈念式典の模様、東京の築地本願寺で開かれた追悼会の模様を伝える記事を掲載しているほか、「社説『力による平和』への反省」でも原爆をテーマに、全国的な被爆者の実態調査が行われていることや世界的に核兵器開発が進んでいることを論じている。さらにこの日は夕刊でも祈念式典の様子を報じるとともに（「胸打つ『平和の歌』広島の原爆祈念式典 数千の遺族参列」）、全国の子どもたち三千人の書いた手紙が集められ世界各国の子どもたちに発送されたという話題を取り上げている（「〝廣島〟をくり返さないで！ 日本の子供達 世界の友達に訴う」）。

占領期（一九四五年八月〜一九五二年四月）において、広島・長崎の原爆関連の報道がGHQによる報道規制（検閲）の対象であったことは、すでに多くの先行研究によって明らかにされている。[2] GHQは一九四五年九月に一〇条からなるプレスコードを指令、これに基づき新聞報道は検閲を課せられた（一九四八年七月二六日までは事前検閲、それ以降は事後検閲）。そしてそのなかで、原爆関連の報道は「公共の安寧を脅かす」として規制や削除の対象となっていた。原爆被害の悲惨さが強調されることによって占領軍に対する世論の反発が強まることが懸念されたからであり、読売新聞など一部を除いて一九四〇年代に原爆関連の記事が殆ど見当たらないのはそのためである。[3] そして一九五二年四月、サンフランシスコ講和条約発効による日本の主権回復後に、新聞や雑誌における原爆関連の報道が顕著に増えていくことになる。一九五二年の朝日新聞の記事もそうした状況を反映したものといえる。

ただし、同じ年の朝日新聞においても、八月九日の「長崎・原爆の日」には関連の記事が見当たらない。実は他紙も含めて「長崎・原爆の日」の関連記事は一九五〇年代を通じて殆ど登場しない。関連記事が登場するようになるのはようやく一九六〇年代以降であるが、それでも量的には「広島・原爆の日」を圧倒的に下回っている。そしてその傾向は、現在に至るまで（テレビ放送を含めて）基本的には変わらない。

一方、もうひとつの重要な日付が「八月一五日」である。これも一九五二年の朝日新聞を例に見てみると、八月一五日の「社説」で日本の国際経済社会への復帰を象徴する国際通貨基金、国際復興開発銀行への日本の加入調印が「終戦七周年記念日をむかえて」行われたことを取り上げている。そして「天声人語」でも八月一五日が「終戦七周年の記念日」であるとして戦争を振り返る内容を書いている。また、夕刊では「きょうの記念日におくる話題」と題して「地下の〝終戦政治の本舞台〟」という記事を掲載、戦争末期に重要会議が開かれた皇居内と首相官邸内の防空壕を戦争の「記念物」として紹介している。この記事のリード（前文）は次のようなものである。

七度目の終戦記念日がまためぐって来た。人の目にふれるところ、戦争の名残りなども追々に姿を消したが、〝平和日本〟の一皮下には戦争の〝記念物〟はまだまだ多いようだ。秘密に閉ざされ公表されたことのない皇居内と首相官邸の防空ゴウ（原文ママ）は、いずれも終戦前夜における政治の本舞台だった。多くの会議や重要決定はみんなここでなされた。〝独立日本〟初の終戦記念日に際しこの〝この眠れる防空ゴウ〟の現状を紹介、八月一五日の話題におくる。

毎日、読売など他紙も、一九五〇年代に入ると八月一五日には、数こそまだ多くないもののほぼ

表1－1　8月5日、8月15日の社説タイトル（「朝日新聞」「読売新聞」）（1946～55年）

●は原爆関連、○は終戦関連のテーマ

年	月日	朝日新聞	読売新聞
1946	8月6日	再び国鉄経営に希望す	余りに安易な危険突破問答
	8月15日	○ポツダム宣言受諾一周年	○再建への新発足
1947	8月6日	火災の防止と消防の充実	半休強行に反対する
	8月15日	○日本の平和の鐘	○文化的新施設と個人の解放
1948	8月6日	世界食糧需給の好転	人事委員会の在り方
	8月15日	大韓民国の独立式典	○（時評　馬場恒吾・敗戦三年）
1949	8月6日	●広島に残る「生きた影」	タバコの民営を断行せよ
	8月15日	○終戦第五年目の世界	○（時評　加瀬俊一・終戦記念日を迎えて）
1950	8月6日	惰性的な災害対策を排す	●（日曜評論 辻二郎・原爆五周年）
	8月15日	○試練の五年	予備隊の憲兵化を戒む
1951	8月6日	●原爆六周年	臨時国会の在り方
	8月15日	ソ連の講和会議出席	ソ連の講和会議参加の狙い
1952	8月6日	●「力による平和」への反省	安全保障の積極的解決へ
	8月15日	○国際経済と日本の立場	通貨基金加盟に際して
1953	8月6日	●原爆貯蔵量と国際情勢	防衛問題と保安委員会設置
	8月15日	○個人個人の努力	アジア社党会議と左右社党
1954	8月6日	●原子兵器の使用禁止	●原爆記念日に答えるの道
	8月15日	○敗戦後九年	○われらに永久の平和を
1955	8月6日	●原爆十周年に想う	●原爆十年の回顧と反省
	8月15日	○終戦十周年	○終戦十年の回顧と反省

毎年、何らかの形でその日が「終戦の日」であることや各地で関連行事が開かれることを報じる記事、その他関連記事や企画記事を徐々に掲載するようになる。そして各紙ともに社説において一九五〇年代には終戦関連のテーマを取り上げることが慣例化されていく（表1－1）。こうした傾向は、ラジオにおいても同様である。ラジオでも、八月六日と一五日を中心に、原爆関連の番組、そして終戦関連の番組を、特別番組や特集などのような形で編成・放送するようになっていく。

こうして「八月ジャーナリズム」は、八月六日と八月一五日を重要な「記念日」としつつ、八月六日を原爆関連の報道の中心的な日として、また八月一五日を戦争・終戦全体について振り返る報道の中心的な日として展開されていくこととなった。八月六日と一五日の記念日化については、先行研究においても指摘がある。有山輝雄は、八月六日、一五日の記念日化の背後で、その他の戦争関連の重要な日付、例えば、満州事変の始まりである柳条湖事件の九月一八日、日中戦争の始まりである盧溝橋事件の七月七日、真珠湾攻撃の一二月八日、降伏文書調印が行われた九月二日など、戦争に関わる重要な日付が忘却されていったことに注目する[4]。有山は、そこに戦争に関する特定の記憶を選択し、別の記憶を排除しようとする占領期の日本における政治的・社会的な力学の作用を見出している。また、佐藤卓己は、国際標準では降伏文書調印の九月二日が終戦記念日（対日戦勝記念日＝ＶＪデー）であるにもかかわらず[5]、日本では玉音放送によって降伏が国民に告知された八月一五日が「終戦記念日」になった歴史的経緯とその政治性を指摘する。佐藤は、精霊流しや送り火で死者の霊を弔ってきた「お盆」と重なる時期に終戦記念行事を行うことは「一つの合理主義」ではあるものの、そのことが八月一五日を「内向きの終戦記念日」にしてしまい、結果的に戦争責任問題や歴史認識問題をめぐる周辺国との対話の回路や可能性を閉ざし、戦争への反省や戦争責任の追及よりも戦没者追悼や平和祈念の性格が強くなったのではないかという[6]。

有山や佐藤の指摘するように、様々な政治的・社会的な力が作用するなかで「八月ジャーナリズム」が形成されていったことは、その後の「八月ジャーナリズム」の中で戦争がどのように扱われるのかについて大きな影響を与えていったと考えられる。具体的に、戦争に関するどのようなテーマ・内容を取り上げる（もしくは取り上げない）傾向が生まれていったのか、またどのような「語り」によって戦争を伝えていったのかといった点については、本章4節や次章以降で詳しく検討していく。

2 〝ラジオ時代〟と戦争

「八月ジャーナリズム」にとっての「戦前」と「戦後」

形成期の「八月ジャーナリズム」において注目されるのは、「終戦」を日本の「再建」、もしくは新たな民主主義国家の出発点として位置づけようとする思考の存在である。当時の「八月ジャーナリズム」においては、戦前と戦後とを截然と分かつ「零年」として「終戦」(=一九四五年八月)があり、そこから起算することによって、もしくはそこへ絶えず遡及することによって戦後日本のあり方を査定しようとする思考を明確に見て取ることができる。この意味で「八月ジャーナリズム」は、戦後的思考や価値観を強く身に帯びた、まさに「戦後」の産物であったと言える。しかし他方で、多くの論者の指摘を待つまでもなく、戦前と戦後とを明確に分かつことは不可能であり、政治、経済、社会、文化の各領域において、両者のあいだの断絶よりもむしろ連続性においてこそ「戦後」の性格をよく把握し得るということは少なくない。「八月ジャーナリズム」の主体であるメディア(新聞、ラジオ)も例外ではなかった。この点について、形成期の「八月ジャーナリズム」の一方の主役であったラジオを例に見ておこう。

ラジオは、「八月ジャーナリズム」が形成された終戦期から一九五〇年代にかけて、その全盛期を迎えていた。しかし、この全盛期は終戦後に突如として訪れたのではない。むしろ後述するように、ラジオの全盛期は戦前から続いてきた「ラジオ時代」の延長において開花した。[7] そしてラジオの発展史には「戦争」が深く関わっていた。ここではテレビの「八月ジャーナリズム」の前段階としての「ラジオ時代」が、「戦争」及び「戦後」とのどのような関わりの中で全盛期を迎えていったのかを素描しておきたい。それは、テレビを含めた放送メディアの現在にまで続く「八月ジャーナリズム」の原点を確認する作業でもある。

「民主主義的であり、進歩的であり、大衆的であること」

一九四六年四月二六日、日本放送協会は戦後初の会長として高野岩三郎を選出する。高野岩三郎は、戦前は東京帝国大学教授や大原社会問題研究所所長を務め、戦後には日本社会党の創設にも関わった「革新派経済学者」として知られた人物であった。高野の選出には、戦後における放送の民主化を積極的に推進するＧＨＱの意向が濃厚に反映されていた。ＧＨＱで放送制度を所管していたＣＣＳ（Civil Communication Section、民間通信局）のハンナー大佐は一九四五年一二月一一日、「日本放送協会の再組織」と題する覚書を逓信院総裁松前重義に手交した。「ハンナーメモ」と通称されるこの覚書は、会長の助言機関として民間の有識者で構成する顧問委員会（のちに放送委員会）を組織し、同委員会を通じて協会の組織と運営を徹底的に民主化することを意図したものであった。[8] そして、この委員会が人選しＧＨＱに推薦して決まったのが高野新会長であった。

高野は、ラジオ放送が民主的かつ平和的な日本を建設するうえで死活的に重要な手段であると考えていた。そしてＧＨＱからの放送民主化要求に応答する形で、人事の刷新、放送文化研究所の創設など一連の協会改革を推し進めていった。高野は、一九四六年六月に創刊された協会の研究機関誌『放送文化』に連載された「私の目標」において、自らのラジオ放送の理想像について次のように記している。

> 我ラジオは我国民大衆と共に歩み、大衆のために奉仕せねばならない。かの戦争中に於るやうに専ら国家権力に駆使され、所謂国家目的に利用されることは厳に之を戒しめ、権力に屈せず、只管大衆のために奉仕することを確守すべきである。之と同時に所謂指導者顔して、大衆とかけ離れ、遥か彼方より大衆に号令し、大衆に強制し、大衆にラジオを嫌忌せしめる感情を抱かせてはならない。飽くまでも大衆と共に歩むといふ心懸けが肝要である。併し自ずからこれは決して大衆に媚び、大衆に盲従することであってはならない。ラジオの真の大衆性とは、大衆と共に歩み、大衆と共に手を取り合いつつ、大衆の先達となって歩むことにある。
>
> そのように国民大衆と共にあるためには、一党一派に偏せず、徹頭徹尾不偏不党中正の態度を厳守するの必要なることは言を俟たない。ラジオとしては、民主主義的であり進歩的であり、大衆的であること以外には何等特定の政治的意見を固執してはならない。[9]

ここには、戦後の新しいラジオ放送は、国家の統制を受け続けた戦前から戦中における日本放送協会の事業運営のあり方と袂を分かち、常に大衆の側に立ち大衆的なものを目指しつつ、同時に啓蒙的で進歩的であるべきとする高野独自の放送観が端的に示されている。すなわち、一方で聴取者のニーズにできるだけ応え、聴取者の立場に寄り添った放送サービスを提供しつつ、他方で聴取者を啓蒙する社会的進歩の先導者としての役割も果たすという、一見相矛盾する二つの使命・役割を同時に遂行する放送の姿である。[10]

新しいラジオ放送を模索する当時の日本放送協会の姿勢は、協会が年に一冊発行する『ラジオ年鑑』の記述からも読み取ることができる。一九四七年に復刊された『ラジオ年鑑 昭和二二年版』は、[11]「戦争と放送」という項目から始まっている。そこでは、「伝えるべきことを伝えず、語るべきことを語らず、国民に何らの真相をも明らかにし得ず、正しい見通しをもたらすことが出来なかった。……宣伝はあったが、正しい意味での報道は全く許されなかった」と、戦争中の放送のあり方に対する反省と自己批判が行われている。[12]そして戦後のラジオ放送が目指すべき方向性として、「放送が民衆自身のものであり、聴取者のものであるということ」というモットー（＝〝放送は皆さまのものである〟）を掲げ、「敗戦から立ち直るための民主主義の確立と徹底が放送の果たすべき第一の任務」であると明記している。[13]

そのように新たに掲げられた戦後のラジオ放送の方向性を象徴する番組が、一九四五年から翌四六年にかけて相次いでスタートした『街頭にて』（一九四五年九月〜、四六年六月からは『街頭録音』）、『放送討論会』（一九四六年四月〜）といった一連の番組であった。これらの番組は「マイクの解放」のキャッチフレーズのもとに企画されたものである。ここでいう「マイク」は放送番組における「発言権」「発信権」を意味する。従来の、一部の少数者（権力者、エリート層）が「マイク」を独占し、一方向的であった放送のあり方から、聴取者が直接マイクに向かって自分の意見を伝える（＝マイクの解放）という民主的かつ双方向的なあり方へと変革しようという理念に基づくものであり、いずれも人気番組となった。[14] こうして、終戦直後の数年のあいだにラジオ放送をめぐっては様々な改革が進められるとともに、多様かつ斬新な新番組・新企画が試みられていった。

戦争とラジオ～「キラーコンテンツ」だった戦況ニュース

とはいえ他方で、戦争とラジオ放送の関係を考えるならば、戦前と戦後を前述したような断絶（＝転換と再出発）としてのみ捉えることはできない。むしろ両者のあいだの連続性に注目することによって、放送史としてのラジオの歴史的展開をいくつかの点において、より正確に理解することができる。

第一に、ラジオ史においては、戦前・戦後にまたがる一九三〇～五〇年代は、先述のようにその成長期・全盛期に当たる。この時期にラジオは急速に普及し、それに伴って大きな政治的・社会的影響力を発揮するようになった。**図1－1**は、ラジオ放送が開始された当初から一九六〇年代までの受信契約件数と世帯普及率の推移を示したものである。これをみると一九三〇年代と、一九四〇年代後半～五〇年代にかけての二度にわたって、ラジオが急速に普及した時期があったことが分かる。

とりわけ前者、一九三〇年代は「放送協会の事業全般を通じてもっとも大きな飛躍を遂げた時期」だったとされている。[15] この時期における契約数の増加がいかにハイペースだったかは、契約数が五〇万増加するのに要した月数を示した**表1－2**を見るとより分かりやすい。契約数が最初の五〇万件に達するまでに創業から四四カ月を要しているのに対して、一〇〇万件から一五〇万件への増加はわず

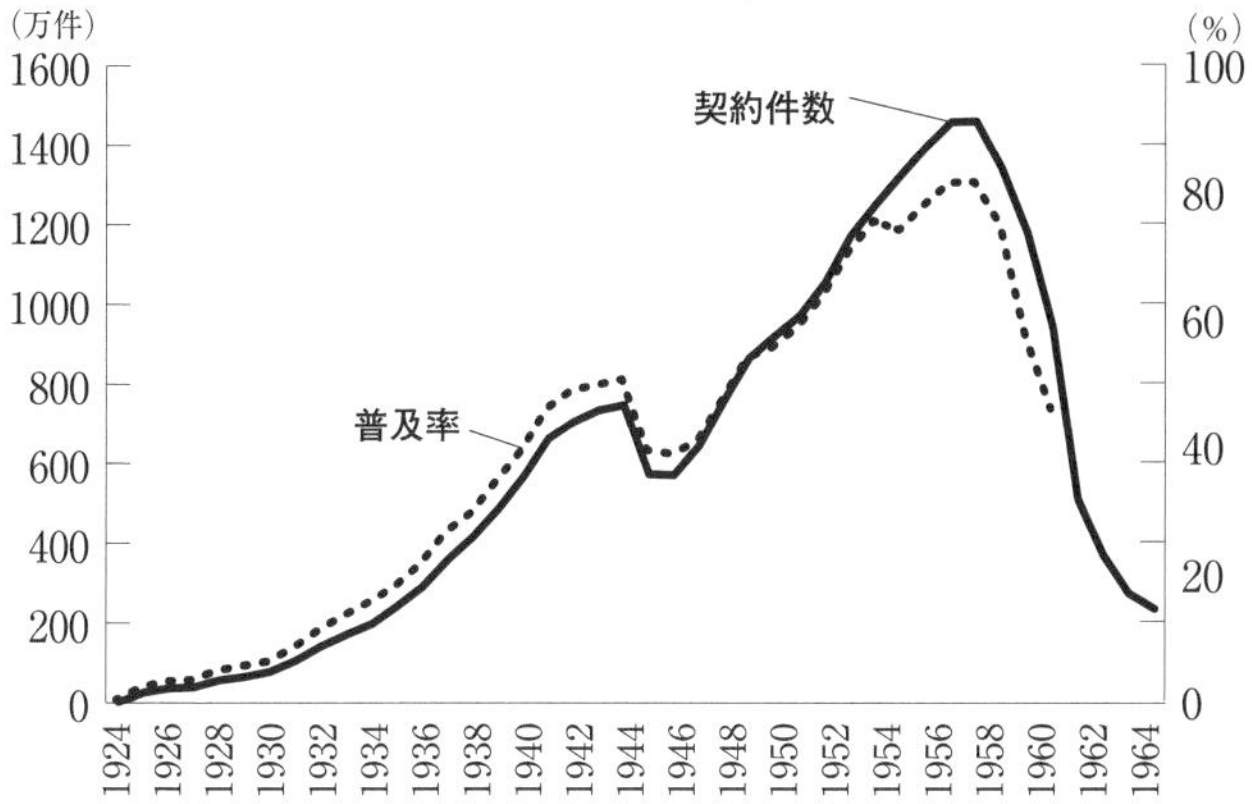

図１－１　ラジオの契約件数と普及率
（日本放送協会『ラジオ年鑑』『NHK 年鑑』から作成）

表１－２　契約数の増加

契約数	達成年月	所要月数
50万	1928年9月	44
100万	1932年2月	41
150万	1933年6月	16
200万	1935年4月	22
250万	1936年5月	13
300万	1937年5月	12
350万	1938年2月	9
400万	1939年1月	11
450万	1939年10月	9
500万	1940年5月	7
550万	1941年2月	9
600万	1941年6月	6

（日本放送協会『日本放送史』日本放送出版協会、1965 年、から作成）

か一六カ月に短縮されている。一九三七年以降はそのペースがさらに加速し、三〇〇万件から三五〇万件への増加に九カ月、四五〇万件から五〇〇万件への増加に七カ月と、一年を要しなくなっている。この急速な普及拡大の最大の要因は、ほかでもない戦争であった[16]。戦況を伝えるニュースが当時のラジオ放送において最も大きな関心を集めたのであり、その意味で戦争はラジオ普及を決定的なものにする、いわば「キラーコンテンツ」だったのである。

一九六五年、戦後二〇年のタイミングで出版された『日本放送史』(日本放送協会編)は、特に一九三七年の「日華事変(=日中戦争勃発)」がラジオ普及に大きな効果をもたらしたとして次のように記述している。

日華事変関係の報道は、聴取者にとって大きな衝撃であった。聴取者はラジオ店に殺到した。こわれた受信機は修理された。みな、ニュースをきくためであった。それにこたえて、ラジオは刻々に、臨時ニュースで勝利の記録を伝えた。そして聴取契約者は、激増に次ぐ激増であった。日本の新聞が日清・日露や第一次世界大戦で大きな飛躍を示したように、放送は日華事変でかつてない大飛躍を遂げた。全国民の聴覚神経はまずラジオに集中し、ラジオできいたものをさらに新聞記事で印象を強める、というのが普通であった[17]。

ラジオの普及率は、終戦直後に一度下落して五〇%を割り込むものの戦後の復興とともに再び急上昇し、一九五〇年代後半にラジオ時代は全盛期を迎えることになる。このように戦前・戦後は、ラジオの普及拡大（成長期）と全盛期の形成という観点からすると連続しており、戦前〜戦中期は、ラジオが報道機関として大きな存在感を獲得しながら成長し、戦後に「最盛期」を迎えるための下地を作り出していった時期だったということができる。

他方、戦前・戦後の連続性はラジオ番組の制作手法・技術においても見られる。その代表例として「録音放送」を挙げることができる。日中戦争下ではラジオニュースの放送時間が順次拡大されるとともに、重要ニュースについては東京からの放送に一元化され、朝鮮、台湾、満州、中国などの地域でもこれが受信できるような中継ネットワークが整備されていった。[18] そして一九三七（昭和一二）年一二月一三日の南京陥落の際に、大本営の発表が初めて「録音」されニュースで放送されたほか、徐州・漢口の各戦線にはアナウンサーを含む録音班が派遣され、前線の模様が実況中継で国民に伝えられていった。アナウンサーがニュース原稿を読み上げるだけの従来のニュース報道から、局外で収録された音声をニュース報道のなかに組み込む報道手法が可能になったのである。このような「録音放送」を可能にしたのは、集音機や録音機材の発達であった。可搬型録音機などの開発をはじめとする録音技術の向上によって、それまで困難だったニュースの現場（イベント、議会、戦場）の録音取材が可能となったのであり、それによってニュース報道は技術的にも演出的にも飛躍的に立体化されていった。

また、戦争とラジオの関係史を分析した大森淳郎が指摘したように、録音技術の向上は、番組制作におけるいわゆる「ロケ」を生み出した。[19] そして取材現場における「ロケ」で収集された音声素材が取材後に「編集」され「構成」されるという仕方での番組制作手法が開発されていった。前述の終戦後における「マイクの解放」を代表する『街頭録音』『放送討論会』は、まさにこうした方法によって制作された番組である。これらは当時「録音構成」「構成もの」などと呼ばれ、その後のテレビ時代に開花したテレビドキュメンタリーのルーツと位置づけられている。しかし「録音構成」は、少なくとも技術的には、戦時中にまで遡ることができるのである[20]。

以上のように、放送メディア（ラジオ）は、その普及という点においても、また技術や演出、制作手法などの面においても戦時中に飛躍的な発展を遂げた。そしてその発展が戦後におけるラジオの全盛期を準備していった。このように放送史において戦前・戦後は断絶としてよりも、むしろ「戦争」という要素を通じた連続性において捉えられるべき側面が多くあること、そしてその連続性のなかで世論を動員し、政治・社会に大きな影響力を持つ「国民的メディア」として発展していったことは、改めて確認されておいてよいだろう。

3　〝戦後一〇年〟という節目――一九五五年八月

大型記事・連載記事の登場と定着――新聞

一九五五年八月は「戦後一〇年」の節目にあたる八月であった。新聞、ラジオは、それまでにはない大規模な戦争・終戦関連の報道を行った。そしてこの年は、「八月ジャーナリズム」の原型が形成された年であったと言ってよい。以下、新聞、ラジオの順に見ていく。

八月六日、新聞各紙は朝刊または夕刊の一面で広島・原爆の日を大きく扱っているほか、社説、関連記事を多く掲載している。例えば、朝日新聞は、八月六日朝刊の一面トップで「原子雲を越えて」という記事を原爆のキノコ雲の写真付きで掲載して次のように記している。

> 一瞬、ヒロシマを廃墟と化したあの日――八月六日が十度めぐってきた。「安らかに眠って下さい。あやまちは繰り返しませんから」と被爆日本の爆心地跡に悲しい祈りをこめた慰霊碑まで建てられたのに、その願いも空しく、ビキニの〝死の灰〟と、皮肉な宿命は三度までも、日本人のいのちをさいなんだ。いわば、この十年、原子力の歩んだ歴史は、日本人の生身をもって描き出されたともいえる。

朝日新聞
原子雲を越えて
第一の開眼
冷厳 広島の回答
太陽の熱源、戦争を終結
イカリソース

朝日新聞 1955 年 8 月 6 日朝刊

ビキニの〝死の灰〟とは言うまでもなく、この前年一九五四年三月、アメリカの水爆実験（ブラボー実験）で、日本のマグロ漁船・第五福竜丸など約一〇〇〇隻以上の漁船が被曝したことを指している。朝日新聞はこのほか、「社説　原爆十周年に想う」「きょう原爆記念日　平和への祈り広島で数々の催し」、作家・石川達三の寄稿「論壇　平和を信じ得るか　広島原爆記念日を迎えて」といった複数の記事を掲載している。そして夕刊でも、一面で「広島で平和祈念式典　運命の時、全市祈念」「原水爆禁止世界大会開く」など複数の関連記事を載せている。

また同様に、八月一五日にも各紙は終戦関連の記事を大きく掲載している。各紙は朝刊の一面トップで「きょう終戦十周年」（朝日、毎日）、「きょう終戦記念日」（読売）と終戦関連記事を掲載、社説でも「終戦十周年」（朝日）、「民主主義を守りぬく決意 終戦十年にあたって（一）」（毎日）、「終戦十年の回顧と反省」（読売）などのタイトルで終戦をテーマとして取り上げている。

さらに、それまでの年の八月一五日には殆ど見られなかったものとして、一〇年という節目を意識した「特集」的な大型記事が出現していること、また、複数日にわたる終戦関連の連載記事が登場するようになっていることが挙げられる。例えば、毎日新聞は八月一五日朝刊で、一〇年前の八月一五日の記録写真（複数）を中心にした「終戦の素顔」という大型記事、「衣食住この十年」という回顧記事などを掲載している。また、読売新聞は、八月八日から八月三一日まで「十年目の秋」という全一九回に及ぶ連載記事を掲載している。「十年目の秋」の「十年目」とはもちろん「戦後一〇年」を意味し、主として庶民の暮らしや風俗に焦点を当てながら終戦からの一〇年を振り返る内容の連載であった。こうした傾向、すなわち八月六日や一五日に、それぞれ「原爆の日」「終戦の日」を迎えたことを告げる記事、各地で開催される関連の行事などの模様を伝える記事、社説などを掲載するほか、大型の特集記事や連載記事などで戦争関連のテーマを扱うという報道のスタイルは、この年以降、一種の基本フォーマットとして定着していく。

表1－3　原爆関連のラジオ番組（1955年8月6日）

局	放送時間	タイトル
ラジオ東京	6時20分～6時45分	原爆の日に・長田新
NHK第一	8時05分～8時30分	原爆十周年平和記念式典
文化放送	8時10分～8時30分	第十回原爆死没者慰霊式
NHK第一	8時30分～9時	戦争に奪われた友達「丸山定男」山本安英他
ラジオ東京	8時45分～9時20分	広島によせて・大田洋子
文化放送	14時～14時30分	録音構成「十年の傷」―広島市を訪ねて―
ニッポン放送	14時30分～15時	原爆記念特集　朗読 ひろしま、屍の街他より
ラジオ東京	15時～16時05分	録音構成「めぐり来た十年」（広島の横顔） 平和祈念式典・座談会他
NHK第一	15時15分～15時45分	青年の主張「平和への道」 講師・今堀誠二
NHK第一	15時45分～16時15分	原爆症について・重藤文夫
文化放送	16時～17時	原子力は如何にあるべきか ――原爆投下十周年を迎えて（三元放送）
ニッポン放送	16時～16時30分	録音構成 原爆のきずあと
NHK第一	21時40分～22時15分	すべてを平和のために（原爆記念日に因んで）

（朝日新聞「ラジオ・テレビ欄」をもとに作成）

大型番組、特集番組の編成――ラジオ

ラジオも、五五年の八月六日と一五日には空前の規模で戦争関連の番組を編成している。八月六日は、NHK（二波）と三つの民放キー局（ラジオ東京、文化放送、ニッポン放送）が、原爆関連の番組を合計一三本放送している（表1－3）。この一三本という番組本数は、その後の「八月ジャーナリズム」の歴史の中でも最大規模である。放送の「八月ジャーナリズム」は、一九六〇年代以降、現在に至るまでテレビが中心となるが、そのテレビ時代（テレビ番組）を含めても、八月六日の一日だけでこれほど多くの原爆関連の番組が編成された年はない。一方、この年はテレビ放送が一九五三年に始まって三年目の年にあたるが、テレビでは原爆関連の番組は一本も放送されていない。

原爆関連の一三本のラジオ番組の内訳は、NHK・民放別ではNHK五本、民放八本、ジャンル別では広島での平和記念式典の中継番組が二本、録音構成（ドキュメンタリー）が三本、それ以外がトーク番組、講

話などである。このうち文化放送（一四時〜）の『録音構成 十年の傷』は「表面は明るい平和な原爆都市広島の表情を伝えながら、その実、街の片すみ、都市周辺にうごめく原爆症に苦悩しつづける、多くの人々の深刻な生活難と、原爆許すまじの憤り、更に病める人たちを無視した平和祭への激しい批判の声を収めた」番組であった[21]。また、NHK第一（一五時一五分〜）の『青年の主張』は、「広島に原爆が投下されてから十年。広島の青年たちが「平和への道」というテーマのもとに、議論し合う」という番組で、講師を今堀誠二（広島大学教授）が務め、東京および青森の青年の主張（録音）も放送されるという内容であった[22]。

また、八月一五日もラジオは大規模な編成で、計一六本の番組が放送された（表1-4）。その内訳は、NHK・民放別では、NHK八本、民放八本で、ジャンルでは、講話・座談・討論番組、録音構成（ドキュメンタリー）などから戦後一〇年間の童謡の歴史を回顧する歌謡番組のようなものまで多彩であった。八月六日の原爆の日と同様に、八月一五日に一六本の関連番組が放送されたというのも記録的な多さであった。他方、その後の一九六〇年代以降、八月一五日に一〇本以上のテレビ番組が放送されたことはない。

このうち、『終戦記念日特集「社会ダネ十年史」』（ニッポン放送、一九時三〇分〜）は、朝日・毎日・共同通信の各社の記者による座談会で、戦後の一〇年を「虚脱の時代」「シンキロウの民主主義時代」「第三の時代」と分類し、「それぞれの期間における事件を拾いながら、世相を風刺し、その時代の特徴を描いていく」というものであった。また、『終戦回顧座談会』（NHK第一、二一時一五分〜）は、吉田茂前首相、小泉信三（前慶應大学塾長）、下村宏（元内閣情報局総裁）が、箱根・翠松園（すいしょうえん）で

表1－4　戦争・終戦関連のラジオ番組（1955年8月15日）

局	放送時間	タイトル
ラジオ東京	6時35分～7時15分	十分論評「終戦の日に思う」長谷川如是閑
NHK第一	8時30分～9時15分	外地で迎えた終戦・加東大介
NHK第一	10時15分～11時05分	終戦記念日に因んで・遠藤周作
文化放送	11時15分～11時25分	平和祈念堂除幕式（長崎）
NHK第一	13時05分～14時05分	多元放送「家庭から社会へ」十年の成長、詩と音楽、録音構成、座談会
文化放送	14時05分～15時	終戦記念特別番組 録音構成「第十五国境守備隊」語り手・勝田久他
ラジオ東京	14時05分～15時10分	放送討論会「どうしたら日本は自立できるか」都留重人、石橋湛山ほか
NHK第一	17時15分～17時30分	戦後十年の犯罪・平出禾
NHK第一	17時45分～18時	これからの十年・中島健蔵、池田弥三郎
NHK第一	18時～18時25分	戦後十年の童謡から「僕の歌、私の歌」川田正子、川田泰子他
ラジオ東京	19時20分～20時	童謡十年「リンゴの歌からマンボまで」近江俊郎、楠トシエ、並木路子、中島孝他
ニッポン放送	19時30分～20時	終戦記念日特集「社会ダネ十年史」扇谷正造、斉藤正昭、高原四郎
NHK第二	20時～20時30分	特集「お米の十年史」松村謙三、東畑四郎、大島清、安井誠一郎他
NHK第一	21時15分～22時15分	終戦回顧座談会「今日の日本 明日の日本」吉田茂、下村宏、小泉信三
ラジオ東京	22時30分～23時10分	ヒロシマ（アルトーネン曲）関西交響楽団
文化放送	23時～	青空会議「これからの日本はどうあるべきか」

（朝日新聞「ラジオ・テレビ欄」をもとに作成）

行った座談会の録音放送で、話題は戦後社会のなかの倫理問題、若年層と中高年層との間の断絶の問題、また吉田前首相が欧州旅行で会った各国首脳との会談の「裏話」などであった。そして、『青空会議』（文化放送、二三時～）は、「これからの日本はどうあるべきか」をテーマに、東京、大阪、名古屋で市民の意見を収集した「街頭録音」番組で、「民主主義を日本人がどう考えるかを批判・反省し、また複雑な内外の政治的環境にあって日本が将来歩むべき道を率直に述べあう」という内容であった[23]。さらに、この頃になると、八月六日、一五日以外にも、その前後に戦争（終戦）や原爆に関連する番組が放送されるようになっていた。特にこの年は八月一四日が日曜日であったこともあって、一四日には『録音構成「あれから十年」』（NHK第一、一八時〜）、『引き揚げ十年を顧みて』（NHK第二、二二時三〇分〜）、『五元討論会「日本は独立しているか」』（ラジオ東京、二三時一〇分〜）など七本の関連番組が放送されていた。[24]

以上のように、一九五五年の八月は戦後一〇年の節目の年であったことから、新聞とラジオは八月六日と一五日を中心に、それまでにない大規模な形で戦争関連の報道を展開した。この年の報道は、現在にまでいたる「八月ジャーナリズム」の原型をなすものであった。しかしここでいう「原型」は、記事や番組の本数といった量的な側面だけを意味しない。テーマや論調という質的な側面においても、一九四〇〜五〇年代は、その後展開していく「八月ジャーナリズム」の原型が形成された時期と見做すことができる。そこで、次節では、主として一九四〇〜五〇年代における形成期の「八月ジャーナリズム」に見られる、いくつかの「語り」（＝ナラティブ）に注目して、それらを類型化するとともに特徴や問題点などを見ていく。

4　形成期の「八月ジャーナリズム」における三つの「語り」

戦争・終戦をめぐる「語り」（＝ナラティブ）

「八月ジャーナリズム」は、日本が経験した戦争・終戦に関わるテーマについて、八月に集中的に報道するメディアの活動であるが、それは言うまでもなく「過去」を客観的な事実として確定させ明らかにしようとする実証的な歴史学のような営為とは異なる。メディアは、戦争・終戦という過去の出来事を、特定の観点や角度から、あるいは特定のテーマに沿って扱う。つまり、無色透明な語り手によって神の視点から「唯一の正しい歴史」が記述されるのではなく、戦争をめぐる何らかの評価や価値観、歴史認識などに基づいて戦争・終戦が解釈され、物語られるのである。従って、戦争・終戦をめぐるこうしたメディアの「語り」（＝ナラティブ）には、語り手（記者や制作者）の戦争観、あるいは彼らの背後にある社会において支配的な（もしくは対抗的な）戦争観や戦争に関する記憶のありようが密接に関わり、反映されている。[25] 例えば、広島・長崎への原爆投下をめぐる「語り」は、日本とアメリカでは大きく異なっていることはよく知られている。[26] 日本では原爆投下は甚大な被害を生み出した悲惨な大量殺戮の記憶とともに語られるが、アメリカでは戦争終結を早めることで多くのアメリカ人、そしてアジアと日本の人々の命を救った、正しい戦争の、そして戦勝の喜びの記憶とともに語られる。背景には、言うまでもなく日米のあいだでの太平洋戦争と原爆投下に対する評価や認識、価値観の大きな懸隔がある。

では、日本の「八月ジャーナリズム」においては、戦争・終戦についてどのように語られているのだろうか。橋本明子は『日本の長い戦後』において、日本における戦争をめぐる「語り」を三種類に類型化している。[27] 第一が「戦争と敗戦を、勇敢に戦って戦死した英雄の話としてとらえるもの」、第二が「戦争を敗戦の犠牲になった被害者の話としてとらえるもの」、第三が「戦争を中国や朝鮮、東南アジア各地における加害者の話としてとらえ、日本がおこなった帝国主義的支配や侵略、搾取を強調する」語りである。ただし、この三つの「語り」の類型は、新聞や放送だけでなく、映画や小説、漫画、アニメ、博物館や記念碑、そして歴史教科書などの幅広いメディア表象、さらには政治家の発言なども含めた幅広い対象を分析して抽出されたものである。従って、新聞、放送を中心とした「八月ジャーナリズム」にそのまま当てはめることはできない。例えば、第一の「英雄の語り」は、特定の映画や漫画、そして保守的な立場の政治家の語りなどの中にはしばしば見出されるが、「八月ジャーナリズム」のなかではそれほど見られない。また、第三の、日本のアジア諸国に対する加害をテーマとする語りも、「八月ジャーナリズム」においては量的には僅少である。そして時期的にも、一九七〇〜八〇年代以降になってようやく出現したものである（第3章、第4章参照）。

「八月ジャーナリズム」の成立期の新聞とラジオにおいて現れ、その後定着していく「語り」としては、戦争（終戦）を「受難」の経験として語り継ぐ語り（＝受難の語り）、敗戦からの日本の歩みを民主主義や文化的成熟などの観点から自己査定・省察する語り（＝戦後史の語り）、そして「唯一の被爆国」であり、かつ「戦争放棄」した戦後の日本には国際社会のなかで「平和国家」として果たすべき重要な役割があるとする語り（＝平和主義の語り）、という三つの類型を主要なものとして指摘することができる。その三つの「語り」について、その特徴と問題点などを見ておきたい。

受難の語り

第一の「受難の語り」は、この時期の「八月ジャーナリズム」に最も多く見られる「語り」である。この「語り」においては戦争や終戦後の経験は「受難」や「災禍」として位置づけられ、その後の期間は戦争被害からの回復や戦後復興に向けた「苦難」「苦闘」の歴史として位置づけられる。例えば、朝日新聞の一九五〇年八月一五日の「社説 試練の五年」は、終戦からの五年間を「占領という冷たい現実のもとに、あえぎながら生きてきた五年は、日本民族にとって試練の五年であり、忘れえぬ五年であった」と振り返っている。また、広島（長崎）への原爆投下も「受難」として語られる。例えば、読売新聞の一九五四年八月六日の「社説 原爆記念日に答えるの道」は、「広島・原爆の日」について「世界はじめての痛ましい事実、突如として広島がおそわれた日である」とし、「思い出は極みなく悲しく、感激は限りなく深い。一瞬にして顔かたちもなく焼けただれた老若男女の泣き叫ぶ苦悩の声のうちに、なまぐさい風が周辺をおおうた」と原爆投下の悲劇性が強調される。そして被爆の惨禍を生き延びた人々も、その多くが原爆症に苦しみ続けていると記す。

ラジオでも「受難の語り」に該当する番組は多く放送されている。例えば、文化放送の『敗戦の傷は深い』（一九五六年八月一五日）は、「戦後十一年、広島の一銀行の石畳に原爆放射能によって記された『死の影』はようやく消え失せたといわれるが、敗戦の傷はいまなお深刻なうずきをとどめている。この傷の深さを想い、政治、経済、文化等に反省を求めて、……『指導者』などの著書で知られる評論家の本田顕彰氏が語る」という番組であった。[28] また、NHK第一の『社会展望 戦争の傷はいえず』（一九五七年八月九日）も、「戦後十二年、もはや戦後ではないという声もきかれるが、戦争のために愛する夫を失い、息子を奪われた家庭の生活は悲惨である。この時間は戦争によってうけた傷跡を家庭生活にのぞき、青年たちの声をきいていま一度、戦争の悲惨さを見つめなおす」と、新聞のラジオ・テレビ欄の解説文でも「傷」「悲惨」といった言葉が強調され、戦争を「受難」の体験として扱う内容だったことが分かる。[29] ドラマでも戦争をテーマにしたものが放送されている。例えば文化放送のラジオドラマ『硫黄島』（一九五七年八月一〇日、原作・菊村到）は、硫黄島の戦いで極限状況を経験した主人公が、戦後になって「すべての人間関係の愚劣さと虚偽に耐えられなくなり、ふとしたきっかけで再び訪れた硫黄島の噴火口に飛び込み自らの命を絶つ」という物語であった。[30] これらの番組は、原爆や戦争を「受難」の経験として捉え、現在も続く人々の「受難」の声や姿を伝えるものであった。

このように戦争や戦後、そして被爆の経験を、日本および日本人にとっての「受難」「災禍」として捉える「受難の語り」は、この時期に広く見られるだけでなく、その後の「八月ジャーナリズム」においてDNAのように受け継がれ、その「基調」「通奏低音」をなしていくものでもある。

ところで、この「受難の語り」には幾つかの特徴がある。第一の特徴は、「受難の語り」においては、前述のように戦争で日本人がいかに過酷な運命に翻弄され、いかに夥しい犠牲者・被害者が生み出され、戦後もいかに厳しい状況を生き延びなければならなかったかという「受難」の経験が強調される一方で、そのような戦争が誰によって、なぜ・どのようにして起こされたのか、なぜ原爆が投下されなければならなかったのかなど、戦争の原因を解明したり戦争責任を追及したりするような視点が欠落していることである。これは、形成期の「八月ジャーナリズム」全体の特徴でもある。例えば、一九四六年五月に始まり一九四八年一一月に終了した極東軍事裁判（東京裁判）では、旧軍上層部、政治的指導者、高級官僚・財界等における積極的戦争協力者など多くの「戦犯」が裁かれていたが、同じ期間の「八月ジャーナリズム」においてこの裁判に言及するような記事は見当たらない。また、戦前〜戦中の日本における最高権力者＝責任者としての昭和天皇の戦争責任を問うような議論もない。逆に一九四八年八月一五日の「読売新聞」は一面トップで、天皇制に関する世論調査によって国民の圧倒的多数が天皇制を支持していることが分かったとする記事を掲載している。調査では二つの質問が行われている。第一問が「天皇制」の存続を支持するかどうかを聞いたもので、九〇・三%という圧倒的多数が「天皇制はあったほうがよい」と答えたとしている。そして、昭和天皇が退位すべきかどうかについて聞いた二問目では、「在位された方がよい」が六八・五%と「退位されて皇太子にゆずられたほうがよい」一八・四%を大きく上回っている。

天皇制について 本社世論調査

『存続』を圧倒的支持 退位希望も二割余

第一問の答

第一問 天皇制についてどう思うか

読売新聞 1948 年 8 月 15 日朝刊の一面トップ記事

「受難の語り」の特徴の第二は、日本と日本人に「受難」をもたらした「戦争」が、具体的にどの国との間の、どのような戦争だったのかが曖昧で、抽象化されていることである。原爆投下はあくまでも、先にも見たように「突如として広島がおそわれた」という出来事であり、[31] 戦争および戦後の経験は「大きな国民的な不幸」として表現される。[32] 広島や長崎に原爆を投下し、東京をはじめとした主要都市を空襲によって焦土にしたのはアメリカであるが、そのアメリカが具体的な形で「受難」をもたらした国として登場することは殆どない。まして原爆投下や空襲が一般市民を対象とした無差別殺戮だったとしてアメリカを批判したり憎悪したりすることもない。それればかりか、「戦後五年」の節目にあたる一九五〇年八月一五日の読売新聞一面のトップ記事「きょう終戦五周年 アメリカをどう思う?」のように、多数の日本人（六五・七％）が「一番好きな国」としてアメリカを挙げているという世論調査結果を紹介するなど、アメリカは日本に「受難」をもたらした国としてよりも、むしろ戦後に「受難」からの復興（食糧支援、民主化改革など）を支え導いている国として表象される傾向が強い。

こうして、「受難の語り」においては、「受難」としての戦争が、抗すべくもなかった「運命」「災禍」のようなものとしての「戦争一般」へと抽象化、脱文脈化されると同時に、その戦争がアメリカとの戦争（太平洋戦争）だったことが含意されつつも、アメリカは直接名指されることも批判対象とされることもない、という奇妙な構造が見られる。[33] この背景に、占領からサンフランシスコ講和条約へといたる過程で日本にとって圧倒的に大きな存在であったアメリカに対する政治的配慮や忖度が、意識的にせよ無意識的にせよあったことは明らかであろう。吉田裕は『日本人の戦争観』において、戦後の日本人における「戦争観」の形成およびその変化のプロセスを辿り、「太平洋戦争」という呼称がアメリカ側のものであり、そこでは戦域が太平洋地域に限定されることで満州事変以降の中国戦線の持つ意味が無視されていること、そしてそのような「太平洋戦争史観」が占領期のうちに日本人のあいだに広がり、占領終結後もこの呼称は生き残って、日本社会のなかに着実に定着していったと指摘している。[34] こうした「太平洋戦争史観」が形成期の「八月ジャーナリズム」にも色濃く反映されていたと見ることができる。

「加害」の不在

このこととも深く関係していると思われるが、「受難の語り」の三つめの特徴は、戦争が一方的な「受難」の経験として語られることによって、日本・日本人が戦争中に他国（特に中国、朝鮮半島などを中心とするアジア諸国）において行った侵略行為、残虐行為、すなわち「加害」の経験が捨象されていることである。新聞記事において戦後に「加害」がどのように扱われてきたかを分析した根津朝彦は、一九四五年の終戦から一九六〇年代までの期間に「加害」に関連する記事が殆ど出現しないことを指摘し、この期間を加害責任に関する認識の「忘却期」と名づけている。[35] 根津も指摘しているように、当時、『中央公論』などの論壇を中心に、天皇や知識人、ジャーナリストなどの戦争責任を様々な形で問う機運自体は存在しなかったわけではない。[36] しかし、新聞報道ではごく少数の例外を除いて戦争における「加害」の問題が取り上げられることはなかった。

こうした背景に、当時の世界で形成されていた冷戦構造のなかで進められた日本の戦後処理の特殊事情があったことはすでに序章でも述べた通りである。この点に関連して大沼保昭は、当時の「戦争責任論」が「戦後日本の行動様式を枠付け、方向づけ、充足するという意味での戦後日本の思想たりえなかった」と指摘し、その背後には、当時の日本国民全体の「不作為」の問題があるとして次のように問うている。

「大東亜戦争」は、日本国民が、中国で、東南アジアで、全力を傾けて戦った戦争だった。戦後それが許されざる侵略戦争であった——あるいはすくなくともその側面をもつ——ことが明らかにされたとき、まさにそれが全国民的事業であったが故に、国民ひとりひとりの戦争へのかかわりの意味を問い、明らかにすることも全国民的課題でなければならなかったはずである。自分たちが聖戦と信じ、協力した戦争が侵略であったとは、一体何がまちがっていたのか。それに協力した自分たちの責任はどうなのか。三百万の同胞の死の意味は何だったのか。……東京裁判という連合国による「裁き」を傍観するだけで、みずからの手では十五年戦争に対して判断を下すべき公共の場を創り出そうとしなかった日本国民の不作為それ自体のもつ意味も、また問われてよかったはずである。[37]

周知のように、一九九〇年代以降の冷戦構造の崩壊やグローバル化の進展はアジア諸国に急速な経済成長や民主化の進展をもたらし、それまで開発独裁型の政権によって抑え込まれていたアジア諸国の人々の対日批判や戦後補償要求の声が急増した。日本はこの時期にそれへの対応を迫られるという形で、改めて「加害」の問題や戦争責任、戦後責任の問題に本当の意味で向き合ってこなかったことのツケを支払わされることになる。いずれにせよ、一九六〇年代までの「八月ジャーナリズム」は、終戦直後の日本をめぐるこうした諸状況を濃厚に反映しながら「加害」の問題を「忘却」したまま形成されていった。そしてそのことは大沼に倣っていうならば、国民全体あるいは知識層の「不作為」の問題とは別に、ラジオや新聞を含むジャーナリズムの「不作為」の問題としても問われ、検証されるべき問題であろう。

戦後史の語り

形成期の「八月ジャーナリズム」における第二の「語り」、すなわち戦後日本の復興や発展の歩みを振り返る「戦後史の語り」では、しばしば民主主義国家として再出発した日本の民主化の進展や成熟の度合いについて、戦後の期間を通した総括や反省がなされる。また、戦後の社会・文化や風俗の変遷を振り返る社会史、文化史、風俗史的な企画も多くみられるが、そうしたものも「戦後史の語り」と見做すことができる。

例えば、朝日新聞一九五〇年八月一五日の「社説 試練の五年」では、終戦からの五年について、徐々に復興を遂げてきたものの「日本の民主化」は未だ道半ばであるとし、「民主主義という言葉は、なるほど普及もし、徹底もした。しかしそれは言葉だけのことであって、日本人が民主的な考え方を体得したというにはすこぶる遠い…民主主義が頭の上を素通りしている危険が感じられる」と書いている。また、読売新聞一九五五年八月一五日の「社説 終戦十年の回顧と反省」は、終戦からの一〇年間を「劇的な大転換であり、ひとつの精神革命であった」としたうえで、次のように書いている。

> この間、与えられたものとはいえ近代的人権を基調にした新憲法を施行し、制度を改め、因習の暴君と闘い、われわれの血にある民族的伝統と近代精神との対立のなかに調和をつくりだそうと懸命になった。……再軍備の線が打出され、いわゆる「国情にそうこと」を目標に、憲法の改正が提案されている今日、民族のもった底知れぬ封建制への後退となるおそれがないとはいえない。日本の民主主義は、この意味で危険に直面している。

このような民主主義の定着や成熟のあり方を問うような「語り」は、この時期の「八月ジャーナリズム」に頻繁に登場する。また、「戦後一〇年」の一九五五年頃から見られるようになった連載企画の多くも「戦後史の語り」である。先にも挙げた読売新聞の一九五五年の全一九回の連載「十年目の秋」、同じく読売新聞の一九五六年の「十一年目の若もの」（全三〇回）、五七年の「九千万が知り合うために」（全五回）などは、それぞれ戦後の民衆の暮らしや風俗に焦点を当てながら敗戦からの日本社会の復興の経過を振り返るというコンセプトであった。

ラジオでも、こうした「戦後史の語り」は多くみられる。例えば、『十一年目の日本 座談会「米国に負うもの負わされるもの」』（NHK第二、一九五六年八月一五日）は、「戦後日本がアメリカから受けた影響について、その功罪を検討する座談会」で、司会は中屋健一（東京大学助教授）が務め、都留重人（一橋大学教授）、浦松佐美太郎（ジャーナリスト）、坂西志保（評論家）らが出演、教育制度、家族制度、女性の地位、メディア文化、プラグマティズムの影響など、アメリカからの影響という視点で戦後日本の歩みと現状の問題点を議論する内容であった[38]。また、文化放送が一九五七年八月一四日に放送した二本の番組もともに「戦後史の語り」である。一本は『戦後十二年の政治』で「終戦を契機として出発した主権在民のいわゆる民主主義に立脚した政治の十二年間の所産を診断する」という討論番組、もう一本は『戦後十二年の流行歌 歌は世につれ世は歌につれ』という歌謡番組だが、この番組も「あすは終戦記念日、そこで今宵のコンサートは、戦後十二年の世相の移り変わりを『リンゴの歌』から最近のヒットソングまで、流行歌のメドレー演奏で懐かしむ」というコンセプトで[39]、やはり「戦後史の語り」の一種と見做すことができるだろう。

このように終戦からの歴史的展開を反省したり、回顧したりする「戦後史の語り」もまた、「八月ジャーナリズム」におけるもうひとつの「定番」となっていく。戦争（終戦）を起点としつつも、戦争それ自体ではなく、戦後の日本と日本人の歴史を振り返ることに重点を置き、自己点検・総括するという言説の形成である。

平和主義の語り

第三に、「原爆の日」や「終戦の日」を期して「平和の誓い」を新たにする「平和主義の語り」も、形成期の「八月ジャーナリズム」における特徴的な「語り」として挙げられる。一九五〇年代における「原爆の日」「終戦の日」の関連記事の見出しを拾うと、「きょう原爆記念日 平和への祈り 広島で数々の催し」[40]、「ひろしまに一一回目の原爆の日 世界へ響け『平和の鐘』全国民の祈りこめて」[41]、「悲願こめ広島宣言 誓い新た十周年記念式典」[42]、「きょう終戦十周年 各地で催し 平和を祈る」[43]「めぐり来た〝終戦十年〟平和の鐘に黙とう」[44]などのように、「平和」「祈り」「誓い」といった言葉がキーワードとして頻出していることが特徴的である。そしてこれらの記事においては、日本が「世界で唯一」被爆を経験した国であること、また終戦後に平和憲法を掲げて再出発した「平和国家」であることが繰り返し確認され、強調される。そして、国際的な平和を実現するために日本は「平和国家」としての役割を国際社会のなかで積極的に果たしていくべきだということが主張される。例えば、一九五一年の「広島・原爆の日（八月六日）」の朝日新聞「社説 原爆六周年」は、「次の戦争がはじまるとすれば、それは原爆戦であり、第二次大戦とは比較にならぬおそろしい結果を生ずる」だろうと予測しつつ、「平和国家」日本の役割を次のように言っている。

日本は新たに平和国家として再生したといわれた。ノー・モア・ヒロシマズという言葉ができた。しかしながら今日までわれわれは平和国家として国際的にいかなる貢献をしたであろうか。……原爆の惨禍は、日本人の手によっては、日本人にあまねく知らされていないのみか、また海外にも伝えられていない。原爆の惨禍の報告が、世界の人々の平和の魂をゆり起こす助けになるとすれば、それは日本人の義務であり、世界平和に寄与する責任の一端であると思われる。日本が今日にいたってもまだ侵略国としての復活を連合国から疑われていることについては、日本人が当然なすべきそうしたことさえもやっていないということも、考え合わすべきであろう。

また一九五四年八月一五日の読売新聞の「社説 われらに永久の平和を」は、「文明と個人価値の殺傷にほかならなかった敗戦と、それにつづいたみじめな年月に、戦争の愚劣さと非生産性を深刻に体験したのは、日本人自身であったはずだ。」と問いかける。これは四〇年代後半から五〇年代にかけて進んでいたGHQによる諸改革の方針転換や、それを受けつつ独立後の日本で進行した社会の再保守化、いわゆる「逆コース」(レッドパージ、警察予備隊の創設、財閥系企業の復活、軍人恩給の復活など)を批判し、警鐘を鳴らすものであった。そしてこの社説は、「無意味な戦争に惜しみてもあまりある血を流した同胞」のためにも「理由なき戦争を避け、永久にわれわれの手で平和を打ちたててゆくこと」が求められていると結ばれている。

ラジオでも、例えば一九五六年八月六日の文化放送の番組『広島一九五六年』は、被爆地・広島の人々による、その被爆体験ゆえの「平和への祈り」を主題的に描く番組であった。新聞のラ・テ欄では次のように紹介されている。

> 広島に原爆が投下された世紀の悲劇は今なお国民の脳裏を離れていない。米ソ両国が原子核爆弾の製造をめぐって競合していることをみるにつけて、一層この悲劇が強く思い出されてくる。原子力は平和だけにしてもらいたいという願いは、世界中のどこよりも身をもってその恐ろしさを体験した「広島」の必死の祈りでもある。一九五六年の広島はどう変わったか、原爆を受けた人たちのその後はどうか、広島市民は何を祈っているか等々について現地の実態を伝える。[45]

以上のように、敗戦から一九五〇年代にかけて新聞とラジオを中心に形成された「八月ジャーナリズム」においては、①「受難」の経験としての戦争（終戦）という「受難の語り」、②戦後日本の歩みを振り返り、民主化や社会の成熟などの観点から自己査定・自己省察する「戦後史の語り」、③「戦争放棄」した日本には「平和国家」として果たすべき新たな役割があるという「平和主義の語り」、という三つの「語り」の類型が形成されていた。そしてこれら三つの「語り」は、その後、様々なバリエーションを生み出しつつ、新聞、ラジオ、テレビにおいて展開されていく独自の言説空間としての「八月ジャーナリズム」の基調となっていくのである。

【注】

1 同演説の内容は、読売新聞の八月一五日朝刊一面にその要旨が掲載されている。

2 モニカ・ブラウ『検閲 1945―1949 禁じられた原爆報道』立花誠逸訳、時事通信出版局、二〇一一年、堀場清子『禁じられた原爆体験』岩波書店、一九九五年、山本昭宏『核エネルギー言説の戦後史 1945―1960「被爆の記録」と「原子力の夢」』人文書院、二〇一二年など。

3 同様に、この時期の紙面には東京大空襲（一九四五年三月一〇日）をはじめとする米軍による本土空襲を取り上げる記事も見当たらない。

4 有山輝雄「戦後日本における歴史・記憶・メディア」『メディア史研究』第一四号、二〇〇三年。

5 日本以外で八月一五日を「終戦日」としている国は、「光復節」「解放記念日」を祝う韓国・北朝鮮のみで、欧米連合国のVJデー（Victory over Japan Day）は九月二日であり、中国においても、ロシアにおいても九月二日、もしくは三日が「終戦記念日」である。佐藤卓己・孫安石編『東アジアの終戦記念日――敗北と勝利のあいだ』筑摩書房、二〇〇七年参照。

6 佐藤卓己『増補 八月十五日の神話――終戦記念日のメディア学』筑摩書房、二〇一四年、三三五～三四九頁。

7 日本におけるラジオ放送の展開と「ラジオ時代」の形成については竹山昭子『ラジオの時代――ラジオは茶の間の主役だった』世界思想社、二〇〇二年参照。

8 「ハンナーメモ」は、①NHK会長の助言機関として顧問委員会（放送委員会）を設置すること、②顧問委員会の構成・選出方法、③顧問委員会によるNHK会長選任の任務とその方法、④その他の任務、⑤逓信院のNHKに対する監督権の範囲、⑥NHK役職員の資格審査、⑦情報局のNHKに対する監督権の否定、などを規定する内容であった。日本放送協会編『日本放送史』日本放送出版協会、一九六五年、六七一頁。

9 高野岩三郎「私の目標――重ねて日本放送協会の職員諸氏に告げて所懐の一端を述ぶ」『放送文化』八・九月号、一九四六年、一〇頁。

10 終戦直後に放送メディアをめぐってどのような議論があったかについては米倉律「ジャーナリズム論～ラジオジャーナリズムからテレビジャーナリズムへ」『放送研究と調査』二〇一三年八月号を参照。

11 『ラジオ年鑑』は戦争中の一九四三年一月刊の「昭和一八年版」を最後に発行が休止されていた。
12 日本放送協会編『ラジオ年鑑』日本放送出版協会、一九四七年、五～六頁。
13 同前、七～八頁。
14 日本放送協会編『20世紀放送史』日本放送出版協会、二〇〇一年、二二一頁。
15 日本放送協会編『日本放送史』日本放送出版協会、一九六五年、四七五頁。
16 戦前期のラジオ受信契約の拡大については、山口誠「放送とオーディエンスの関係を再考する―新たな放送モデルと公共性へのメディア史的試論―」『放送メディア研究』第5号、二〇〇七年参照。
17 昭和一二(一九三七)年に行われた聴取状況調査によると、聴取率七五%以上の種目は、午後七時の「ニュース」をトップに、午後九時半の「ニュース・ニュース解説」、以下、「浪花節」(午後七時五五分～)、「ニュース」(午後〇時半～)、「ラジオドラマ」(午後八時二五分～)の順となっている。このことからも戦況を伝えるニュースが聴取者の大きな関心事だったことが分かる。日本放送協会編『日本放送史』日本放送出版協会、一九六五年、四八六頁。
18 日本放送協会編『日本放送史』日本放送出版協会、一九六五年、三八八頁。
19 大森淳郎「前線と銃後を結べ～戦時録音放送を聴く(前編)」『放送研究と調査』二〇一七年一二月号。
20 大森淳郎は、録音構成番組(ドキュメンタリー番組)のルーツのひとつとして、一九四一年五月二五日に放送された『病院船』という番組に注目している。この番組は広島中央放送局が制作した番組で、中国戦線で傷ついた兵士を内地に送還する病院船に、録音チームが同乗して記録した番組である。
21 読売新聞「卓上放送」一九五五年八月六日朝刊。
22 朝日新聞「聴きもの見もの」一九五五年八月六日朝刊。
23 朝日新聞「聴きもの見もの」一九五五年八月一五日朝刊。
24 八月一五日が平日であるような場合、その前後の週末(土日)に関連番組が多く編成される傾向が、現在にいたるテレビ時代を通じてしばしばみられる。
25 歴史の記述と「語り」およびその主体との関係性については、ノラ・P.編『記憶の場 フランス国民意識の文化=社会史』1

〜3、谷川稔監訳、岩波書店、二〇〇二年、ダントー・A.C.『物語としての歴史——歴史の分析哲学』河本英夫訳、国文社、一九八九年、野家啓一『歴史を哲学する——七日間の集中講義』岩波書店、二〇一六年などを参照。

26 トム・エンゲルハート／エドワード・T・リネンソール『戦争と正義——エノラ・ゲイ展論争から』島田三蔵訳、朝日新聞社、一九九八年、藤原帰一『戦争を記憶する——広島・ホロコーストと現在』講談社、二〇〇一年、参照。

27 橋本明子『日本の長い戦後——敗戦の記憶・トラウマはどう語り継がれているか』山岡由美訳、みすず書房、二〇一七年、一一〜一二〇頁。

28 読売新聞「ラジオ・テレビ」一九五六年八月一五日朝刊。

29 読売新聞「ラジオ・テレビ」一九五七年八月九日朝刊。

30 読売新聞「ラジオ・テレビ」一九五八年八月一〇日朝刊。

31 読売新聞、一九五四年八月六日朝刊。

32 朝日新聞、一九五五年八月一五日「社説」。

33 権赫泰は、広島の原爆慰霊碑に記された「過ちは繰返しませぬから」という碑文における「過ち」の主体をめぐる論争に触れて、「過ち」というのが誰（どの国）の具体的にどのような「過ち」なのかを曖昧化する語法のなかに、日本の加害責任を忘却するとともに、アメリカの原爆投下の責任を不問に付すという「戦後日本」が生み出した独特の論理を見出している。権赫泰『平和なき「平和主義」戦後日本の思想と運動』鄭栄桓訳、法政大学出版局、二〇一六年、一七八〜一八四頁。

34 吉田裕『日本人の戦争観——戦後史のなかの変容』岩波書店、二〇〇五年、三五〜三七頁。

35 根津朝彦『戦後日本ジャーナリズムの思想』東京大学出版会、二〇一九年、三三一頁。

36 鶴見俊輔「知識人の戦争責任」『中央公論』一九五六年一月号、大熊信行「未決の戦争責任」同一九五六年三月号、村上兵衛「天皇の戦争責任」同一九五六年六月号、丸山邦男「ジャーナリストと戦争責任」同一九五七年二月号など。これらのなかには村上兵衛のように、天皇には、戦争の最高責任者としての政治的責任、日本国民を惨禍に巻き込んだ道義的責任以外に、「アジア民衆の虐殺、捕虜虐待などに関する、日本国家の元首としての政治的道義的責任」（前記、一〇二頁）があるとする先鋭的な議論も存在した。

37 大沼保昭「東京裁判・戦争責任・戦後責任」酒井哲哉編『リーディングス 戦後日本の思想水脈1 平和国家のアイデンティティ』岩波書店、二〇一六年、二一〇頁。

38 朝日新聞「ラジオ・テレビ」一九五六年八月一五日朝刊。

39 読売新聞「ラジオ・テレビ」一九五七年八月一四日朝刊。

40 朝日新聞、一九五五年八月六日朝刊。

41 毎日新聞、一九五六年八月六日夕刊。

42 読売新聞、一九五五年八月六日朝刊。

43 朝日新聞、一九五五年八月一五日朝刊。

44 毎日新聞、一九五五年八月一五日夕刊。

45 朝日新聞「ラジオ・テレビ」一九五六年八月六日朝刊。

第2章　テレビ時代の「八月ジャーナリズム」：一九六〇〜七〇年代

放送メディアにおいては、一九六〇年代に入るとラジオからテレビへの放送の主役交代が起こり、「テレビ時代」が到来する。「八月ジャーナリズム」でもテレビが次第に存在感を持ち始め、戦争・終戦をテーマとする多様なテレビ番組が制作・放送されるようになる。そして、戦争に関する日本独自の言説空間を発展させていった。本章では、一九五三年の放送開始後、六〇〜七〇年代にかけて急速に普及・発展したテレビにおける「八月ジャーナリズム」の概要と展開とを跡づけ、この時期の「八月ジャーナリズム」のテーマ、内容、語りについて、テレビ番組を中心にその特徴や傾向を分析する。

1　「テレビ時代」の到来

ラジオ時代からテレビ時代へ：一九五三年〜六〇年代前半

日本でテレビ放送が始まったのは一九五三年である。当初しばらくのあいだは受信機が高額であったこともあって普及は低調で、放送の主役はあくまでもラジオであった。多くの人々にとって「街頭テレビ」や飲食店、近所の富裕層の自宅などで娯楽番組を楽しむというのがテレビ視聴の一般的な

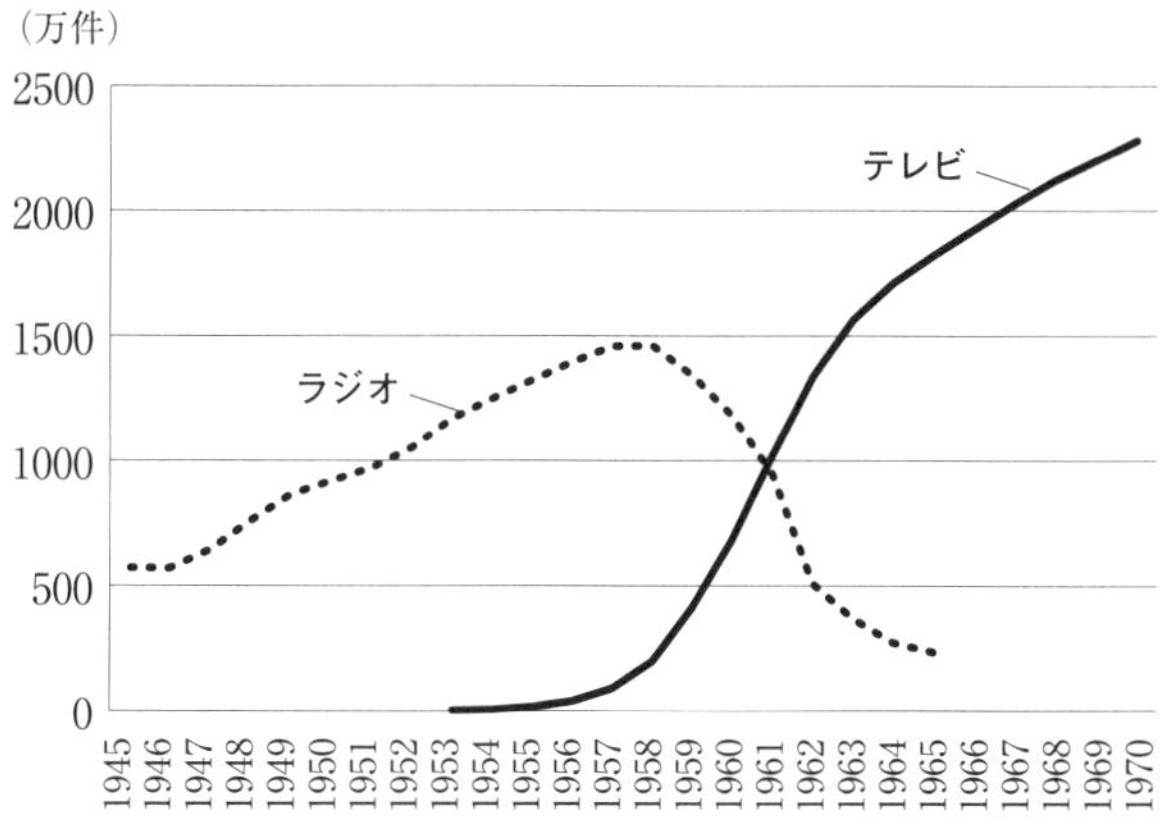

図2−1　ラジオ、テレビの受信契約件数（NHK）の推移

スタイルであった。放送時間も短く、放送が始まった一九五三年二月における一日の放送時間は昼前後の一時間半（一二時〜一三時半）と夕方からの二時間半（一八時半〜二一時）、計四時間しかなかった。またテレビ局も一九五五年時点においても、ＮＨＫ、日本テレビ、ＫＲＴ（現ＴＢＳ）の三局しか存在せず、放送エリアも東京、名古屋、大阪を中心とする都市部に限定されていた。こうした事情もあって、当初こそテレビの普及には時間がかかったが、その後、一九五〇年代後半になると高度経済成長を背景に普及が加速、一九五九年の皇太子ご成婚の直前には二〇〇万件を突破する。そして一九六〇年から翌年にかけてテレビの受信契約数がラジオのそれを逆転、テレビが放送メディアの主役となる（図2−1参照）。テレビの普及はその後も急速に拡大し、受信契約件数は一九六二年に一〇〇〇万件、翌六三年には一五〇〇万件（普及率七五％）を超えた。この年の『ＮＨＫ年鑑』は、日本が「アメリカに次いで世界第二位のテレビ普及台数を持つにいたった」と宣言している。[1]こうして当初、

「ぜいたく品」だったテレビはあっという間に〝一家に一台〟が当たり前の日用品となっていった。

草創期のテレビ放送は、速やかなテレビ普及が優先的に目指されたこともあって、「劇映画、スポーツ、舞台中継といった大衆娯楽の雑居している『共同租界』のような場所」[2]であり、その娯楽偏重の編成は、有名な「一億総白痴化論（一九五七年）」に代表されるような「テレビ＝低俗」という激しい批判を招いた。[3]しかし、一九五〇年代後半になるとテレビでもニュースやドキュメンタリーなど報道や教養系の〝硬派〟な番組が徐々に制作・放送されるようになっていく。その代表的なものがＮＨＫのドキュメンタリー番組『日本の素顔』（一九五七〜六四年）である。この番組はその後の『現代の映像』（一九六四〜七一年）、『ＮＨＫ特集』（一九七六〜八九年）、『ＮＨＫスペシャル』（一九八九年〜）などに連なるＮＨＫの〝正統派〟ドキュメンタリー番組のルーツに当たる番組でもある。貧困問題、住宅問題、失業問題、公害問題など、当時の多様な時事問題や社会問題を積極的に取り上げたこの番組は、民放が娯楽番組を競って編成する日曜の夜九時という時間帯に放送され、「一億総白痴化」というテレビ批判に対する「抵抗の最前線」に立つ番組と位置づけられていた。[4]そして、合計三〇六本のなかでは、数こそ多くないものの戦争関連のテーマも扱われた。占領軍兵士と日本人女性との間に生まれた混血孤児の問題を取り上げた『青い目の子供達』（一九五八年四月二〇日）、戦時中フィリピンで村民を虐殺して戦後現地で裁かれた元日本兵の日記やインタビューを元にＢＣ級戦犯の問題を扱った『モンテンルパへの追憶』（一九五九年八月一六日）、終戦後に作られた米軍基地に反発しつつもそれに依存せざるを得ない沖縄の人々の苦悩を描いた『孤独の島〝沖縄〟』（一九五九年一二月六日）、原爆症と生活苦にあえぐ広島の被爆者達の姿を描いた『黄色い手帳―原爆被災者の周辺―』（一九六〇年八月七日）などである。[5] ただし、ＮＨＫがドキュメンタリー番組で本格的に戦争をテーマとして取り上げるようになり、ドキュメンタリーがテレビの「八月ジャーナリズム」における主要な番組ジャンルになるのは一九七〇年代半ば以降のことである。

草創期のテレビと戦争：『私は貝になりたい』（一九五八年）

戦争をテーマとして扱った草創期のテレビ番組としては、ＫＲＴ（現ＴＢＳ）のドラマ『私は貝になりたい』（脚本・橋本忍）が有名である。このドラマの放送は、一九五八年一〇月三一日である。従って「八月ジャーナリズム」には該当しないが、その後のテレビと戦争の関係史にとっても重要であるため、簡単にその内容を見ておきたい。

ドラマは、四国・高知で理髪店を営む主人公・清水豊松（フランキー堺）が、戦争中、墜落して捕虜になったB-29のアメリカ人搭乗員を上官の命令によって殺害したことをめぐる物語である。戦後、復員して故郷で平穏な日々を送っていた豊松は、突然米軍のＭＰによって逮捕・収監され、ＢＣ級戦犯の法廷に立たされる。裁判で豊松は、戦時中は上官の命令は絶対であり、これを拒否することはできなかったと懸命に訴えるが、最終的に有罪となり、絞首刑を宣告される。ドラマ終盤の、豊松が刑場に連れられて行くシーンは印象的である。「お父さんは生れ代っても、もう人間なんかにはなりたくありません。人間なんて厭だ。牛や馬のほうがいい。…いや、牛や馬ならまた人間にひどい目にあわされる。どうしても生れ代らなければならないのなら、…いっそ深い海の底の貝にでも…そうだ、貝がいい。…私は貝になりたい。」という豊松が家族に宛てて書いた手紙の言葉がナレーションで読み上げられ、その悲劇性が強調されるのである。

このドラマが放送された一九五八年、テレビの普及台数はようやく一〇〇万台を超えたところであった。しかし、ドラマは放送後、視聴者から大きな反響を呼び、評論家からも「日本のテレビ開始以来もっとも大きなできごと」（内村直也）[6]、「日本のテレビは学生から社会人になった」（荻昌弘）[7]、「幼稚だ、低俗だ、白痴化だ、…などと非難されてきたテレビ・ドラマも、いわゆる芸術作品の仲間入りができることを具体的に説明してくれる作品」（志賀信夫）などと絶賛された[8]。そしてこの作品は、この年度の文化庁芸術祭で大賞を受賞するなどして日本のテレビドラマ史上に残る傑作と位置づけられている。

『私は貝になりたい』（KRT=TBS、1958年10月31日）

『私は貝になりたい』が高い評価を受けた理由は、大きく分けると二つある。第一は、ジャンルとして未確立で試行錯誤が続けられていたテレビドラマの分野で、すべてスタジオ内で撮影するという制約ゆえにアップショットを多用するなどテレビドラマならではの映像表現上の工夫や、二年前にアメリカで開発されたばかりのVTRを生放送のなかで部分的に使用するといった技法を用いながら、見る者の心を揺さぶるような完成度の高い作品を生み出した点である。映画や舞台の模倣からスタートしたテレビドラマが、制作技法やノウハウの面で大きく進歩することに貢献したことへの評価である。第二は、ジャンルとしては娯楽番組であり、フィクションであるテレビドラマが、戦争責任問題、天皇の統帥権の問題といった重いテーマを真正面から扱って、視聴者に大きな影響を与えるようないわゆる「社会派ドラマ」の先駆けになったという評価である。実際、作品が放送された当時、視聴者にとって戦争は決して過去のものではなく、生々しく重苦しい記憶を想起させるものだったし、BC級戦犯など戦争責任をめぐるテーマは未だ決着していない、時事的テーマであった。また放送の前年（五七年）には、戦時中に東条内閣の商工大臣を務めた元A級戦犯の岸信介を首班とする岸内閣が成立、岸は「自衛権の範囲内なら核兵器の保有も可能である」という趣旨の国会答弁で物議をかもしたほか、警察官の権限を拡大強化する「警察官職務執行法改正案」を突然提出するなどしており、戦後改革に逆行する動きが広がることに対する警戒感と危機感が強まってもいた。松田浩は、そうした社会的雰囲気のなかで放送された『私は貝になりたい』について、テレビドラマが「単に娯楽や芸術であるばかりでなく、それ自体、ジャーナリズムたりうること」を示したとして、次のように言っている。

戦争が平凡に生きようとする庶民のささやかな願いを、いかに冷酷無残に踏みにじっていくものかを、主人公の悲劇を通じて、身近かに訴えたこと、しかも、それが決して過去の話でなく現実的なテーマであることを、視聴者たちが新憲法第九条（戦争放棄）を空文化するような政治の逆コースのもとでリアリティをもって受けとめたことが、この反響となって現れたのではなかったか。「もはや戦後ではない」（一九五五年度『経済白書』）といわれながら、人びとの胸には〝いつか来た道〟への、いい知れぬ不安がわだかまっていたのである。[9]

しかし同時に、このドラマは、「八月ジャーナリズム」のなかで主流を占める「受難の語り」、すなわち戦中や戦後の経験を「受難」として焦点化し強調する「語り」の典型と位置づけられることも事実である。確かに、捕虜を殺害した豊松は「加害者」である。しかし、ドラマがテーマにしているのはそのこと自体ではなく、上官の命令に抵抗することができず捕虜の殺害を強制的に実行させられる理不尽や、戦後それについて罪を負わされ処刑されてしまうという不条理（＝受難）であった。これは、旧日本軍の横暴や無能、無責任、組織病理などを問題として描きつつ、そこに「罪のない」末端の兵士や一般市民が否応なく巻き込まれ過酷な運命に晒されるという、まさに「受難の語り」そのものである。[10] 繰り返しになるが、こうした「受難の語り」は、テレビ放送以前のラジオ、新聞の「八月ジャーナリズム」のなかで一九五〇年代半ばまでに定型化され、現在に至るまで繰り返されてきた「語り」の類型のひとつである。このように典型的な「受難の語り」といえる『私は貝になりたい』が、戦争をテーマとした草創期のテレビ番組の代表作であること、そしてこの作品がその後、テレビや映画で繰り返しリメイクされ、現在でも戦争を扱ったドラマの代表的作品として広くポピュラリティを獲得していることは、日本におけるテレビと戦争記憶の関係性のあり方を象徴していると言える。

実は、このドラマの演出家・岡本愛彦は、『私は貝になりたい』の「受難の語り」ゆえの一面性に気づいていた。岡本は一九二五年に朝鮮・黄海道で生まれ、音楽教師をしていた父に従って台湾や満州を渡り歩き、少年時代から日本の植民地支配の実態を目にしていた。[11] 陸軍士官学校の士官候補生として戦場に出ることなく終戦を迎えた岡本は、同年代の若者たちの多くが死んでいったなかで、士官学校に入った自分が生き延びたことが原罪意識となって自らの戦争責任を問い続けることになったという。『私は貝になりたい』の放送後、KRTに寄せられた投書のほとんどは番組に好意的なものであったが、中には「この番組は日本人も戦争の被害者だったという弁明に過ぎない。日本人一人一人が負うべき戦争責任に対する自覚がない」という在日朝鮮人から送られてきた厳しい内容のものも含まれていた。[12] のちに岡本は、「『私は貝になりたい』にはアジアの人々の視点が欠けていた。戦時中朝鮮や台湾から志願という形で強制徴用された人々が『俘虜監視要員』として働かされ、その結果、捕虜虐待の容疑でB、C級戦犯として南方各地の刑務所に入っていた。こうした人たちの存在が抜けていた」と証言している。[13]

2　テレビの「八月ジャーナリズム」の形成

元年としての一九六五年（＝戦後二〇年）

『私は貝になりたい』のような先駆的な事例はあるものの、テレビ番組で本格的に戦争関連のテーマが扱われるようになるのは一九六〇年代に入ってからである。テレビの世帯普及率は六〇年代に入って急上昇し、東京オリンピックが開催された一九六四年には九〇％を超えていた。そして人びとの平均テレビ視聴時間は一九六〇年の一時間弱から六〇年代半ばには三時間近く（一日）にまで増加していた。テレビ各局が、朝～昼の時間帯にいわゆる「ワイドショー」を開発して競争するように

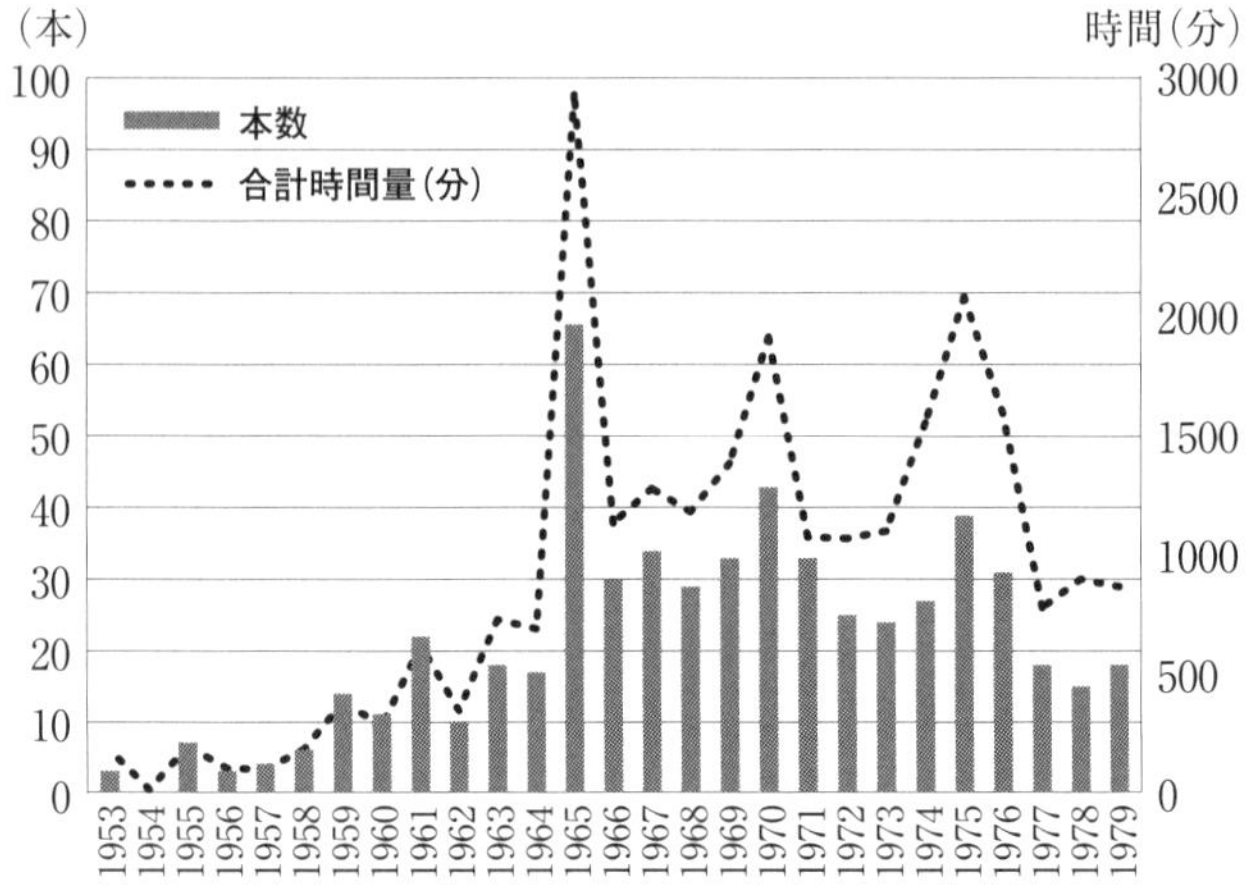

図2－2　8月前半に放送された戦争関連番組（本数、放送時間量）

なったのもこの時期である。代表的なものとしては、『木島則夫モーニングショー』（NET、一九六四年〜）、『スタジオ102』（NHK、一九六五年〜）、『小川宏ショー』（フジテレビ、一九六五年〜）、『アフタヌーンショー』（NET、一九六五年〜）などが挙げられる。

「八月ジャーナリズム」においても、主役がラジオからテレビへと移行した。**図2-2**は、テレビ放送の始まった一九五三年から一九六〇〜七〇年代年の各年における八月前半（八月一日〜一六日）に放送されたテレビの戦争関連番組について、本数と合計時間量を示したものである。これをみると、一九五〇年代には放送本数がひと桁という年が続いているが、一九五九年に一四本に増えると一九六〇年代に入ってからはすべての年で一〇本以上の番組が放送されている。放送時間量も一九六一年、六三年、六四年の各年で五〇〇分以上となっている。そして「戦後二〇年」の節目にあたる一九六五年には、六六本、二九四〇分というそれまでにない大規模な編成で戦争関連番組が放送されている。また、この一九六五年以降、五年おき、もしくは一〇年おきの節目の年（戦後二〇年、三〇年など）において、それ以外の年よりも関連番組の本数・時間量が多くなる、いわゆる「周年報道」の傾向が始まっていることも分かる。この傾向は、現在にいたるまで変わっていない。こうして、ラジオ、新聞の「八月ジャーナリズム」が本格的に形成されたのが一九五五年（戦後一〇年）だったとすれば、テレビの「八月ジャーナリズム」が本格化したのが一九六五年（戦後二〇年）だったと位置づけることができる。

テレビの「八月ジャーナリズム」の〝元年〟とも言えるこの一九六五年は、戦争や戦後をめぐって国内外で様々なことが起きた年でもあった。そして、そのいずれにも、東西冷戦が深い影を落としていた。アメリカは前年（六四年）のいわゆるトンキン湾事件を口実にして、六五年二月からベトナム北爆を開始した。三月からは地上軍も投入、これ以降、戦線が拡大していくこととなった。一方、原爆関連では戦後日本の平和運動の牽引役でもあった原水爆禁止運動において、東西冷戦と米ソの核軍拡競争への立場の違いを背景に路線対立が顕在化、共産党系の「原水爆禁止日本協議会（＝原水協）」と社会党系の「原水爆禁止日本国民会議（＝原水禁）」とに分裂した。井伏鱒二の『黒い雨』、大江健三郎の『ヒロシマ・ノート』が刊行されたのもこの年であるが、それらについての批評や議論においても原水爆禁止運動をめぐる党派対立やスタンスの違いが表れることになった。

同年の六月、家永三郎東京教育大教授が文部省による教科書検定は違法だとして提訴している。一九九七年まで三二年の長きにわたって継続されることになる「家永教科書裁判」の第一次訴訟である。この「家永教科書裁判」を通して、歴史教科書における南京虐殺や七三一部隊など日中戦争に関する歴史認識のあり方が問われていくことになる。

また、「家永教科書裁判」提訴と同じ六月、日韓基本条約が調印された。これにより、一九五一年に始まって歴史認識や両国の世論が複雑に絡んで中断と再開を繰り返してきた日韓交渉がようやく決着し、国交正常化が実現されることとなった。同条約によって、韓国政府が朝鮮半島における唯一の合法的な政府とされ、懸案となっていた請求権問題は「完全かつ最終的」に解決されたこととなることが確認されたが、韓国では世論の反対を背景に野党が「批准無効」を宣言するなどして混乱し、条約批准が韓国国会で承認されたのは日本の「終戦記念日」の前日にあたる八月一四日であった。

そして八月一三日には、池田勇人・前首相が死去している。言うまでもなく池田内閣（一九六〇～六四年）は「所得倍増計画」によって戦後の高度経済成長を政策的に牽引した。池田の後を引き継いで首相となった佐藤栄作は八月一九日、日本の首相として戦後初めて沖縄を訪問している。佐藤は、首相就任当初から「沖縄返還」の意志を示し、ジョンソン米大統領にも返還交渉を提起していた。那覇空港に降り立った佐藤は、「沖縄の祖国復帰が実現しない限り、わが国の『戦後』は終わらない」という有名な言葉を述べ、沖縄返還に強い意欲を表明している。当時の沖縄では、在沖縄の米軍基地がベトナム北爆への出撃基地になっているのではないかということが議論の対象になっていた。そうした議論は五月頃から出ていたが、佐藤首相による沖縄訪問の直前の七月下旬、南ベトナムを爆撃した米空軍のB-52爆撃機が嘉手納基地を使ったことが明らかになると、沖縄がベトナム戦争に巻き込まれ報復攻撃を受けたりすることになるのではないか、太平洋戦争のときと同様に再び本土の「タテ」にさせられるのではないかという不安が広がっていった。七月三一日の読売新聞は、ソ連・モスクワ放送が「アメリカは日本の領土をベトナム人民に対する侵略戦争に使い続けている。……沖縄はベトナム人民に対してだけでなくアジア大陸のあらゆる民族に対するアメリカの侵略行為の足場になっている」と論評したことを紹介し、佐藤首相の沖縄訪問にも「深刻な影響」が出るだろうと報じていた[14]。

「戦後二〇年」における新聞の「語り」

こうした状況のなかで迎えた六五年（戦後二〇年）の「八月ジャーナリズム」はどのようなものだったのだろうか。まず、新聞各紙の紙面をみると、「戦後二〇年」の節目を意識した記事が多く見られる。そして前章で整理した三つの「語り」の類型——「受難の語り」「戦後史の語り」「平和主義の語り」それぞれに特徴ある企画や連載が掲載されている。例えば、毎日新聞は八月六日から一五日まで合計一〇回にわたって「20年を生きる」という連載記事を掲載している。この連載は「受難の語り」としての性格が濃い。連載一回目の冒頭では企画意図について「戦争を過去のものにした二十年間には、どれだけ多くの人が悩み、泣き、努力してきたことか。……『過去に封じ込めた戦争を、再び歴史に登場させてはならない』。二十年を生きた人たちは、次の世代にこう証言する義務があると感じている」と記している[15]。そしてこの連載は、回ごとに元兵士や被爆者、戦争で息子を失った母など様々な立場・境遇の市井の人々の体験に焦点をあてながら戦争と戦後を振り返っている。

「戦後史の語り」としては、読売新聞が八月四日から一四日まで連載した企画シリーズ「日本の二十年」が挙げられる。このシリーズでは、敗戦後の占領から復興にいたる過程、平和憲法の制定、高度経済成長、そして東京五輪の開催にいたる戦後日本の歴史を回顧、総括している。最終回「民主主義の周辺」では、当時論壇で大きな議論となっていた占領期と戦後民主主義の関係に関わるテーマを取り上げている。記事は、大熊信行の「軍事占領下に民主主義が成立し、発展したとする思想は〝虚妄〟である」という諸説を引きながら[16]、民主主義が戦後日本社会にもたらしたものは大きかった半面、それが上から「与えられた体制」だったために「行き過ぎ」や「はき違えの現象」も見られるとして次のように書いている。

新憲法は、国民各自の自由を保障する点では徹底した規定を設けており、この結果、大衆の意識面では責任と義務のともなわない権利主張的な構えと、私生活中心の利己的な傾向が強まってきた。公共事業に対する補償請求では〝ゴネ得〟が流行し、社会道徳を無視して勝手気ままな行動をとるのは、ひとりアプレ、太陽族（石原慎太郎「太陽の季節は30年」などと呼ばれた一連の青年たち）ばかりでなく、社会全般の風潮といえる。[17]

また社説などを中心に、ベトナム戦争や日韓条約交渉など揺れ動く国内外の情勢を報じながら、「平和国家日本」が果たすべき役割を強調して論じるような記事（平和主義の語り）も多い。朝日新聞は「広島・原爆の日」の八月六日の社説「原爆記念日に思うこと」において、「核戦争の恐怖を断ち切れぬベトナム戦争。その一方での軍縮交渉の停滞。唯一の被災国というだけに、日本の果たすべき外交的役割はあまりにも大きいといわねばならぬ。死者のために祈るだけでなく、明日のための行動を考える記念日でありたい」と記している。また読売新聞は、「終戦の日」の八月一五日の社説「戦後20年と民主主義」において、日本は手痛い敗戦を代償として平和憲法と民主主義を手にすることができたとして次のように書いている。

ベトナム戦争にわが国がなんらかの発言をなしえ、また将来、解決になんらかの役割をはたしうるとするならば、それはまさに平和憲法のたまものであろう。平和願望こそは全面戦争の危機のこの時点で、特別の意義をもっており、こんごとも平和への強い関心をわれわれは育成してゆかなければなるまい。それが日本の唯一の生きる道でもある。

テレビにおける「受難の語り」の優勢

では、テレビはどのような番組を放送したのだろうか。前述のように、この年の八月に放送された戦争関連番組は六六本であったが、ジャンル別の内訳でみると、最も数が多かったのは「ドキュメンタリー」の二三本で、次に「討論・トーク」一七本、「その他」一五本、「ドラマ」八本、「映画・アニメ」三本となっている。チャンネル別では、NHK（総合・教育）が一五本、民放が五一本、民放の内訳は本数が多い順に、東京12チャンネル一四本、TBS一二本、フジテレビ九本、NET八本、日本テレビ八本であった。

番組のテーマ・内容では、「受難の語り」が多数を占める。ここではドキュメンタリー番組とドラマを例にみていく。まずドキュメンタリー番組では、二三本のうち八本が広島・長崎の原爆を扱ったものである（表2―1）。これらの番組はいずれも原爆による被害の実相、生き残った被害者（被爆者）のその後の「原爆症」による苦しみなどを取り上げたもので、その後も長く制作され続ける原爆関連のテーマを扱った番組（＝以下、「原爆関連番組」）のルーツともいえる番組群である。そして「原爆関連番組」は典型的な「受難の語り」に該当する。例えば、NHKは三本のドキュメンタリー番組のうち二本が「原爆関連番組」で、『現代の映像「ドームの二〇年」』（八月六日）は、原爆投下当時の姿をそのまま伝える原爆ドームに広島市民が寄せるさまざまな思いを伝える番組である。また『ある人生「いのちある日々」』（八月一五日）は人物ドキュメンタリーで、長崎で被爆し家族も失った人物が、自身も原爆症の治療を受けながら浦上天主堂の助任司祭として被爆者達のために奔走する日々を描いている。また民放では、『ここに生きる「不屈の人々――1965・ヒロシマ」』（日本テレビ系列、八月五日）は、原爆患者の治療にあたる原爆病院院長の日々を追った番組である。そして『ドキュメント「長崎の記録」』（東京12チャンネル、八月九日）は、被爆直後四〇日の長崎の様子を克明に撮影した写真を紹介し、当時の被害の実相を振り返るという番組である。

「原爆関連番組」以外では、『カメラ・ルポルタージュ「小さな歴史」～ある疎開学童の絵日記』（TBS、八月一〇日）も「受難の語り」に該当する。この番組は戦争末期に東京の両親のもとを離れて富山県の田舎町に集団疎開した当時小学四年生の女子児童による「絵日記」を題材にしながら彼女がどのような疎開生活を送っていたのかを描いたドキュメンタリー番組である。番組は、必ずしも戦争の悲惨さや過酷さのみが焦点化されているわけではなく、女児が疎開生活を仲間達とともに健気に、時には楽しみを見出しながら送る様子が描かれている。「絵日記」のクオリティの高さもあって、番

表２-１　1965年８月前半（１～16日）に放送されたドキュメンタリー

局	日	放送時間量（分）	タイトル
東京12	8/3	30	ドキュメンタリー・ああ世界大戦「フィリピン攻防肉弾戦」
東京12	8/3	30	ドキュメント・日本「ヒロシマは生きている」
東京12	8/4	30	ドキュメンタリー・海ゆかば「ペリリュー島の攻防」
フジテレビ	8/4	15	新ニッポン列島
日本テレビ	8/5	30	ここに生きる「不屈の人々―1965・ヒロシマ」
TBS	8/5	30	20世紀の記録「ヒロシマへの道」
NHK教育	8/6	60	日本回顧録「ヒロシマ」
NHK	8/6	30	現代の映像「ドームの二〇年」
フジテレビ	8/8	30	ドキュメンタリー劇場「広島に生きる」
TBS	8/8	60	激動の昭和史 第二部「太平洋戦争」
東京12	8/9	30	ドキュメント「長崎の記録」
TBS	8/10	30	カメラ・ルポルタージュ「小さな歴史」～ある疎開学童の絵日記
東京12	8/10	30	ドキュメンタリー・ああ世界大戦「インパール大作戦の真相」
東京12	8/10	30	ドキュメント・日本1965「生きている閣下」
NHK	8/10	30	NHK特派員報告「東北三省（旧満州）をゆく」
TBS	8/12	30	20世紀の記録「真珠湾攻撃の前夜」
日本テレビ	8/12	30	終戦特集「ここに生きる　人間のきづな」～ある町医者
TBS	8/14	76	終戦20周年記念特別番組「日本の戦争」（長編記録映画）
NET	8/15	75	終戦記念番組「海兵73期生の記録」
フジテレビ	8/15	30	ドキュメンタリー劇場「雲の上の墓標」
TBS	8/15	30	激動の昭和史「大戦の終結」
NHK	8/15	30	ある人生「いのちある日々」
フジテレビ	8/15	30	みんなで夢を！「戦闘機飛燕よ！」

組はモンテカルロ国際テレビ祭で「最優秀歴史的ドキュメント」を受賞している。しかしこの番組は、両親から引き離され、慣れない田舎の村で窮乏生活を強いられる子供の姿を取り上げて戦争の「被害者」として描いたものであり、その意味ではやはり「受難の語り」として分類されるであろう。

「受難の語り」に該当しない番組としては、太平洋戦争における戦闘・攻防戦の模様を振り返る「戦記もの」と言えるような番組が目立つ。具体的には、『ドキュメンタリー・海ゆかば「ペリリュー島の攻防」』（東京12チャンネル、八月四日）、『ドキュメンタリー・ああ世界大戦「インパール大作戦の真相」』（東京12チャンネル、八月一〇日）、『20世紀の記録「真珠湾攻撃の前夜」』（TBS、八月一二日）などである。

一方ドラマは、八本すべてが「受難の語り」にあたる。ドラマはいずれも、戦争に運命を翻弄され大切な家族や恋人を失ったり、出征して帰らぬ人となったりする登場人物の悲劇の物語である（表2–2）。例えば『ヒロシマ・ある愛と死』（東京12チャンネル、八月六日）は、幼い頃に広島で被爆した経験を持つ青年の物語である。二十代に成長した主人公は一度は白血病と宣告されるが、小康状態となったのを全快したと信じ、新しい職を得て婚約者もできる。しかし結婚式を目前に医師の予測通り症状が悪化して死亡するという悲劇的なストーリーである。このドラマの担当ディレクターは「戦争のために、暗い青春を送ることを余儀なくさせられた、二人の若者の姿を通して、戦後二〇年たつ今でも残っている戦争の爪痕を描き、戦争の恐ろしさというものを訴えたい」と語っている[18]。また、『土曜グランド劇場「生あらばいつの日か」』（TBS、八月一四日）は、学徒兵と「接客婦」の間の悲恋を描いたドラマである。地主の息子・克美とその小作人の娘・百合子は思いを寄せ合っていたが身

表2－2　1965年8月前半（1～16日）に放送されたテレビ・ドラマ

局	日	タイトル	ストーリー（ラ・テ欄などから筆者作成）
NET	8/4	判決「ひろしまの歌」	保健婦を務める律子。東京にいる息子が殺人を犯したと知らされ、弁護士とともに駆けつけると証言者から、当日、息子が「原爆症」と告げられて自暴自棄になっていたと聞かされる。原爆症が原因となった悲劇を描く。
東京12	8/6	ヒロシマ・ある愛と死	原爆症患者の青年が、小康状態を全快と信じ、人並みの職場につく。婚約者もでき、希望に満ちた日々を送るものの、白血病で結婚式を目前にして死んでしまう。実話に基づいてドキュメンタリー・タッチで描いたドラマ。
NHK	8/7	テレビ指定席「雲流れて20年」（終戦記念特集）	戦争の暗い記憶を背負いながら生き続けてきた元特攻隊員の物語。主人公は、戦後戦犯として巣鴨拘置所に入れられ出所後、かつての戦友の妹で恋人だった加代が、終戦の翌年ひとりの女児を出産してすぐに死んだという事実を知らされる。
TBS	8/9	終戦記念番組「わが子よ」	長崎の思い出をいっさい断ち切り平凡な娘として生きていこうとしていたが、二十年目の原爆慰霊祭の模様をテレビで見たことで彼女の心境に変化が生じる。
NET	8/11	特別機動捜査隊「戦争の傷あと」	一人の高校生の死と、彼を死なせた償いに自決した旧軍人の悲劇をえがく。
フジテレビ	8/13	あの人は帰ってこなかった「女」（前編）	戦争未亡人の体験談をもとにして制作されたドラマ。リツは17歳で東北の寒村に嫁ぐが、夫は身籠ったリツを残して出征して戦死、二番目の夫となった元夫の弟も出征して戦死する。
TBS	8/14	土曜グランド劇場「生あらばいつの日か」	学徒兵と接客婦の間の純愛物語。地主の息子とその小作人の娘は思いを寄せあっていたが身分の差ゆえ恋は実らなかった。男は出征前、娘が廓勤めをしていることを知り2人は再会するが、娘は胸の病を患っていた。
TBS	8/15	日曜劇場「太陽がまぶしい（前編）」	戦犯容疑者として刑事に追われ続けた家族の物語。郷里の水戸に復員して、いいなずけと希望に満ちた生活を始めた主人公は、かつて上官の命令で捕虜の処刑の指揮をとらされたことがあり、彼のもとに職務局へ出頭すべしという一通の電報を受け取る。

分の差ゆえにその恋は実らなかった。やがて大学生となり学徒兵として出征することになった克美は、出征祝いの日に百合子が廓で「接客婦」をしていると知る。二人は再会を果たし、胸の病におかされている百合子のもとから克美は出征するという物語である。[19]

以上のような「受難の語り」に比べて、「戦後史の語り」「平和の語り」は多くない。NHK教育テレビで八月九日から五夜連続で放送された『教養特集「戦後二十年」』は、五つのテーマで戦後の変遷を振り返りつつ解説するという番組で「戦後史の語り」に該当する。五つのテーマとは、①戦後民主主義の系譜、②日本経済のエネルギー、③焦土からの技術革新、④農地改革から基本法まで、⑤戦後文化、であり、それぞれの回で学者や官僚、文化人などが出演者となっていた。[20] また、『虚実20年（戦後の意味を考える）』（東京12チャンネル、一三日）は、「戦後二〇年が日本人にどんな意味をもたらしたかをテーマに考え方の違う二つの世代が討論する」というコンセプトの討論番組で、出演者は当時、『中央公論』誌上で「大東亜戦争肯定論」を連載し、「大東亜戦争」は欧米列強に対するアジア独立のための戦争であったという主張を展開して大きな話題となっていた林房雄（作家）と、林を批判する論陣を張っていた山田宗睦（評論家）、司会は社会学者の加藤秀俊が務めた。[21] この他、『世界は動く「世界の中の日本」（前編）敗戦から講和まで』（フジ、八月一五日）も、「昭和二〇年～二六年までの庶民の生活、皇室の動き、労働運動などを伝える」という趣旨の番組であり、やはり「戦後史の語り」に該当する。

一方、「平和の語り」に当たる番組としては、東京12チャンネルが八月一四日に放送した『特別番組「徹夜討論会・戦争と平和を考える」』がある。この番組はこの年の八月一四日から一五日にかけて東京都内各所で開催された「ティーチイン（討論集会）」のうちのひとつを生放送したものである。「ティーチイン」は同年三月末にアメリカの大学でベトナム戦争をテーマに討論する集会として始まったもので、日本でもこれを模倣する形で開催された。放送されたのは小田実、開高健らが企画し、赤坂プリンスホテルで夜一一時半時から翌朝まで行われた徹夜討論会であった。第一部「ベトナム問題と日本の進む道」、第二部「戦中・戦後をふりかえる」、第三部「未来への展望」の三部構成で、桑原武夫、鶴見俊輔、久野収、坂本義和、中曽根康弘、江崎真澄といった著名なジャーナリスト、学者、政治家らが登壇して討論が行われた。[22] 同討論会の最後までは放送されず途中で打ち切りとなったが、それでも朝四時過ぎまでの約四時間半に及ぶ長時間の番組となった。

3 「受難の語り」の系譜――一九七〇年代のドキュメンタリー番組から

以上のように、一九六五年を「原点」とするテレビの「八月ジャーナリズム」は、すでに五〇年代までに新聞やラジオの「八月ジャーナリズム」において形成されたテーマや内容の傾向を引き継ぐ形で始まった。「受難の語り」が圧倒的多数を占めるという「語り」の傾向は、一九七〇年代から九〇年代にかけての一時期に多少の変化は生じるものの（第3～5章参照）、現在に至るまで基本的には変わらない。「受難の語り」は、その初期から現在にいたるまで一貫してテレビの「八月ジャーナリズム」のメインストリームであり続けてきたのである。では、テレビの「八月ジャーナリズム」における「受難の語り」にはどのような特徴や傾向があるのか。ここでは、テレビの「八月ジャーナリズム」のなかでドキュメンタリーが最も主要な番組ジャンルとなった一九七〇年代を対象に、[23]ドキュメンタリーにおける「受難の語り」のテーマや特徴・傾向をみてみたい。

広島・長崎の原爆投下と被爆者

一九六五年の戦後二〇年の節目の年においてもそうだったように、一九七〇年代の「受難の語り」のなかでも、最も多く扱われてきたテーマは原爆である。七〇年代の「八月ジャーナリズム」で放送されたドキュメンタリー番組は合計一三二本、そのなかで原爆をテーマとして扱った番組が四八本（三六％）と全体の実に三分の一以上を占めている。これらの番組の多くが、被爆の悲惨さを伝え、大切な家族を失った遺族やかろうじて生き残った被爆者の戦後の過酷な日々を描いていた。例えば、『NNNドキュメント73　閃光いまも』（日本テレビ系列、一九七三年八月五日）は、終戦直後にアメリカが収集し持ち帰っていた被爆関係資料が返還され、原爆資料館で公開されたことをきっかけに制作された番組である。[24]原爆投下から二八年の歳月を経て返還された資料には、被爆の惨状を記録した一八七九枚の写真が含まれており、それ以後、遺品と並んで資料館の展示資料の柱となった。番組では、この写真に写されていた被爆者や関係者を取材、彼らの証言や現在の様子を紹介していく。爆心地にほど近い病院で看護婦として働いていた女性は、「あのときは、とにかく寝ずに看護にあたりました。包帯の交換です。（被爆者たちの）傷口に全部ウジが湧くんです、もう傷口が見えないくらい……」と当時を振り返る。中学一年生だった息子を原爆で失った老夫婦も登場する。八月六日の朝、学徒動員で「建物疎開」の作業に出かけたまま帰ってこなかったという。老夫婦は、公開された写真の一枚に映っている後姿の少年が息子なのではないかと考えている。写真は、広島市内の御幸橋の上で原爆投下の三時間後に撮影されたとされるものなので、息子は即死ではなくしばらくは生きていたことになる。番組は、老夫婦がその写真を頼りに息子の手がかりを得ようとする姿を描く。そして番組は、「……四半世紀を超す時の重みは、さらに深く二人に刻み込んだ。この子を知っている人はいませんか。広島の死は遺体のない死であることを知りながら、老夫婦は今もあの日を生きている」というナレーションで締めくくられる。

『市民の手で原爆の絵を』(NHK、1975年8月6日)

『市民の手で原爆の絵を』（NHK、一九七五年八月六日）は、被爆三〇周年を契機に、被爆体験の絵を募集したNHK広島放送局に寄せられた二二〇〇枚におよぶ絵と、その絵を描いた被爆者達の証言をもとに制作された番組である。[25] 被爆者自身の目で見た光景を描いた一枚一枚の絵には、戦後、多くを語ってこなかった彼らの様々な思いが込められていた。三歳の長女を亡くしたある男性は、原爆投下の翌日に長女の亡骸を自らの手で焼却したときの様子を絵に描いた。そして次のような証言を残している。

泣けて泣けて涙が止まらない。私も後から逝く、先へ行っていてくれと手を合わす。まだ次男かつみ九歳も行方不明だ。あの子はどこかで生きていていてほしいと祈る。だんだん身体の中の油が流れ出る、大変な量だ。元気な子を焼くのだ、かわいそうだ、気が狂いそうだ。これが現世とは思えない。本当の地獄だろうか。

また、爆心地近くで被爆しながら生き延びたある女性は、通りがかりに見かけた遺体の様子を絵に描いた。そして次のような証言を寄せている。

あの悲惨さと恐怖、苦しみはとても紙の上に表現できるものではございません。何枚も描きかけてはこんなじゃなかったとやめてしまい、この絵一枚だけ、かろうじて何とか描き上げました。原爆当時か、通行中即死なさったらしい人の遺体です。身体はあおむけになり、何かをつかむように手を空に向け、その指は青い炎を出して燃えていました。指も三分の一くらいに短くなり、変形して薄墨色をした液体が手の平を伝って地面に流れていました。かつてはこの手で愛児を抱き、またある日は本のページもめくられたであろうことを思いますと、三〇年を経過した今でも大きな憤りと深い悲しみで胸がいっぱいになります。

このように、原爆関連番組の殆どは、原爆による被害の凄まじさ、原爆投下から四半世紀以上が経過しても癒えぬ被爆者達の心身の苦しみ、彼らが体験してきた過酷な日々を伝えるものである。原爆をテーマとして制作されてきた夥しい数のテレビ番組は、日本人の戦争や原爆に関するイメージ形成という点において大きな役割を果たしてきたと思われる。そして、戦争を二度と起こしてはならない、悲劇を繰り返してはならない、という日本社会の強い平和主義志向の源泉ともなってきたであろう。

他方で、これらの原爆関連番組の殆どにおいて、原爆投下は、ある日突然、広島や長崎の人々を襲った悲劇的運命のようなものとして描かれる。そこでは、なぜ原爆が投下されなければならなかったのかという理由や背景が説明されることは滅多にない。また、原爆を投下したアメリカへの怒り、アメリカの責任を問う声が発せられることも少ない。さらに、これらの番組では先に見たような、原水爆禁止運動の分裂や世界の核兵器開発をめぐる動向といった国内外の時事的な問題に目が向けられることもあまりない。番組の多くが、あくまでも被爆者とその関係者を戦争における一方的な「受苦的存在」として表象し、その「苦しみの姿」を描くことに終始するのである。原爆関連番組が(もちろんすべてではないが)、典型的な「受難の語り」としての特徴を持つ所以である。

銃後の民衆の「受難」

他方で原爆以外にも、戦争における民衆の「受難」を扱ったテーマには様々なものがある。一九七〇年代のドキュメンタリー番組で扱われたテーマでは、空襲、銃後の窮乏生活、満州など外地での生活や引き揚げなどがある。なかでも本数が多いのは空襲である。例えば、一九四五年三月一〇日の東京大空襲で家族を失った遺族たちの現在を描いた『ドキュメンタリー 傷跡』(NHK、一九七二年八月一一日)、大阪大空襲について記録し語り継ぐ活動を行っている女性にフォーカスした『ドキュメンタリー現代 29年目の夏・薄れゆく戦争の記憶』(NET、一九七四年八月一〇日)、東京や大阪に加え全国の都市の空襲の様子を撮影した未公開フィルムで構成した『金曜スペシャル 日本空襲の記録』

（東京12チャンネル、一九七三年八月一〇日）などである。また銃後の窮乏生活を描いた番組としては、「木炭バスの走る東京の風景、慰問袋作りにはげむ愛国婦人会、……雑炊食堂、列車に鈴なりの買い出し風景、防空ごう生活など軍事一色に塗られた暗い時代の中で生き抜いた銃後の庶民生活」[26]を当時のニュースフィルムを再編集して紹介した『金曜スペシャル 太平洋戦争・銃後の記録』（東京12チャンネル、一九七四年八月一六日）や、作家・早乙女勝元がレポーターを務め、新たに発見されたフィルムから「戦時下の学童疎開という異常な体験をみつめ直し、〝少国民〟といわれた当時の子どもたちの、その後の心の軌跡」[27]を辿った『ドキュメンタリー特集 よみがえれ17ミリ半 下谷区学童集団疎開映画』（NHK、一九七五年八月一一日）などが代表的なものとして挙げられる。

さらに戦争末期に沖縄や満州、サハリンなどでの民衆を巻き込んで行われた戦闘や戦後の引き揚げをテーマにした番組も作られている。多くの住民が戦闘に巻き込まれ集団自決や虐殺の犠牲になった沖縄戦の悲劇を扱った『金曜スペシャル 痛恨！沖縄の悲劇』（東京12チャンネル、一九七二年八月一一日）、サハリン西北部の炭鉱で終戦直後、逃げ遅れた二三人の看護婦がソ連軍に捕らえられるのを恐れて服毒自殺を図った悲劇を取り上げた『ルポルタージュ 集団自決』（TBS系列、一九七二年八月一三日）、日本人移民約三二万人のうち約八万人が現地で死んだとされる満州移民の悲劇を辿った『ドキュメンタリー 終戦記念特集・満州に消えた日本人』（テレビ朝日系列、一九七八年八月三日）などである。

こうした民衆の「受難」を扱った一九七〇年代の番組のなかでも、第一四回・ギャラクシー賞特選を受賞するなど高い評価を得たドキュメンタリー番組として『終戦記念日特集 女たちの旅路』（NH

K、一九七六年八月一五日）がある。この番組は、自身の満州からの引き揚げ体験を自伝的小説にしてベストセラーとなった『流れる星は生きている』[28]を書いた作家・藤原ていが、同時期に同じ体験をした女性たちの消息を訪ね歩く様子を描いた番組である。気象庁勤務の夫と共に満州に渡り、新京（満州国の首都、現在の長春）に住んでいた藤原は、終戦直前、三人の子供を連れて同じ気象台（観象台）の家族たちとともに満州を脱出、朝鮮半島を経由して釜山からの引き揚げ船で日本に帰還した。その行程は想像を絶する苦難の連続で、故郷の長野県の諏訪にたどり着いた時には新京を出て一年以上が経っていた。同行者の中には行方不明となったり途中で亡くなった人、帰国後の消息が分からないままの人も多かった。番組のなかで、藤原は同行者の消息を辿り何人かと再会を果たす。そして互いの無事を喜びあいながら自分達の体験を語りあい、その意味を考えていく。だが、すでに三〇年以上前となった引き揚げ体験があまりに過酷で壮絶であり、重過ぎる過去であるがゆえに口を開きたがらない人も少なくない。引き揚げ途中に夫と二人の子を亡くし、残った一人の子と共に帰国したものの帰国後にその子も亡くなってしまったというある女性は、「空しいが、人に打ち明けてみても仕方ない。じっと耐える、それが日本の女性の生き方。愚痴ってみても相手を不快にさせるだけです」と言う。そうした幾人かの女性達のもとを訪ね歩いたあと、番組の終盤で藤原は次のように語る。

藤原てい『流れる星は生きている』
（偕成社文庫、1976年）

北朝鮮の山に眠っている人たち。日本に帰りたい、日本に向かって手を合わせて死んでいった人たち。せめて魂だけは日本へ帰りますねと言ったら、帰りたい帰りたいと言っていた。「私が生きてたら、あなたの骨を必ず拾いに来てあげるから」って手を持ってあげて死んでいった人たち。そういう人たちの遺骨をどうしても拾い、持ってきてやりたい。私の足腰が立つうちに。……今まで30年間、思い続けているのにその実現はまだいつのことかわからない。私が死んでしまったらどうします？

これらの番組に共通しているのは、登場する人々の「無実」と「無力さ」が強調されている点である。彼らは戦時下にあって罪のない一般市民であり、戦争がもたらす様々な災禍に対して有効に抗する力も術も持ち合わせていない。彼らは過酷な運命に翻弄され、ひたすら耐え忍びながら、結果的に多くの犠牲を強いられていった一方的な「受難者」として描かれる。特に女性や子どもは、無力さのゆえに多くの悲劇に巻き込まれたし、またその悲劇が語り継がれてもきた。これらの番組の登場人物の「受難者」としての姿は、約八〇万人とも言われる戦争中の日本の民間人の甚大な犠牲者やその遺族の姿と重なる。

「受難者」としての兵士

「八月ジャーナリズム」においては、兵士も「受難者」として表象されることが多い。彼らは民衆とは異なって武器を手にしているから本来「無力」な存在というわけではない。しかし兵士の多くは、軍という組織的・構造的な力の前では圧倒的に無力な存在である。そしてその軍による無謀で無責任な作戦の「犠牲者」として兵士達が登場する番組が数多く放送されてきた。その最も分かりやすい例が、特攻隊員であろう。戦争末期、圧倒的な劣勢に立たされた日本軍がフィリピンや沖縄戦線で行った特攻隊の攻撃では六〇〇〇人以上の隊員が戦死した。彼らの多くは、自らの命を犠牲にして敵艦を攻撃するという理不尽で非人道的な作戦に従事させられたという意味において、日本軍の不合理性の「犠牲者」である。一九七〇年代のドキュメンタリー番組においても、隊員が残した記録集などを元に特攻隊の悲劇を描いた『春夏秋冬 特攻隊の死』(日本テレビ、一九七二年八月一三日)、生存者の証言で特攻隊の実態を振り返る『知られざる世界 生きている神風特別攻撃隊』(日本テレビ、一九七六年八月一五日)、人間魚雷「回天」に搭乗して戦死した二人の隊員の軌跡を伝えた『帰らざる青春 人間魚雷・回天』(NET、一九七四年八月一五日)などが放送されている。

この他にも、ガダルカナル攻防戦やインパール作戦、サイパンの玉砕戦など、日本軍の無謀で無責任な作戦の最前線に立たされて悲劇的な死を遂げたり、病死や餓死に追い込まれたりした兵士をテーマにした番組や、学徒出陣によって前途を絶たれた若者たちの秘話など、日本の兵士たちをめぐる「受難の語り」というべき番組は数多い。こうした番組には前述のように、民衆に関わる「受難の語り」と同様、兵士たちも「無実」で「無力」な存在として表象されているという特徴がある。それに加えて、時として戦闘の最前線や日本軍による侵略や占領の状況が描かれながらも、敵の兵士や現地の住民が被った被害や犠牲が具体的に取り上げられることは殆どなく、あくまでも日本人兵士の犠牲や悲劇に焦点が当てられるという点も、これらの番組の特徴である。

そうした番組の代表的なものとして、『空白のカンバス 戦没画学生の記録』（NHK、一九七七年八月一五日）が挙げられる。この番組は東京美術学校（現・東京芸術大学）油絵科出身で画家志望だった中村萬平の短い生涯を描いたものである。番組は、萬平が残した一〇冊のスケッチブック、一一点の油絵、そして戦地から両親や妻にあてた数多くのハガキや親族の証言などを手掛かりに彼の足跡を辿っていく。一九四一（昭和一六）年三月、東京美術学校を首席で卒業し、画家として将来を嘱望されていた中村萬平は、卒業と同時に絵のモデルでもあった女性しも子と結婚する。しかし新婚生活は八カ月しか続かない。兵士として召集された萬平は北シナ戦線に赴く。その時すでに妊娠していたしも子は、長男・暁助を出産した直後に死んでしまう。周囲の配慮から彼女の死は伏せられていたが、やがてしも子の死を知った萬平は、自身も前線で病に倒れる。萬平は、野戦病院に送られてきた幼い息子・暁助の写真にしも子の面影を見出しつつ、息子には画家になって欲しいと願いながら、肺炎と急性虫垂炎を併発して死亡する。この番組の主たる舞台のひとつは中国であるが、当時の中国戦線の状況や中国人側の被害等が具体的に描かれることはなく、もっぱら萬平と妻、そして家族や周囲の友人たちとの人間関係を軸にして展開されていくものであった。テーマや周辺状況の描き方などを含めて、戦争で前途を絶たれた多くの日本の若者たちの死を悲劇的に描く「受難の語り」の典型的な番組であったと言える。

以上、一九七〇年代のテレビの「八月ジャーナリズム」で放送されたドキュメンタリー番組を対象に「受難の語り」の特徴を見てきた。「受難の語り」のなかでも、①原爆投下と被爆者に関するもの、②銃後の民衆が強いられた被害に関するもの（空襲、疎開、窮乏生活、沖縄戦、満州など外地からの引き揚げ、敗戦後の混乱など）、③兵士の受難に関するもの（特攻隊、激戦地での犠牲、学徒出陣ほか）を中心に多様なテーマが扱われていた。「受難の語り」が主流を占めるという「八月ジャーナリズム」の傾向は今日に至るまで変わることがないが、こうしてみると、「受難の語り」で扱われる諸テーマも一九六〇〜七〇年代のあいだに主要なものはほぼ出尽くしていたことが分かる。言い換えれば、敗戦から二〇〜三〇年が経過したこの時期には、戦争・終戦に関する「集合的記憶＝国民的記憶」の基本的なあり方が形成されており、それが「八月ジャーナリズム」に反映されるとともに、「八月ジャーナリズム」を通じて拡大再生産されていくような構造ができあがっていたと見ることができるだろう。

4　戦争記憶、戦争観の変容

忘却と継承

最後に、一九六〇〜七〇年代における日本人の戦争記憶、戦争観のあり方に関して、注目すべき幾つかの現象について触れておきたい。テレビの「八月ジャーナリズム」が本格化し定着したこの時期、実は他方で、戦争の風化（＝戦争に対する記憶や関心の低下）が生じており、そのことが「八月ジャーナリズム」のなかでもしばしば言及されるようになっていた。戦争の風化への言及が特に目立つようになるのは一九六〇年代後半である。例えば、一九六七年八月一五日の朝日新聞（夕刊）の「平和を

祈る黙とう　銀ブラ族は無関心派」という記事は、当日正午に全国各地で戦没者の冥福を祈る黙とうがささげられたことを報じつつ、「しかし、銀座に群れ集まった人波の中で、立止って黙とうする姿は今年も数えるほど。交番の巡査の黙とう姿を『何ごとか』とジロジロ見つめる通行人もいて、道を急ぎ、買物をあさる〝無関心派〟が今年も圧倒的に多かった」と書いている。また、一九六九年八月六日の朝日新聞夕刊では、広島・原爆の日についての人々の記憶が薄れつつあることを報じている。[29] 記事は、八月六日が何の日か分からないという人が多いこと、犠牲者の数についても正確な知識を持つ人が殆どいないことを、日本各地で実施したアンケート結果を交えて紹介している。

朝日新聞「平和を祈る黙とう　銀ブラ族は無関心派」（1967年8月15日）

こうした背景には、戦争からの時間の経過に加えて、世代交代、つまり戦争を直接体験していない世代（＝「戦無派」）の増加があった。「戦争を知らない子供たち」（北山修作詞・杉田二郎作曲）は一九七〇年の大阪万博のために作られた歌であるが、同じ一九七〇年の「終戦の日」の読売新聞社説は、その冒頭で「戦後四半世紀、八月十五日がどんな日であるかを知らない人がふえてくるのも無理はない。日本人の約半数が戦争を全く知らないか、もしくはかすかな記憶しか残っていない人々である。思えば『戦後も長くなりにけり』である」と記し、「戦後」が「曲がりかど」に立たされているとしている。戦後三〇年にあたる一九七五年には、「戦無派」が国内人口の半数を超え、さらにその「戦無派」の子供の人口が一五％となった。そうした中、「八月ジャーナリズム」のあり方自体を問うような指摘も出ていた。一九七二年八月二日の毎日新聞の「風化するＴＶの終戦番組」という記事は、「終戦番組」の本数が徐々に減る傾向にあることに加え、特に民放において「特別番組」のような形ではなく、ワイドショーや情報番組の中のコーナーとして戦争・終戦関連の話題を取り上げる傾向が強まっていることを指摘している。そして、フジテレビの広報担当者の「もう単なる〝懐古〟は意味はない。今後どうするかという問題とからめて、レギュラー番組の中で扱っていく」という話が紹介されている。また同年八月一五日の読売新聞には、「儀式化した戦争への反省」というコラムが掲載されている。このコラムは、広島・長崎の原爆の日と「終戦記念日」の重なる八月にしか戦争・終戦関連のテーマが扱われない状況を「反戦ジャーナリズムの儀式化」だとして次のように言っている。

いつも思うのだが、毎年この月にならないと、戦争への反省や恐怖が生まれないのはなぜだろう？原爆や終戦はご詔勅といっしょでなければ、戦争を扱った気がしないという思いこみがそこにあるのではないか？いろんな人の戦争の思い出が語られる。中には、いま聞いておかなければ、永久にその貴重な体験は失われてしまうのではないかと思える人の話もある。年一度しか日の目を見るチャンスのめぐって来ない、こうした人たちを見るにつけ、儀式化した反戦ジャーナリズムの見落としているものを考えさせられる。

社説
戦争体験を次代に語り継ごう

毎日新聞「社説 戦争体験を次代に語り継ごう」（1978年8月15日）

こうして「戦後」が長くなるにつれて世代交代が進み、戦争の風化が問題となるなかで、戦争体験の次世代への「継承」も次第に大きな社会的関心事となっていく。「八月ジャーナリズム」のなかでも、特に「戦後三〇年」を過ぎた一九七〇年代後半からそうした議論が目立ってくる。例えば、一九七六年八月六日の朝日新聞は、広島原爆忌の模様を伝える夕刊一面に「老いめだつ被爆者 亡き数に今年も二千人」という見出しを掲げ、「人類初の核の恐怖を体験した被爆者の老いと疲れが、急速に目立ち始め」ているとしている。この頃から、全国各地での空襲や戦災を記録した冊子の出版や記念館建設の動きや戦争体験を語り継ぐ「語り部」活動などが新聞紙面でも多く紹介されるようになる。一九七八年の「終戦記念日（八月一五日）」に、毎日新聞と読売新聞が社説で「戦争体験を次代に語り継ごう」（毎日新聞）、「忘却の谷間をさ迷う敗戦の日」（読売新聞）を掲載、ともに戦争体験の「風化」を防ぐために「継承」が大きな課題となっていると指摘していることは象徴的であろう。前者（毎日新聞）は、戦前〜戦中世代の減少が「体験させられた罪深い戦争への憎しみを希薄にし、減殺する結果」につながってはならないと指摘、後者（読売新聞）は、若い世代のあいだで進む戦争の風化には「第一世代」が「忘れてはならないものを都合よく忘れた、あるいは忘れたふりの健忘症」に陥ってきたことの責任も重いとし、「敗戦の自覚に徹し、敗戦記念日を新生日本の建国記念日」にするべきだと主張している。

戦争の「懐古」

この時期に、戦争に対する見方や認識の変化が生じていたことも注目される。そのひとつが、戦争をある種のノスタルジーの対象として懐古的に振り返るような風潮である。吉田裕は一九六〇年代における戦争の風化を象徴する現象として「戦記もの」ブームを挙げている。[30] 吉田によれば、「戦記もの」ブームが最初に出現したのは一九五〇年代である。五〇年代の「戦記もの」ブームは、旧日本軍のエリート将校の著作や将校たちの戦争手記などの出版ブームによるものであった。それは軍や軍の中枢に身を置いた自身の責任への反省を欠いた作戦史のようなものや、最前線の将兵がいかに連合国軍と勇敢に戦い英雄的に命を散らしていったかを記したような出版物が多かった。これに対して六〇年代の「戦記もの」ブームはより大衆化して、例えば『少年マガジン』『少年サンデー』などの少年週刊誌を席巻するような形ですそ野を広げていった。吉田はその背景に、高度経済成長や東京五輪の開催を経て自信を回復し、戦争に対する反省や批判意識を急速に失っていった当時の日本社会の変化を指摘している。

テレビの「八月ジャーナリズム」の中でも、「戦記もの」と言えるような番組は一九六〇～七〇年代には少なからず放送されていた（86頁参照）。そのなかでも、例えば東京12チャンネルが七六年八月一五日夜に放送した『終戦特集・ドキュメンタリー太平洋戦争全史』はその代表的なものと言える。番組は一六四分という長尺で、当時、トークバラエティ番組などで小川宏らと並んで人気のあった八木治郎がナレーターを務めた。全体が以下のように六つのパートに分かれており、日米の激戦を軸にして太平洋戦争を振り返る内容であった。

〈終戦特集・ドキュメンタリー太平洋戦争全史〉
①奇襲！ 真珠湾攻撃・日本連合艦隊の快挙！
②運命の逆転劇！ ミッドウェー大海戦・米空母ヨークタウン撃沈す
③惨！ サイパン島守備隊3万名玉砕
④日本人断崖より死のダイビング
⑤広島に原爆投下
⑥ああ終戦！ マッカーサー厚木に立つ ほか

また一九六〇～七〇年代には、軍歌を特集した歌謡番組もしばしば放送されている（表2－3）。こうした番組も、戦争を懐古する番組の一種といえる。このうち、最も規模が大きかったのは七六年八月九日、一六日と二週にわたって放送された『にっぽんの歌「特集！ ああ軍歌！ ああ戦友！ なつかしの戦時歌謡30曲』（NET）である。同番組は、前編は「昭和十二年から十六年ごろまでのヒット曲が中心。藤山一郎の『燃ゆる大空』、春日八郎の『麦と兵隊』、ペギー葉山の『父よりあなたは強かった』ほか十二曲を。歌の合間には、出演者全員が終戦当時の思い出話を語り合う」というもので、後編は「軍歌のきわめつけ『同期の桜』を、出演者全員が合唱してオープニング。続いて当時の出征フィルムをバックに田端義夫が『別れ船』、藤山一郎が『若鷲の歌』ほかをメドレーで。また戦時中第二百三十六連隊の『鯨部隊』で活躍した人たちも登場」するというものであった。[31]

表2-3　軍歌を特集した番組（1970年代の各年8月放送分）

放送年	局	放送日	時間	タイトル
1972	TBS	8/15	56	歌えファンファーレ「軍歌特集」
1973	NET	8/13	55	にっぽんの歌「あゝ軍歌！」
1975	TBS	8/16	115	戦後30年　あなたにとって軍歌とは
1976	NET	8/9	114	にっぽんの歌「特集！　ああ軍歌！　ああ戦友！　なつかしの戦時歌謡30曲！」（前編）
1976	NET	8/16	54	にっぽんの歌「特集！　ああ軍歌！　ああ戦友！　なつかしの戦時歌謡30曲！」（後編）
1977	TBS	8/14	30	オーケストラがやってきた「戦友・日本人の心」

このように、戦争を感傷的に振り返ったり、戦争にまつわる悲劇や労苦を情緒的に懐古したりするような風潮について、当時の復古主義的、保守主義的な思潮との関係を見出すことは困難ではない。一九六〇〜七〇年代は、例えば、保守政権による戦死者追悼行事の開始（一九六三年）[32]、大東亜戦争を侵略戦争ではなくアジア解放戦争だったと主張した林房雄の『大東亜戦争肯定論』（一九六三〜六五年）の刊行[33]、明治改元一〇〇周年を期して明治以来の日本の近代化を祝う国家主義的イベント「明治百年祭」の開催（一九六八年）[34]、超国家主義的で侵略主義的であった陸軍に対して海軍は自由主義的で合理主義的であったとして海軍を再評価する、いわゆる「海軍史観」の台頭（一九七〇年代）[35]、そして高度経済成長を経た経済大国意識に支えられた「日本的経営論」「日本文化特殊論」のような形での自己賛美的なナショナリズムの高まり（七〇年代後半）といった復古主義的で保守主義的な出来事、動向がさまざまな形で生じていた。もちろん、そうした風潮に対しては、特に戦後生まれの若者世代からの反発や批判も大きく、それが戦争観、戦争に関する歴史認識をめぐる世代間対立として先鋭化することも少なくなかった[36]。そして、歴史教科書問題やベトナム反戦運動の高まりを契機としながら、戦争体験をふりかざす年長世代の「戦争責任」や「加害責任」を若者世代

が追及するような構図も生まれていった。その構図は、「八月ジャーナリズム」のなかにも徐々に反映されていく。そして戦争における日本・日本人の被害の側面を焦点化する「受難の語り」が圧倒的主流を占める「八月ジャーナリズム」の傾向に、変化の兆しが表れることになるのである。

【注】

1 NHK編『NHK年鑑'63』三三頁。
2 仲村祥一・田宮武ほか「テレビドキュメンタリーの夜明・『日本の素顔』と『二十世紀』」『YTV Report』八月号、一九六八年。
3 「一億総白痴化」という言葉は、一九五六年一一月放送の日本テレビ『何でもやりまショウ』の内容に対する識者の批判の言葉から生まれたとされる。翌五七年の『週刊東京』で評論家・大宅壮一は「テレビにいたっては、紙芝居同様、いや、紙芝居以下の白痴番組が毎日ずらりと並んでいる。ラジオ・テレビという最も進化したマスコミ機関によって、〝一億総白痴化〟運動が展開されている」と書いた。NHK編『二十世紀放送史 上』四〇三頁参照。
4 NHK編『NHK年鑑'60』一七五頁。
5 『日本の素顔』の放送記録・テーマ等の詳細については、宮田章「現実が『コンテンツ』になった時」NHK放送文化研究所編『放送研究と調査』二〇一四年八月号参照。
6 岡本愛彦「一九五八年一〇月三一日=TV『私は貝になりたい』放映」『未来』(145)一九七八年、一頁。
7 松田浩『ドキュメント 放送戦後史Ⅱ 操作とジャーナリズム』双柿舎、一九八一年、一〇九頁。
8 志賀信夫「テレビ芸術の里程標「私は貝になりたい」をめぐる二つの意見」『映画評論』15(12)、一九五八年、五四頁。
9 松田浩、前掲書、一〇七～一〇八頁。
10 福間良明は、この時期の映画においても軍の組織病理に焦点を当てた映画が数多く製作されていたことを指摘している。例えば一九五〇年に大ヒットした『きけ、わだつみの声』(関川秀雄監督)では、「悪逆な職業軍人」と「聡明な学徒兵」を対置し、軍上層部のエゴイズムや末端兵士を容赦なく切り捨てる組織の歪みが描かれていたほか、「二等兵」シリーズ（一九五五～六一年）や「兵隊やくざ」シリーズ（一九六五～七二年）、岡本喜八監督「独立愚連隊」シリーズなどにも同様の構図があるとしている。「『野火』に映る戦後」戦争社会学研究会編『戦争映画の社会学』みずき書林、二〇一八年、三二頁。

11 岡本愛彦『日本人への遺言』未来社、一九七八年、七～五九頁。読売新聞芸能部編『テレビ番組の40年』日本放送出版協会、二〇四頁。

12 飯森彬彦「社会派ドラマに見る制作者の志～『私は貝になりたい』と岡本愛彦」『放送研究と調査』一九九四年八月号、六六頁。

13 飯森彬彦、同上、六六頁。

14 読売新聞、一九六五年七月三一日朝刊。

15 毎日新聞、一九六五年八月六日朝刊。

16 大熊信行『国家悪 人類に未来はあるか 増補新装版』論創社、二〇一一年、『日本の虚妄 戦後民主主義批判 増補版』論創社、二〇〇九年、など参照。

17 読売新聞、一九六五年八月一四日朝刊。

18 『週刊ＴＶガイド』東京ニュース通信社、八月六日号、一九六五年、一〇〇頁。

19 『週刊ＴＶガイド』東京ニュース通信社、八月二〇日号、一九六五年、八五頁。

20 『週刊ＴＶガイド』東京ニュース通信社、八月一三日号、一九六五年、八九頁。

21 朝日新聞「ラ・テ欄」一九六五年八月一三日朝刊。

22 毎日新聞「学芸欄」一九六五年八月一六日朝刊。記事では、番組として放送されたティーチイン以外に、一五日に九段会館で開催された「八・一五国民集会」も取り上げられている。この集会は、司会が日高六郎と藤田省三の二人、木下順二、遠山茂樹、丸岡秀子、岡村昭彦らが登壇し、フロアからは丸山真男らが発言したことが紹介されている。

23 テレビの「八月ジャーナリズム」に占める番組ジャンル別でのドキュメンタリーの割合は、一九五〇年代には一四%、六〇年代には二九%であったが、七〇年代には四八%に増加、ジャンル別で最も割合が高くなった。

24 この番組は広島テレビが制作し日本テレビ系列で全国放送された。民放連盟賞（第二二回社会番組部門優秀賞）受賞。

25 昭和五〇年度放送文化基金賞を受賞。
26 朝日新聞「ラ・テ欄」一九七四年八月一六日朝刊。
27 朝日新聞「ラ・テ欄」一九七五年八月一一日朝刊。
28 藤原てい『流れる星は生きている』。初版は日比谷出版社から一九四九年に刊行された。
29 朝日新聞「8月6日おぼえているか 原爆アンケート」一九六九年八月六日夕刊。
30 吉田裕『日本人の戦争観――戦後史のなかの変容』岩波書店、二〇〇五年、一一五～一一七頁。
31 『週刊TVガイド』東京ニュース通信社、八月一三日号、一九七六年、八七頁。
32 一九六三年五月、「全国戦没者追悼式の実施に関する件」が閣議決定され、この年から政府によって日本人の戦没者の追悼だけを目的とした国家儀式が始まった。
33 『中央公論』誌上で一九六三年九月～六五年六月に連載され、その後、六四～六五年にかけて同名の二冊本として番町書房から刊行された。
34 TOPACOGLU, HASAN「戦後日本の記憶研究と歴史学者の記憶意識―明治百年祭（1968）を例に―」京都大学大学院教育学研究科紀要（63）、二〇一七年。
35 吉田裕、前掲書、一六二～一六五頁。
36 小熊英二『〈民主〉と〈愛国〉――戦後日本のナショナリズムと公共性』新曜社、二〇〇二年、第13章「大衆社会とナショナリズム：一九六〇年代と全共闘」参照。

第3章　アジアからの眼差し、アジアへの視点：一九七〇年代

戦争における日本・日本人の被害を焦点化する「受難の語り」が主流をなす「八月ジャーナリズム」の歴史的展開を辿ると、そこには数こそ少ないものの、日本・日本人が特にアジア諸国において行った植民地支配、侵略、残虐行為、非人道的行為など「加害」の側面を取り上げ、その真相を掘り下げたり責任を明らかにしたりするような記事や番組が存在してきたことも事実である。「八月ジャーナリズム」のなかで「加害」が初めて本格的に扱われるようになったのは一九七〇年代である。本章では、この時期に放送された「加害」を扱った幾つかのテレビ番組を取り上げながら、「戦争加害」という主題が、一九七〇年代になぜ、どのようにして出現したのかを検討する。

1　後景化していた「アジア」「加害」

「八月ジャーナリズム」の基調が「受難の語り」であったことは、半面において、言うまでもなく特にアジア諸国で日本が行った様々な「加害」の側面が後景化していたことを意味している。ここではまず、その様相について、一九七〇年代のテレビドキュメンタリー番組を対象とした量的な分析結

果を用いて確認しておきたい。
七〇年代のテレビの「八月ジャーナリズム」において放送されたドキュメンタリー番組は、計一三二本である。この一三二本の番組で、どのような国・場所が主要な舞台または撮影地になっていたかを集計して示したものが**表3-1**である。[1] このデータからはいくつかのことを読み取ることができる。
第一は、番組の主要舞台・撮影地として日本が圧倒的に多いことである。日本の登場回数は九八回と全体の七割近く（六九・五％）を占めている。内訳は「広島・長崎」があわせて四一回、「広島・長崎」以外が五七回と、四割以上が原爆関連番組だったことが分かる。前章でも見たように、「原爆関連番組」のほとんどは被爆に伴う「被害」を焦点化した「受難の語り」であったが、原爆関連以外、すなわち広島・長崎以外が舞台・撮影地であった番組も、空爆、沖縄戦、特攻隊、学童疎開、戦後の混乱・窮乏などをテーマとした番組が多くを占めている。つまり、日本を舞台にした番組の殆どすべてが日本・日本人の「被害」の側面を焦点化する「受難の語り」に該当する番組であった。[2]
第二は、日本が多いことの裏返しとして外国が少ないことである。主要な舞台・撮影地となった外国は、アジア地域、オセアニア（太平洋）地域、その他に大別されるが、[3] アジア地域は二六回、オセアニア（太平洋）地域は一二回である。それ以外は、アメリカ（本土）が三回、ロシア（サハリン）、スウェーデンが各一回となっている。そして、これらの外国が主要舞台・撮影地となった番組も、実は多くが日本・日本人の「被害」の側面を取り上げた番組（＝受難の語り）である。例えば、中国は七回登場しているが、舞台・撮影地が中国であっても内容的には日本人の兵士や市民が戦時中に、満州や各地の戦線で体験した「被害」の側面がテーマとして扱われた番組が殆どである。中国以外のアジア諸国についても同様で、番組の主要舞台・撮影地になってはいても、多くの場合、主要登場人物は日本人の兵士や民間人である。つまり、彼らが戦争で味わった過酷な体験や悲惨な出来事を題材とするような番組や、戦時中の日本軍が戦った主要な作戦を振り返る「戦記もの」のような番組が殆どであった。そしてわずかな例外を除いて、日本・日本人がアジアを中心とした諸外国において行った「加害」の側面を正面から主題的に取り上げた番組はなかった。

さらに第三は、これらのドキュメンタリーで表象される「戦争」とはどの戦争なのかという問題に

表3-1　ドキュメンタリー番組の主要な舞台・撮影地(国・地域)(1970年～79年の各年8月1～16日)

国・地域	件数
日本（広島・長崎）	41
日本（広島・長崎以外）	57
中国	7
ベトナム	6
ソロモン諸島（ガダルカナル）	5
韓国	3
アメリカ（本土）	3
アメリカ（ハワイ）	2
アメリカ（サイパン）	2
マレーシア	2
ミクロネシア連邦（トラック諸島）	2
インドネシア	2
ミャンマー	2
台湾	1
タイ	1
フィリピン	1
パプアニューギニア	1
ロシア（サハリン）	1
ブルネイ	1
スウェーデン	1
合計	141

関わっている。第二次世界大戦期に日本が関わった戦争には、「日中戦争」「大東亜戦争」「十五年戦争」「太平洋戦争」などさまざまな呼称があり、それぞれが含意する戦域や時期が異なっている。また、それぞれの呼称は戦争に対する歴史認識や政治的・思想的立場を反映してもいるが、「太平洋戦争」の語は、アメリカが参戦した戦争をアメリカの立場から正当化するための歴史観が表れているという点や、戦域を太平洋地域に限定しているために中国やその他アジア諸国での戦線や対日抗戦、日本による台湾・朝鮮半島での植民地支配などが捨象されてしまうという問題点がかねてから指摘されてきた（＝「太平洋戦争史観」）[4]。このデータから読みとることができるのは、七〇年代のドキュメンタリー番組で表象された「戦争」の多くがアメリカとの戦争であり、その意味で「太平洋戦争史観」を色濃く反映したものとなっていたということである。先に見たように、番組の主要舞台・撮影地としては日本が圧倒的に多く、そこでは原爆や空襲、沖縄戦、特攻隊、学童疎開、戦後の混乱・窮乏などのテーマが扱われているが、その殆どはアメリカとの戦争（アメリカによる攻撃）に関わる内容であった。また、外国が主要舞台・撮影地になった番組の多くも同様である。特にオセアニア地域は一二回であるが、その内訳はソロモン諸島（ガダルカナル）五回、ハワイ二回、サイパン二回、ミクロネシア連邦（トラック諸島）二回、パプアニューギニア一回となっており、いずれも日本軍とアメリカ軍とのあいだで激しい戦闘が行われた場所である。

以上のことから、①七〇年代のテレビドキュメンタリーの多くが、日本・日本人の「被害」の側面に焦点を当てていたこと、②アジアが登場することが少なく、登場したとしても殆どの場合、日本人（兵士、民間人）の「被害体験」の現場として登場していたこと、③番組上で表象される「戦争」は多くの場合、日本・日本人に甚大な被害をもたらしたアメリカとの戦争（＝「太平洋戦争」）を意味していたこと、④そうしたことの裏返しとして日本・日本人による「加害」の側面は後景化していたことが分かる。

2 「戦争加害」という主題の出現

アジアからの眼差し

しかし他方で、日本・日本人による「加害」の側面に光を当てるような記事、番組も一九七〇年前後から少しずつ出現するようになっていた。例えば一九六九年八月、朝日新聞は「平和を考える」というシリーズ（四回）を連載しているが、その四回目に寄稿した長洲一二（経済学者）は戦後日本における「加害」に関わる問題の所在について、次のように書いている。

> 思えば戦後の非戦の決意も、もうこりごりだ、自分は二度とまき込まれたくないという被害者感覚は強烈であったが、十五年戦争での私たちの巨怪な加害者の意識は希薄だった。最大の加害の対象だった中国人には、希薄どころか、逆にあらわな敵意を示しつづけた。私たち日本人の戦争責任は、戦後責任としても、未決のままなのである。[5]

この時期、新聞各紙は「社説」においても少しずつ「加害」に言及するようになる。きっかけの

首相迎え、タイ学生デモ

五千人が宿舎囲む

経済進出に強い非難

多難な

田中角栄首相のタイ訪問への学生抗議デモを伝える記事（読売新聞、1971年1月10日）

ひとつは、アジア諸国からの日本に対する批判や警戒が強まったことであった。朝日新聞は一九七〇年八月一五日の社説で、経済大国と呼ばれるようになった日本に対してアジア諸国で軍国主義復活を懸念する声が広がっていることを指摘、「東南アジアの民衆が日本をそう見るのは、戦前の日本による被侵略の苦い体験」があること、また「侵略戦争をはじめた政治の責任者が、いまなお政治の第一線に動いている」事実が関係していると書いている。これは新聞（全国紙）の社説が戦争における日本の「加害性」に言及した初めてのケースである。[6] 朝日新聞は翌一九七一年八月一五日の社説でも、アジア諸国で浮上している「日本軍国主義論」が「わが国の庶民がもはや被害者的回想の域にとどまることを許さない。庶民自身も加害者の一部ではなかったのか、しかも、またもや加害者になるのではなかろうか、という疑問をつきつけられている」としている。このように当時の「八月ジャーナリズム」においては、アジア諸国からの日本への不信感という「外からの目」を意識することを通じて、日本が戦後長く自らの加害性を忘却してきたことへの自覚と反省が徐々に生じていった。

　実際この時期には、アジア諸国の日本への不信が様々な形で噴出していた。例えば、中国の周恩来首相が一九七〇年四月に北朝鮮を訪問した際の「中朝共同声明」は「日本軍国主義はすでに復活しアジアの危険な侵略勢力となっている」と日本を批判、周首相はこれ以外にも度々日本の軍国主義復活を懸念する趣旨の発言を行っている。こうした日本批判は、東南アジア諸国にも広がっていく。一九七二〜七四年にはタイで大規模な日本製品の不買運動などが起こったほか、一九七四年一月の田中角栄首相の東南アジア歴訪ではタイやインドネシアで大規模なデモが発生、日本大使館や日系企業が襲撃されるなどの暴動へ発展した。こうした反日運動は一義的には日本の経済的なプレゼンスが高まり過ぎることや日本の企業人（＝エコノミック・アニマル）の尊大で自己中心的なふるまい等に対する反発の動きだったが、背景には戦時中の日本の侵略行為をめぐる記憶や日本が再び軍事大国化するのではないかという不信感があった。[7]

ベトナム戦争における「加害性」

「加害」の問題が意識化されていく過程でもうひとつ大きな意味を持ったのは、ベトナム戦争であった。一九六四年の「トンキン湾事件」をきっかけとして、アメリカは一九六五年二月以降、ベトナムへの軍事介入を強め空爆（北爆）を本格化させていく。日本国内では同年三月以降、ベトナム戦争に反対する署名やデモなどの運動が展開されるようになり、四月にはベ平連（ベトナムに平和を！市民文化団体連合）が発足、[8]反戦運動は拡大していく。当初、日本でのベトナム反戦運動は、「ベトナム人がかわいそう」「アメリカ軍は非人道的なのではないか」といった素朴な同情や疑問に基づくものであったが、戦線が拡大し世界各国でも反戦運動が盛り上がっていくと、運動は次第に日米安保体制や在日米軍基地のあり方を疑問視するものへと変容し、かつ先鋭化していった。[9]沖縄の米軍基地がベトナム爆撃の前進基地・兵站基地として機能していることが誰の目にも明らかになっていったこともそうした傾向に拍車をかけた。マス・メディアもベトナム戦争の状況を積極的に報道した。[10]新聞や雑誌が活発に連載や特集などを企画したほか、テレビでもベトナム戦争の現状を伝える報道番組や特集番組が数多く放送された。ベ平連の発起人の一人、小田実は当時のマス・メディアの報道について次のように言っている。

戦争はまず新聞、雑誌、本、テレビジョンなどのジャーナリズムの活動を通じて人々の視界に入って来た。戦争の記事や写真はしょっちゅう人びとの眼に触れるところに出ていたし、「従軍戦記」もいくつか「ベスト・セラー」になっていた（「べ平連」の直接の関係者の著作だけについて言えば、開高健の『ベトナム戦記』）。ことに、そのころのはやりの言い方を使って言えばテレビジョンが戦争をお茶の間に持ち込んだ。[11]

当時、ベトナム戦争を伝えたテレビの報道番組としては『時の動き――ベトコン地帯を行く』（NHK、一九六五年四月一〇日）、『「この奇妙な戦い」――ベトナム戦線を行く』（東京12チャンネル、一九六五年四月一二日）、『ノンフィクション劇場 ベトナム海兵大隊戦記・第一部』（日本テレビ、一九六五年五月九日）、『「報道特別番組 ドキュメント ハノイ 田英夫の証言」』（TBS、一九六七年一〇月三〇日）などが知られる。[12]これらの番組は、戦争の非人道性・残虐性を強調したり、アメリカに対する批判的な視点を含んでいたこともあって大きな社会的議論の対象にもなった。例えば、『ノンフィク

ション劇場 ベトナム海兵大隊戦記』は、南ベトナム政府軍に殺された解放戦線の少年容疑者の生首がカメラの前に放り出されるシーンがあり、放送の賛否をめぐって大きな社会的議論がまきおこった。番組は三部までの放送が予定されていたが、結局、日本テレビは第二部、第三部の放送中止を決めた[13]。また、『報道特別番組 ドキュメント ハノイ 田英夫の証言』は、南ベトナム側からの報道が大勢を占めるなかで、西側のテレビとして初めて北ベトナムのハノイを取材・撮影し、報道したものであった[14]。病院や修道院などを含めてアメリカが北ベトナムを無差別に爆撃していること、にもかかわらずアメリカはこの戦争に勝てないであろうという見通しを示したこの番組は、政府・自民党から「反米・偏向報道」として大きな反発を招いた。そして、一九六六年のいわゆる「TBS成田事件」[15]以来強まっていた自民党からのTBS攻撃をも受ける形で田英夫は『ニュースコープ』のキャスター辞任に追い込まれた。

世論はアメリカによるベトナム介入に拒否感を強めていった。一九六五年八月に『朝日新聞』が実施した世論調査では北爆に反対という意見がすでに七五％に達していた[16]。こうした世論は、日本人の多くが必ずしも北ベトナムや南ベトナム解放戦線を支持していたことを意味するわけではなく、むしろ日本が米軍基地の存在ゆえに戦争に巻き込まれるのではないかという危機意識に基づくものであった。しかし、「ベ平連」の「殺すな」というスローガンが示すように、日本人のあいだには市民が戦争に再び巻き込まれるという「被害」への懸念だけでなく、基地を通じて日本がベトナム戦争に「加担」しているという「加害」の意識への自覚も徐々に生まれていた。そして反戦のためには、その「加害」を強いる政治的な力に対する不服従と抵抗を試みるべきだと提起する小田実や鶴見俊輔らの議論が一定の説得力を持つようになっていた。そして、そうした議論の中から、ベトナム戦争における日本・日本人の「加害性」のみならず、アジア太平洋戦争における日本・日本人の「加害性」に目を向けようとする姿勢が生まれていった。小田は『展望』一九六六年八月号に寄稿した「平和の倫理と論理」のなかで、日本人が戦争で味わった「被害者体験」が戦後における日本人の「絶対平和主義的な発想、思考方法」の基礎を作ったことを認めつつ、他方で、そうした「被害者体験」が強固であり過ぎるゆえに、自らが「戦争遂行者の一員」であり「加害者」でもあった意識の欠如をもたらしてきたと指摘して次のように言っている。

> 戦後二十一年の歴史のなかで、私たちは数えきれないほどの数のさまざまな戦争体験の記録をもつが、そのほとんどすべてが、ことばをかえて言えば、被害者体験の記録だった。学生の記録があった。農民兵士の記録があった。家庭の主婦の記録があった。疎開学童の記録があった。あるいは、海外引揚者の記録。そのどれにも悲惨な被害者体験がみちている。その自然な結果は、戦争体験というと、被害者体験をさし、それ以外のものをささないという視点の形成であろう。……戦争をまともに問題にすることをぬきにして平和が考えられないように、加害者体験をぬきにして被害者体験を話すことはできないし、ひいては平和そのものを語ることはできない。[17]

このような戦争における「加害」の問題、あるいは戦争において「被害性」と「加害性」が分かちがたく結びついているという両面性への認識がベトナム戦争を契機として生まれ、その結果として日本・日本人の「加害」という主題がこの時期に様々な形で提起されることにつながっていった。

3 「八月ジャーナリズム」における「戦争加害」という主題の形成

韓国・朝鮮人に対する「加害」

テレビの「八月ジャーナリズム」のなかでは、「戦争加害」という主題はどのように出現していったのだろうか。ここでは六〇〜七〇年代における、幾つかの代表的な番組をみていく。先駆的な番組として知られるのが『忘れられた皇軍』(日本テレビ、一九六三年八月一六日)である。この番組は、民放初のドキュメンタリー枠として知られる『ノンフィクション劇場』(一九六二〜六八年)で放送されたもので、プロデューサーは牛山純一、演出は大島渚、脚本は早坂暁であった。

番組が取り上げたのは「元日本軍在日韓国人傷痍軍人・軍属」への補償問題である。戦時中に「日本人」として日本軍に従軍した朝鮮人の軍人・軍属は約二四万人、このうち二万人余りが戦死・不明となった。生存者は復員後、一九五二年のサンフランシスコ条約発効とともに一方的に日本国籍を剥奪される。これによって「外国人」となった彼らは、日本人の傷痍軍人やその遺族であれば受けられる軍人恩給や援護法(戦傷病者戦没者遺族等援護法)などの対象外となる。番組は補償を求めて首相官邸、外務省、大韓民国代表部へ陳情を行ったり、街頭で支援を訴える一七人の元軍人・軍属の姿を描いた。

番組の冒頭は、主人公的な人物である徐さんの顔のアップから始まる印象的なシーンである。戦

『忘れられた皇軍』(日本テレビ、1963年8月16日)

争で両目を失い、片手を失った徐さんはサングラスをかけ義手をつけ、電車の車内で支援を訴えている。徐さんは歩きながら「車内のみなさま、この醜い白衣の姿をさらして申し訳ありません。わたしは両眼を無くし、片腕を無くし……お願いを申し上げます、どうかご理解あるご支援をお願いいたします。」と訴えるが、車内の乗客たちは無関心を装ったり戸惑う表情を見せるばかりである。戦後一八年が経過して東京オリンピックの開催を翌年に控えた日本では、すでに戦争そのものが過去のものとなりつつあり、元日本軍在日韓国人の傷痍軍人の存在はまさに「忘れられた皇軍」となっていた。番組は、徐さん達一七人が日韓両政府からたらい回しに合う様子を追っている。首相官邸では首相への直接陳情を申し入れるも断られ、外務省では、戦後補償問題については、まもなく締結される日韓基本条約で日本政府は韓国に一括して補償するはずだから韓国政府(代表部)に掛け合うようにと言われる。しかし、徐さん達は韓国代表部でも要求を断られる。ナレーションが次のように言う。「祖国の答えはこうだ。あなた方の傷は日本のために受けたものだ。韓国に責任はない。日本政府に要求すべきことだ。確かに韓国にとって韓国の傷痍軍人とは同じ民族が南北に分かれて争った動乱の不幸な犠牲者のことを言うのであろう」。そして番組は、通りを白装束で歩く徐さん達一七人の姿を映し出したあと、「……この人たちは何も与えられていない。私たちは何も与えていない。日本人たちよ、私たちよ、これでいいのだろうか? これでいいのだろうか?」というナレーションによる強い調子の問いかけのもと、再び冒頭と同じような徐さんの顔を大写しにした映像で閉じられる。

朝鮮や台湾出身者の旧日本軍軍人・軍属には徴兵された者も志願者もいた。しかし、いずれにしても祖国とは異なる国のために戦い、傷を負い、戦後になって補償を受けられない彼らは、日本による植民地支配という構造的な暴力の犠牲者である。その意味でこの問題は日本の「戦争加害」に関わる問題である。しかしこの問題は、当時の日本では知られておらず、新聞報道でもそれまで殆ど取り上げられることはなかった。この番組の演出を担当した大島渚自身、番組を制作する前は在日韓国人傷痍軍人の存在を知らなかったという[18]。大島は、日本の「加害」の問題としての彼らの補償の問題を広く知らしめたいという番組の制作意図について次のように書いている。

私は、この人達の無残な傷口や、悲惨な生活を全ての日本人に見てもらいたいと思って、それを映像にとらえたのであるが、それらにもまして私が何としても映像にとらえたい、そしてその映像によって全ての日本人の胸に突き刺さりたいと思ったのは、この人達の体の傷口や生活よりももっと無残でもっと悲惨なこの人達の心の傷口であった。その表現がデモ行進の果ての酒宴における内輪喧嘩と、眼のない眼からこぼれる涙になったのは、テレビを観てくださった人達は判っていただけると思う[19]。

『忘れられた皇軍』は、一九六〇年代に「戦争加害」の問題をテーマとして取り上げた先駆的な事例であり、「八月ジャーナリズム」のなかでも例外的な番組であった。しかし、七〇年代に入ると少しずつ「加害」に関わる問題に光を当てる記事や番組が出現し始める。そのなかでも、七〇年代前半に比較的多く取り上げられたのが韓国・朝鮮人被爆者の問題であった。一九四五年八月当時、日本には「日本人（皇国臣民）」化されていた韓国・朝鮮人が約二二〇万人いたとされる。そのなかで広島、長崎で被爆した韓国・朝鮮人被爆者の正確な数は不明であるが、韓国原爆被害者協会の推計値では広島、長崎合わせて約七万人が被爆、生存者の多くは戦後、朝鮮半島に帰国したとされる。[20]しかし彼らは、一九五七年の原爆医療法、一九六八年の原爆特別措置法などによる被爆者への特別医療・社会保障の対象とはならず、日本人被爆者よりもさらに厳しい状況に立たされることになった。

この韓国・朝鮮人被爆者の問題を、テレビ番組がテーマとして取り上げる嚆矢となったのがNHKの『NHK特派員報告「埋もれた二六年――韓国の原爆被爆者」』（一九七一年八月一〇日）である。この番組は「韓国では被爆者問題はほとんど社会的な関心を呼ばず、朝鮮動乱の多くの被災者をかかえている政府としては、原爆被災者だけに特別な救済策をとることができないという立場をとっている。被爆者たちは日本やアメリカの政府からの補償もなく、ひっそりと、苦しい闘病生活を続けている」という韓国の実情を取材し、「わずか数人の関係者で運営されている韓国被爆者援助協会の活動ぶりや、二六年ぶりに広島、長崎を訪れた同協会会長の言動などを通して、韓国の原爆被災者の実態」を伝えるものであった。[21]また、TBSの『JNNニュースデスク』でも七二年八月八日に「朝鮮人被爆者の実情」と題した特集が組まれている。

そして韓国・朝鮮人被爆者の問題を、日本による植民地支配や強制連行、戦後の在日韓国朝鮮人に対する差別などの問題などと合わせて最も積極的に取り上げたのが『11PM』（日本テレビ系列）である。『11PM』では一九七二年から七七年にかけての八月に断続的に韓国・朝鮮関連のテーマを特集している。七二年八月一四日放送の「戦後日本の大空白・朝鮮問題」は、「明治以降の日本の朝鮮侵略から併合への足どりと、それに対する朝鮮人民の抵抗、そして現在に至る在日朝鮮人への差別を描きながら『三・一独立運動』、関東大震災や第二次大戦時の『強制連行』などの苦難の中から生き残った人たちの衝撃的な証言を聞く」[22]という内容であった。また七三年八月一三日には「日帝36年――韓国・朝鮮と日本」と題して放送、日本の植民地支配や抗日運動を取り上げた韓国のテレビ番組や映画を紹介するとともに、三・一独立運動、創氏改名、戦後の日韓国交正常化交渉などについて資料と証言で検証した。さらに七六年にも「終戦記念日特集　韓国人原爆被爆者」（八月一六日）を放送、七七年には「終戦記念日特集　アジアは見つめる‼日本の戦後」というタイトルで「韓国国民の歩んできた苦難の道をふりかえると同時に、戦後の学習指導要領によって戦争責任があいまいになっていく過程を明らかにする」[23]という内容の特集を放送している。

この一連のシリーズを企画した日本テレビの都築忠彦（ディレクター）は、企画の背景について「終戦記念日を迎えるたびに、原爆などの被害者として日本がクローズアップされる。しかし、韓国で取材していると、日本こそ加害者なのだ、と強く感じた」と振り返っている。[24]都築はまた、あるエッセイのなかで、番組放送後には視聴者から強く反発する内容の手紙が多く寄せられたことを明かしている。手紙は、例えば「強制連行というが、当時朝鮮は日本の領土であったのだから、日本人は学徒動員までされた位だから、朝鮮人を連れて来て労働さすのは当たり前」「日本人が血を流して戦ったおかげで、朝鮮は空襲もなく無事だったのに、今ごろ日本の悪口を言うとは」「日本は莫大な財産を朝鮮に残して来てやった」といった内容であったという。[25] そして、視聴者からこうした反発が生じる背景について、都築は次のような興味深い指摘をしている。

韓国＝朝鮮問題は、まことに忠実な日本人の鏡であり、そこにこそ日本の真の姿が写し出されているのだが、この隠微な差別の長命なことの中にも、日本人の国民性と戦後社会の本質が如実に露呈しているように思える。

まず、米英など連合国軍には敗れたが、朝鮮には敗けていないという意識、従って、朝鮮、台湾の侵略と植民地経営の責任を問われる機会がなく、「差別が虚構であり捏造されたものであった」と事実に照らして証明するチャンスがないままに、あいまいにして来たということではなかろうか。

全く笑うべき滑稽な思い込みも、国家という体制ごと押しつけると、一世代、二世代経つあいだに「真実」として疑おうとしなくなる。[26]

中国での「戦争加害」

一方、中国での「戦争加害」については、日中国交回復（一九七二年）に向けての議論が盛り上がるなかで日本の戦争責任論が取り上げられるようになったことや、一九七一年八月～一二月にかけて本多勝一が朝日新聞や『朝日ジャーナル』『週刊朝日』で中国戦線での日本の戦争犯罪を告発するルポルタージュを連載して大きな衝撃をもたらしたことなどによって関心を集めるようになっていた。[27]しかし、テレビの「八月ジャーナリズム」で中国での「戦争加害」をテーマとして扱った番組は、七〇年代においてはわずかに旧日本軍の関東軍七三一部隊による細菌兵器開発のことを取り上げた『テレビルポルタージュ 魔の731部隊』（TBS、一九七五年八月一〇日）と、その続編の『テレビルポルタージュ 続魔の731部隊』（TBS、一九七六年八月一五日）の二本にとどまっている。七三一部隊（隊長＝石井四郎中将）は、チフス菌、コレラ菌、炭そ菌等を大量生産して主として中国人を対象とした人体実験を繰り返したり、細菌兵器としての効果を試すために実戦で使用するなどしていたとされる。終戦直後からうわさや断片的な情報等は存在したものの、[28]全体像やその詳細については戦後三〇年以上が経過した当時（一九七〇年代半ば）にもあまり知られていなかった。

本多勝一『中国の旅』（朝日新聞社、1972年）

番組では、ハバロフスク裁判の記録などを手がかりにして三〇〇〇人余りいたといわれる七三一部隊の元隊員リストを作成、それをもとに戦後国内で沈黙を守ってきた元隊員を訪ねてインタビューをしていく。当時の状況や旧満州のハルビン郊外にあった部隊の建物などは資料映像や地図、想像図などで表現され、番組は主として国内で撮影された元隊員へのインタビューで構成されている。番組には、多くの元隊員のインタビューが登場する。例えば、一九四一〜四三年に部隊で製造部長をしており、ハバロフスク裁判でも重要証言をした川島清は次のように証言する。

聞き手「七三一部隊では人体実験をやっていたのですか」
川島「多少はやっていたようです」
聞き手「川島さんはご覧になったことはないのですか」
川島「いいえ、ありません。私の方は細菌などを作るほうですから」
聞き手「監獄はあったのですか」
川島「監獄というか、収容所みたいなのはあったんでしょうけど」
聞き手「人体実験は止むを得ないものなのですか」
川島「出来たらやりたいでしょうねえ、でもこの問題はあまり話したくないんですよ」

また、医学者（血清学）で嘱託として部隊に一時期関わっていた秋元寿恵夫は、部隊で馬の血清を人体に入れて反応を見る実験について証言している。

聞き手「馬の血清を入れると囚人達は苦しそうな顔をするんですか？」
秋元「ええそうです」

聞き手「何人かは死んでいくわけですね」
秋元「何人かではなくて、確実に死ぬのです。死ぬまでやるのです、どのくらいやったら死ぬかを見るんですから」
秋元「……私の言いたいことは、あの中の大部分は医者です。医者という者が、人体実験は自分達にだけ許された特権だと思っていることです。たとえば、生体解剖でも生きたまま解剖すれば、死体解剖ではわからないところが分かってくる。そんな専門家気質というか特権意識みたいなものが、人体実験に駆り立てたといっていいでしょう」

番組の反響は大きかった。一九七六年八月一五日の続編の放送後、米ワシントンポストが一一月一八日の紙面で一面トップ記事として番組を紹介したことから諸外国でも注目されることとなり、英語版が制作されてアメリカや中国、ヨーロッパ各国で放送された。[29] この番組に迫力と説得力をもたせたのは、いわゆる「突撃インタビュー」の手法である。制作した吉永春子（ディレクター）によれば、インタビューではできるだけ、事前にアポイントを取ることなく本人を訪ねるようにしたという。[30] ただし、どういう場所で何をどう聞くのか、反論の材料も含めて入念な計算と準備をしたうえで「突撃インタビュー」は実施された。通常四～五人という人数で行動するテレビクルーは取材現場に不自然で非日常的な雰囲気・状況を生み出してしまうが、吉永は逆にそうした大人数のテレビクルーとテレビカメラの存在を、相手に対するある種の圧力として利用することで証言を引き出そうとしたのである。

今までマイナスでしかなかったテレビ取材の仰々しい大部隊を、プラスの方向に変えて取材をしたらどうか。大げさにいえば、凶器であったテレビカメラを武器にしたらどうか。つまり大部隊の圧力を圧力として相手に向かってゆく。そこで新たに何かの現象が生れるはずである。……取材は何気なく、普通にといって、緊迫感を避けてきた。むしろ必然的につきまとうテレビカメラを、武器として押したてることこそ、私たちのテレビ〝ルポ〟ではないか。[31]

このように、この番組は一九七〇年代の「八月ジャーナリズム」のなかでも、テレビがテレビのメディア特性を生かしながら「戦争加害」の問題に正面から取り組んで一定の影響力を発揮し得た数少ない先駆例となった。

〝助走期間〟としての七〇年代

以上のように、一九五〇年代に形成された「八月ジャーナリズム」では、当初から戦争の「被害」の側面を焦点化する「受難の語り」が基調であったものの、七〇年代には少数ながら「戦争加害」を扱う記事や番組も登場していた。そしてそれらは「八月ジャーナリズム」のその後の展開のなかで、メインストリームに対するいわば〝伏流水〟のようなテーマ系として受け継がれていくことになる。しかし、この時期の「戦争加害」に関連する報道は未だ萌芽的なものにとどまっており、以下のような幾つかの点で限界があったことも事実である。

第一は、「八月ジャーナリズム」のなかで圧倒的に少数だったことである。六〇～七〇年代にかけて「戦争加害」を主題的に扱った報道は、テレビドキュメンタリーでは本章で取り上げたものがほぼすべてである。[32] そのことは、主題としての「戦争加害」が、当時の「八月ジャーナリズム」において極めてマイナーなテーマであったこと、そもそも現場の多くの記者や制作者たちの視野には入っておらず、少なくともマジョリティのあいだでは問題意識が共有されていなかったことを意味している。このことに関連して、戦後三〇年の節目にあたる一九七五年の八月一六日付読売新聞夕刊（文化面）で、台湾出身のアジア史学者・戴国煇は日本の「八月ジャーナリズム」における「受難の語り」への「偏向」を批判して次のように書いている。

この間ずっと脳裏から去らない懸念は、何故日本人は、かくもアジア民衆に対して加害意識が稀薄なのか、そのよってくるものは一体何なのか、である。……戦後間もなく、一億総懺悔で、一遍水に流した気持ちもあってか、心ある人びとでさえ、戦争責任の論理構造をうまく整理できないでいるようだ。また、思うに順風号が潮流にうまく乗って以来、民衆側に立って戦争体験を総括した先生方も、自らの被弾圧体験と史観に基づいて被害者体験一色にそれを塗り込んでしまった。民衆の悲劇好みと、原爆の被爆体験は、経済成長の進展とともに、先の一括してくくられた被害者体験を増幅させた。そして毎年、夏に入ると日本のマスコミは一致して戦争の意味を問い返し戦争体験の喧伝にエネルギーを割く。しかしその費消したエネルギーに見合うほどの本質的な成果をあげられないままに次の年へと移して今日に至る。[33]

戴が指摘するような当時の雰囲気のなかで、主題としての「戦争加害」は、『忘れられた皇軍』の大島渚、『11PM』のシリーズの都築忠彦（日本テレビ）、『魔の731部隊』の吉永春子（TBS）など、ごく一部の限られた制作者達の問題意識の対象ではあり得ても、それ以上のものではなかったと考えられる。そしてそれゆえに、報道はあくまでも極めて少数かつ散発的なものにとどまったのであり、個別の番組が話題を呼ぶことはあったとしても、そこから「戦争加害」を大きな社会的なアジェンダとして設定し発展させるには至らなかったのである。

第二は、この第一の点とも関わるが、この時期に取り上げられた「戦争加害」に関するテーマが極めて限定的であったことである。例えば韓国・朝鮮人に対する「加害」で取り上げられていたのは主として在韓被爆者の問題である。現在に至るまで大きな議論の対象となっているいわゆる「強制連行」「徴用工」などの問題はごくわずかしか取り上げられておらず、「従軍慰安婦」問題については全く扱われていない。また中国に対する「加害」では、七三一部隊の問題以外は登場せず、重慶爆撃、旅順虐殺事件、南京大虐殺などについては少なくともドキュメンタリー番組では触れられた形跡が全くない。さらに朝鮮半島、中国以外のアジア諸国における日本の侵略行為などの「戦争加害」についてもこの時期の「八月ジャーナリズム」において主題として取り上げられることはなかった。

このような、初期から一九七〇年代に至る時期の「八月ジャーナリズム」における「戦争加害」という主題の過小と限定性は、当時の日本の社会的雰囲気や日本人の戦争観を反映したものであったと同時に、その後の日本人の戦争に関わる「集合的記憶」の形成と再生産に小さくない影響を与えたのではないかと考えられる。「八月ジャーナリズム」のなかで、「戦争加害」という主題はその後、八〇年代にかけて少しずつ取り上げられる頻度が増えていく。しかし、「戦争加害」がより本格的に取り上げられ、様々な問題や論点が検証の遡上に上るようになるには、一九九〇年代を待たなければならない。

【注】

1 新聞の「ラ・テ欄」やテレビ雑誌での記述や紹介記事の情報・データを参照しながら主要な舞台・撮影地となったと判断できる地名（国名）を抽出、それらを国・地域別に集計した。なお、番組の主要舞台・撮影地が複数ある場合には複数カウントしている。ただし、実際の映像を視聴していない番組が多く、参照可能な情報に限りがあるため、ここで抽出した以外にも主要舞台・撮影地になった場所が存在する可能性があることは否定できない。

2 特攻隊や沖縄戦なども「被害」を焦点化したテーマと考えることができる。日本軍の理不尽で無謀で無責任な戦争・戦術に否応なく組み込まれ、過酷な状況に晒されたり、犠牲を強いられたりした日本兵や、その巻き添えになった日本人の被害が中心的に描かれているためである。

3 ここでは国連の世界地理区分（統計用標準国・地域コード＝UNM.49）を準用している。同区分では世界を六つの大州（アフリカ、アメリカ、南極、アジア、ヨーロッパ、オセアニア）と、さらにそれを細かく分けた小地域に分類している。番組の主要舞台・撮影地のうち、ハワイは「ポリネシア」、サイパンは「ミクロネシア」、ソロモン諸島、パプアニューギニア、ミクロネシア連邦は「メラネシア」でいずれも大州では「オセアニア」に分類される。

4 吉田裕『日本人の戦争観――戦後史のなかの変容』岩波書店、一九九五年、三五頁。

5 朝日新聞「平和について考える④」一九六九年八月一五日夕刊。

6 吉田裕、前掲書一五二頁、根津朝彦『戦後日本ジャーナリズムの思想』東京大学出版会、二〇一九年、三一八頁。

7　日本の軍事予算はＧＤＰ比一％以下に抑制されていたが、その額は個々のＡＳＥＡＮ諸国の軍事費の一〇倍以上にも達していた。井原伸浩「１９７０年代の東南アジアにおける非経済的な日本イメージの悪化要因」『言語文化論集』第38巻・第1号、二〇一六年。

8　一九六六年一〇月に「ベトナムに平和を！市民連合」に改称した。

9　大野光明「越境する運動と変容する主体――ジャテックの脱走兵支援運動・米軍解体運動を中心に」『Core Ethics』Vol.4、二〇〇八年、三八頁。

10　ベトナム戦争に関連する新聞、雑誌、書籍などマス・メディアの報道については、市橋秀夫「日本におけるベトナム反戦運動史の一研究―福岡・十の日デモの時代(1)―」『日本アジア研究』第11号、二〇一四年三月参照。

11　小田実『「ベ平連」・回顧録でない回顧』第三書館、一九九五年、三三三～三三四頁。

12　荒瀬豊・稲葉三千男「ヴェトナム戦争と日本のマスコミ――質と量にみるその変化の過程」『世界』一九六六年八月号参照。

13　当時の内閣官房長官・橋本登美三郎が日本テレビ社長・清水与七郎に電話をかけたことが政府による放送への介入ではないかという議論が起こった。ＮＨＫ編『20世紀放送史 上』ＮＨＫ出版、五六四頁。

14　東京放送編『ＴＢＳ50年史』二〇〇二年、二四七～二五四頁。

15　成田空港建設反対運動取材のなかでＴＢＳの番組スタッフのマイクロバスに、プラカードを持った運動関係者が乗車していたことが発覚して、政府・自民党から強い抗議を受け、番組担当者や報道局員らが人事処分を受けた事件。東京放送編、同前参照。

16　朝日新聞、一九六五年八月二四日朝刊。

17　小田実「平和の倫理と論理」『「難死」の思想』岩波書店、二〇〇八年、六六頁、七一頁。

18　大島渚「特別寄稿 忘れられた皇軍」『朝鮮人』三一六号、一九六五年、一一二頁。

19　大島渚、同前、一一五頁。

20　韓国・朝鮮人被爆者問題については、辛亨根・川野徳幸「韓国人原爆被爆者研究の過程とその課題」『広島平和科学』34、二〇一二年参照。

21　朝日新聞「ラ・テ欄」一九七一年八月九日朝刊。

22 読売新聞「ラ・テ欄」一九七二年八月一四日朝刊。
23 朝日新聞「ラ・テ欄」一九七七年八月一五日朝刊。
24 読売新聞「ラ・テ欄」一九七三年八月一三日朝刊。
25 都築忠彦「「韓国＝朝鮮問題」考――11PM『日帝36年』の体験から」『新聞研究』三六九号、一九八二年、六二頁。
26 都築忠彦、同前、六一頁。
27 本多勝一のルポは本にまとめられ、『中国の旅』（朝日新聞社、一九七二年）として出版された。
28 秋山浩「細菌戦は準備されていた！」『文芸春秋』33（15）、一九五五年、森田廣「帝銀事件と細菌部隊」『文芸春秋』43（6）、一九六五年、本多勝一『中国の旅』前出など。
29 吉永春子「「石井細菌部隊」被験者の証言」『諸君』14（9）、一九八二年九月。
30 吉永春子「テレビカメラよ、武器であれ」『新聞研究』三二二号、一九七八年。
31 吉永春子、同前、五〇頁。
32 ニュース番組の中の一企画や、番組の中の一部で「戦争加害」を扱ったものがあった可能性があるが、今回のデータからは確認し得ない。今回の分析対象は、あくまでもタイトルや関連データ、記事などから内容を明示的に判断できるものに限られている。
33 戴国煇「戦後30年 アジアからの視点」読売新聞「文化面」一九七五年八月一六日夕刊。

第4章　冷戦下の「反核・平和主義」と「加害」の前景化：一九八〇年代

戦後の東西冷戦が終焉へと向かった一九八〇年代、内外の国際情勢は大きく揺れ動いた。アメリカでは一九八一年に「強いアメリカ」の復活を掲げてレーガン政権が発足、ソ連を「悪の帝国」と名指ししてSDI（戦略防衛構想）を打ち上げ、東西冷戦の緊張が一時的に高まった（＝新冷戦）。しかし八五年にソ連がゴルバチョフ書記長のもとでペレストロイカを始めると米ソは対話路線へと転換、その後、ベルリンの壁崩壊（一九八九年）、ソ連解体（九一年）などが続いて、冷戦体制は急速に終焉を迎えることになる。

国内では八二年に中曽根康弘内閣が発足、日米同盟の強化を掲げた中曽根首相は有名な「不沈空母発言」や、戦後の首相として初めての靖国神社への公式参拝などによって物議を醸した[1]。八五年のプラザ合意によって急速な円高が進行すると、いわゆる「バブル経済」が発生、世界経済に占める日本経済の比重が一気に高まった。八八年には、日本はGNPが世界の約一四％を占める経済大国となっていた[2]。そして、日本経済がこのバブル経済に踊っていた八九年一月、裕仁天皇が死去、戦前から続いた「昭和」が終焉した。一九八〇年代末から九〇年代初頭にかけて、東西冷戦と昭和とが同時に終焉したのである。このように大きく揺れ動いた時代状況は、「八月ジャーナリズム」にもさまざまな形で影響を与え、いくつかの点で重要な変化をもたらすことになった。

1　テレビの「成熟期」と「八月ジャーナリズム」

「報道の時代」

テレビ史における一九八〇年代は、テレビの「成熟期」として位置づけられる。一九六〇年代半ばから始まったカラーテレビの普及は、七〇年代前半に急速に進展して七五年には九〇%を超え、八〇年代に入るとほぼ一〇〇%に達する（八四年＝九九・二%）。一九七九年にはゴールデン・タイムの総世帯視聴率がテレビ史上のピーク（七七・八%＝ビデオ・リサーチ関東地区）を記録する。広告媒体としてもテレビは急速に存在感を増していく。戦後長らくトップを占めてきた新聞に代わって一九七五年には媒体別広告費でテレビがトップに立ち、以後八〇～九〇年代にかけてその差は拡大を続けていく。[3]「メディアの王様」などと言われるようになったテレビは、とりわけバラエティ番組やドラマなど娯楽のジャンルにおいてその黄金時代を作り出した。一九八〇～八一年、フジテレビ『THE MANZAI』を契機に空前の「漫才ブーム」が起こると、『オレたちひょうきん族』（フジテレビ、一九八一～八九年）、『笑っていいとも!』（フジテレビ、一九八二～二〇一四年）などによって「お笑いブーム」が作られ、数多くの娯楽番組が制作された。[4]一九八〇年代にはドラマにおいても数々の記録が生まれた。NHKの「朝の連続テレビ小説」で『おしん』が一九八三～八四年にテレビドラマ史上最高となる年間平均視聴率五二・六%（最高視聴率六二・九%）を記録、また同じくNHKの大河ドラマでも一九八七年の『独眼竜正宗』が年間平均視聴率で三九・七%と歴代トップを記録した（次いで一九八六年の『武田信玄』三九・二%）。

他方で、テレビの一九八〇年代は、民放を含めたテレビ各局がニュース・報道の分野にも力を傾注するようになって「報道の時代」と呼ばれた時期でもある。[5] 民放各局は、一九八〇年を「報道元年」と位置づけ、『TV-EYE』（日本テレビ）、『報道特集』（TBS）、『ビッグニュースショー いま世界は』（テレビ朝日）などの大型報道番組を編成した。[6] その背景には第一に、NHKの『ニュースセンター9時』（一九七四年〜）、『ニュースワイド』（一九八〇年〜）というワイド型のニュースショー・情報番組の成功があったとされている。また背景の第二として、この時期にテレビ取材（撮影）・伝送機器の小型軽量化や高性能化、衛星伝送料金の低下などが進んだことで、これまで以上に機動的な取材や衛星を経由した生中継などが可能となって、同時性・速報性のある報道を展開しやすくなったという点もある。こうした中、一九八五年にはテレビ朝日が『ニュースステーション』を開始して多くの視聴者を獲得、以降、民放各局が夜の時間帯にニュース・報道番組を編成して「ニュース戦争」と呼ばれる状況となっていく。

ドキュメンタリーの増加・大型化と戦争の〝歴史化〟

では、八〇年代におけるテレビの「八月ジャーナリズム」はどのようなものだったのだろうか。この時期の特徴として第一に挙げられるのは、ドキュメンタリーの比率の増加傾向である。図4-1は、戦争・終戦関連番組の放送本数に占めるドキュメンタリー、ドラマ、トーク番組など番組ジャンル

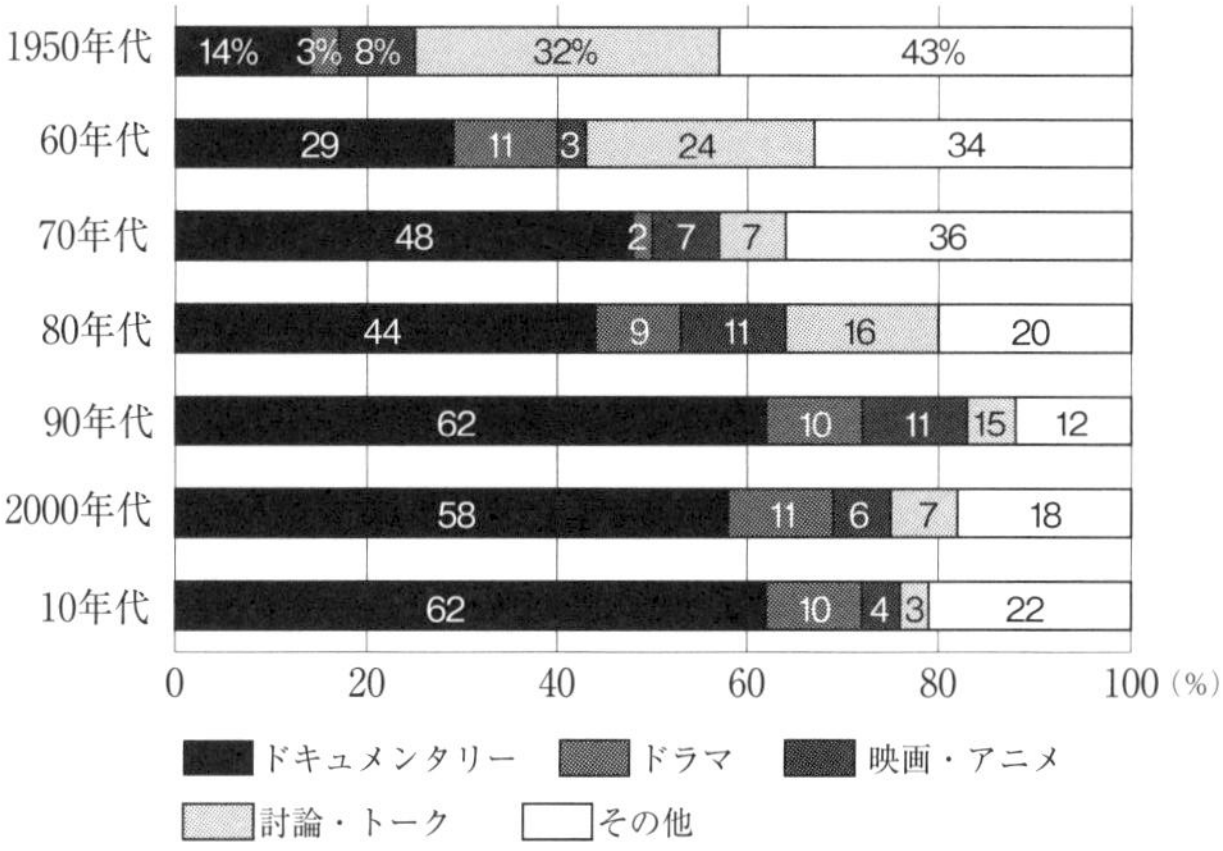

図４－１　戦争・終戦関連の番組カテゴリー構成（10年区切り）

別の構成比を一〇年区切りの年代別に示したものである。これをみると、一九五〇年代、六〇年代には「討論・トーク」「その他」（平和記念式典中継、ワイド型の番組、歌謡番組、分類不能など含む）の割合が高く、他方で「ドキュメンタリー」は少数だったことが分かる。その背景には、そもそも一九五三年のテレビ放送開始から、テレビ・ドキュメンタリーというジャンルが確立されてＮＨＫ・民放各局が積極的に制作し始めるまでに時間を要したという事情がある。定時放送としては初のドキュメンタリー番組であるＮＨＫの『日本の素顔』の放送開始が一九五七年であり、民放では日本テレビ『ノンフィクション劇場』、ＴＢＳ『カメラ・ルポルタージュ』がそれぞれ一九六二年にスタートしている。これらの番組では初期から戦争関連のテーマを扱っているものがあったが、本数としては限られていたことがこうしたデータにも表れている。

　ドキュメンタリーの比率は、一九七〇～八〇年代以降に増加している。その背景には、戦争からの時間の経過に伴って戦争が「過去」のものとして〝歴史化〟されていったという事情があると考えられる。一九五〇年代、六〇年代は終戦から一〇～二〇年程しか時間が経過しておらず、人々の戦争に関する記憶は未だ生々しいものであった。この時期に数多く作られた討論番組やトーク形式の番組には、戦争体験者が出演して戦争について証言していたが、彼らの多くはまだ若かった。例えば、二十歳で終戦を迎えた人であれば、一九五〇～六〇年代は三〇～四〇歳代である。彼らは、自らの戦争にまつわる体験・記憶を生々しく昨日のことのように語っていた。また、彼らに質問する番組司会者やアナウンサーも自身が同世代として様々な戦争体験を持っていることが多く、戦争体験者同士ゆえの深い理解や共感を伴ったやりとりが可能であった。しかし、七〇～八〇年代になると、終戦から三〇～四〇年の時間が経過して戦争体験者は高齢化していく。そして、番組制作者たちのあいだでは戦後生まれ世代が多数派となり、戦争を「過去」のものとして検証したり掘り下げたりする傾向が強まっていく。そうした変化も、討論・トーク番組よりもドキュメンタリー番組が増加していった背景にあると考えられる。ドキュメンタリー番組にも戦争体験者は登場するが、彼ら・彼女らは過去の歴史的事実を証言する高齢の「証言者」としてインタビューの形で登場することが多くなっていく。このように、終戦からの時間の経過とともに、戦争体験は過去の「記憶」として歴史化されていき、歴史化された戦争について様々な角度から検証したり光を当てたりする番組としてドキュメンタリー番組が増加し、「八月ジャーナリズム」の主流を占めるにいたったのである。

ドキュメンタリー番組については、本数が増加したという点以外に、番組の長時間化という傾向が顕著になっていったことも八〇年代の特徴として挙げられる。**表4-1**は「八月ジャーナリズム」におけるドキュメンタリー番組の一本あたりの平均時間量を年代別に示したものである。一九五〇～六〇年代では一本平均三〇分程であったのが、時代が下るにつれて徐々に長くなり、八〇年代は五三・九分、九〇年代、二〇〇〇年代には六〇分を超えている。この背景には、ドキュメンタリー番組の大型化がある。その代表例がNHKの『NHK特集』である。NHKは、一九七六年に『NHK特集』をスタートさせる。報道局、番組制作局など組織の壁を越えたプロジェクト方式の制作体制を採用したこの番組は、ゴールデン・タイムに週一回、一九七八年からは週二回の放送という、五〇分の大型ドキュメンタリー番組としては異例の編成となった（八〇年代後半は週三回）。[7]『NHK特集』は、『NNNドキュメント』（日本テレビ系列）、『報道特集』（TBS）と並んで「ドキュメンタリー御三家」などと呼ばれ、NHKの看板ドキュメンタリー番組となっていった。『NHK特集』はまた、戦争・終戦関連のテーマも積極的に取り上げることで、「八月ジャーナリズム」のなかでも重要な役割を果たしていった。特に九〇年代以降の「八月ジャーナリズム」においては、『NHK特集』の後継番組である『NHKスペシャル』（一九八七年～）が質量ともに「八月ジャーナリズム」の中心的番組となっていったと言っても過言ではない。『NHKスペシャル』は一本の標準的な長さが四九分であるが、戦争・終戦関連では六〇分～七〇分以上など、一本あたりの長さが長いものも少なくない。また、民放もドキュメンタリー番組の本数こそ九〇年代以降減少してきたものの、戦争・終戦

表４－１　ドキュメンタリー番組１本あたりの平均時間量

（分）

1950年代	31
60年代	33.9
70年代	43.2
80年代	53.9
90年代	60.8
2000年代	60.9
10年代	57.4

関係では特別番組（スペシャル番組）として「長尺もの」のドキュメンタリーを制作することが多い。このようにドキュメンタリー番組が、特に八〇年代以降長時間化していくなか、「八月ジャーナリズム」においても戦争・終戦についてより深く、詳細に掘り下げていくような番組が増加していくことになった。

2　反核・平和主義と「八月ジャーナリズム」

原爆関連番組の系譜

それでは、一九八〇年代におけるテレビの「八月ジャーナリズム」では、どのようなテーマが扱われていたのだろうか。また、そこにはどのような傾向や特徴があったのだろうか。実は、一九七〇年代以前同様、八〇年代においても「受難の語り」が多数を占める状況は変わらない。ここでは、「受難の語り」の中でも最も主要なテーマといえる原爆関連のテーマを扱った番組（＝「原爆関連番組」）を中心に見ていきたい。

広島・長崎に投下された原爆関連のテーマは早い段階から取り上げられてきた。例えばＮＨＫが、八月六日に広島で開催される平和記念式典の模様を中継放送する番組を始めたのは、一九五三年のテレビ放送開始から五年後の一九五八年である（『特別番組「ひろしま」』）[8]。そして翌一九五九年には、八月前半に放送されたテレビの戦争・終戦関連番組あわせて一四本のうち広島の原爆関連のテーマを扱った番組が九本（ＮＨＫ四本、民放五本）に上っていた。以降も年によって違いはあるものの、半数以上が原爆関連の番組である年も珍しくない。原爆関連のテーマは、テレビの「八月ジャーナリズム」においては最もメジャーなものであり、その傾向は現在でも基本的に変わらない。

八〇年代の一〇年間に放送された原爆関連番組は、平和記念式典中継などを除いてドキュメンタリーとドラマをあわせると四〇本である。このうち広島について取り上げた番組が圧倒的に多く三七本、長崎を取り上げた番組は四本（うち一本は広島・長崎をあわせて取り上げていた）であった。表4-2はその中から各年の八月六日（広島原爆の日）に放送された一四本を示したものである。この一四本でもその多くは、被爆の悲惨な実相や生き残った被爆者の苦難の人生を描いた「受難の語り」に該当する番組である。

例えば、『ドキュメンタリー「爆心地のカルテ」』（NHK、一九八一年）は、広島赤十字病院で新たに発見された「被爆直後からの数万枚に及ぶというカルテをもとに被爆当時の惨状や医療活動、さらにカルテによって結ばれた医者と患者の記録を追い、広島原爆病院の現在の姿を通して、原爆医療の三六年の姿を浮き彫りにする」という番組であった。[9] また『NHK特集「爆心地・生と死の記録」』（NHK、一九八五年）は、広島への原爆投下当時、爆心地から半径五〇〇メートル以内にいたとされる約二万一〇〇〇人の中で奇跡的に生存していた五六人の証言をもとに、原爆投下直後の爆心地の状況や彼らがなぜ生き延びることができたのか、その後の身体的・精神的な影響などについて明らかにするという内容の番組であった。[10]『ドキュメンタリー「ひろしま・老いゆく日々」』（NHK、一九八七年）は、広島市内の中心部に近い場所ながら比治山の影にあったために原爆による壊滅的な被害を免れた段原地区に生きる人々を取り上げた番組である。番組は、同地区で戦後四〇年にわたって被爆者

表４－２　1980年代の各年の８月６日に放送された原爆関連番組（平和記念式典中継など除く）

年	局	番組種別	時間量（分）	番組タイトル
1980	NHK	ドキュメンタリー	50	ドキュメンタリー「爆心地のジャーナリスト」
1981	NHK	ドキュメンタリー	49	ドキュメンタリー「爆心地のカルテ」～広島原爆病院
1982	NHK	ドキュメンタリー	78	NHK特集「きみはヒロシマを見たか・広島原爆資料館」
	テレビ東京	ドキュメンタリー	54	金曜スペシャル「原爆記念日特集・37年目の秘録TV初公開」
1983	NHIK	ドキュメンタリー	75	中継ドキュメンタリー「爆心地の夜」―ヒロシマ・昭和20年8月6日
1984	NHK	ドキュメンタリー	50	NHK特集「世界の科学者は予見する・核戦争後の地球②　地球凍結」
1985	NHK	ドキュメンタリー	75	NHK特集「爆心地・生と死の記録」
1986	NHK	ドラマ	60	ドラマ「ふたたびの街」
1987	NHK	ドキュメンタリー	40	ドキュメンタリー「ひろしま・老いゆく日々」
	日本テレビ	ドラマ	85	原爆記念日特別アンコール「黒い雨・姪の結婚」
1988	NHK	ドキュメンタリー	45	わが心のヒロシマ「あるマレーシア人被爆者の青春」
1989	NHK	ドラマ	90	NHKスペシャル「失われし時を求めて・ヒロシマの夢」
	日本テレビ	ドキュメンタリー	55	ドキュメント89「語り継ぐ戦争①未来への墓標・アウシュビッツとヒロシマ」
	テレビ朝日	ドキュメンタリー	45	朽ちてなお…いま、ドームが語る

たちの治療や健康管理にあたってきた中山広実医師、そしてその妻で地区の民生委員を二〇年間務めて、一人暮らしの老人や生活に困窮する被爆孤老の相談相手になってきた武子夫人にスポットを当て、「夫婦と被爆者との交流を中心に、四〇年間にわたる人間的きずな」を描いた。[11]

原爆関連番組ではドキュメンタリーと同様に、ドラマもほとんどすべてが「受難の語り」に該当する。八月六日放送のドラマに限っても『原爆記念日特別アンコール 黒い雨・姪の結婚』（日本テレビ、一九八七年）は、井伏鱒二の小説をドラマ作品化したもので、被爆者たちの日常生活の中の苦悩を描いたものである。主人公は、被爆者の夫婦とその姪である。姪は直接的には被爆していないが、原爆投下後に降った「黒い雨」に打たれた経験があるために、「ピカに遭った」という村の人々の噂によって縁談が次々と破談になってしまい、夫婦がそれに頭を悩ませるというストーリーである（主演：森繁久彌、中井貴恵）。この作品は、第二一回ギャラクシー賞、プラハ国際テレビ祭のドキュメンタリードラマ部門視聴者賞を受賞するなど内外で高く評価された（一九八三年八月二〇日に放送されたものの再放送）[12]。また『ＮＨＫスペシャル 失われし時を求めて・ヒロシマの夢』（ＮＨＫ、一九八九年）は実話を元にしたドラマで、被爆直後の広島で見た悲惨な光景と原爆症の恐怖から逃れられず、一二年もたった昭和三二年に自殺を図ってすべての記憶を喪失した中年男性が、次第に記憶を取り戻していく姿を描いた作品であった（脚本：早坂暁、出演：小林稔侍、樫山文枝、五月みどりほか）[13]。

原爆関連番組と独自の「反戦・平和主義思想」

このように「八月ジャーナリズム」のなかで、広島・長崎への原爆投下を題材にした夥しい数の番組が放送され続けてきたことにはどのような意義があるだろうか。

第一に挙げられるのは、原爆による未曽有の被害の経験を広く共有するとともに、その記憶を世代を超えて継承してきたという意義であろう。被害があまりに甚大であったうえ、戦争終結にとっても大きな意味をもった広島・長崎への原爆投下は「国民的記憶」となって戦後長きにわたって受け継がれてきた。広島・長崎への原爆投下については、終戦直後から原民喜『夏の花』(一九四七年)、大田洋子『屍の街』(一九四八年)、峠三吉『原爆詩集』(一九五一年)、そして井伏鱒二『黒い雨』(一九六六年)などに代表される文学作品、中沢啓二『はだしのゲン』など漫画やアニメ、『原爆の子』(新藤兼人監督、一九五二年)、『ひろしま』(関川秀雄監督、一九五三年)、『黒い雨』(今村昇平監督、一九八九年)といった映画など、様々なメディア、作品によって描かれてきた。「八月ジャーナリズム」のなかの原爆関連番組も同様に、多くの人々の原爆についての認識や記憶の継承に大きな役割を果たしてきたと考えられる。

第二に、原爆関連番組は、被爆者の経験を通して原爆(核兵器)と放射能の恐ろしさを伝えることで、二度と同じ惨禍を繰り返してはならないという反核・平和主義の形成にとっても大きな意味を持った。つまり、原爆関連番組には、被爆という「受難」の経験と記憶を継承する「受難の語り」だけでなく、反核・平和を積極的に訴える「平和主義の語り」としての側面もあり、両者はある意味で分かちがたい関係にあった。実際、先にも見たように原爆関連のテーマは、一九四〇~五〇年代に「八月ジャーナリズム」が形成された当初から最も頻繁に扱われたものであったが、当時から、単に原爆の惨禍や悲劇性だけではなく、「唯一の被爆国」としての日本が核廃絶にむけて積極的に役割を果たしていくべきだというメッセージを伝える記事や番組は多かった。

例えば、戦後一〇年にあたる一九五五年八月六日の朝日新聞の紙面をみると、社説「原爆十周年に想う」は、次に戦争が起きればそれは原爆によって人類が生存の危機に立たされる可能性があるとして、日本の役割について次のように主張していた。

> きょう、われわれは原爆十周年をむかえた。十年前の八月六日は、生きた人間の頭上に、はじめて、あのおそろしい原子破壊がもたらされた日である。……人類全体の運命について、大国の指導者のみが、これを決定する権利を持つことは、許されてはなるまい。何れの国民でもその意思を表明する権利をもっているはずである。とくに原爆の唯一の体験者である日本人は、破壊的戦争を阻止する権利というより、むしろ人類にたいしてその義務をもっている。

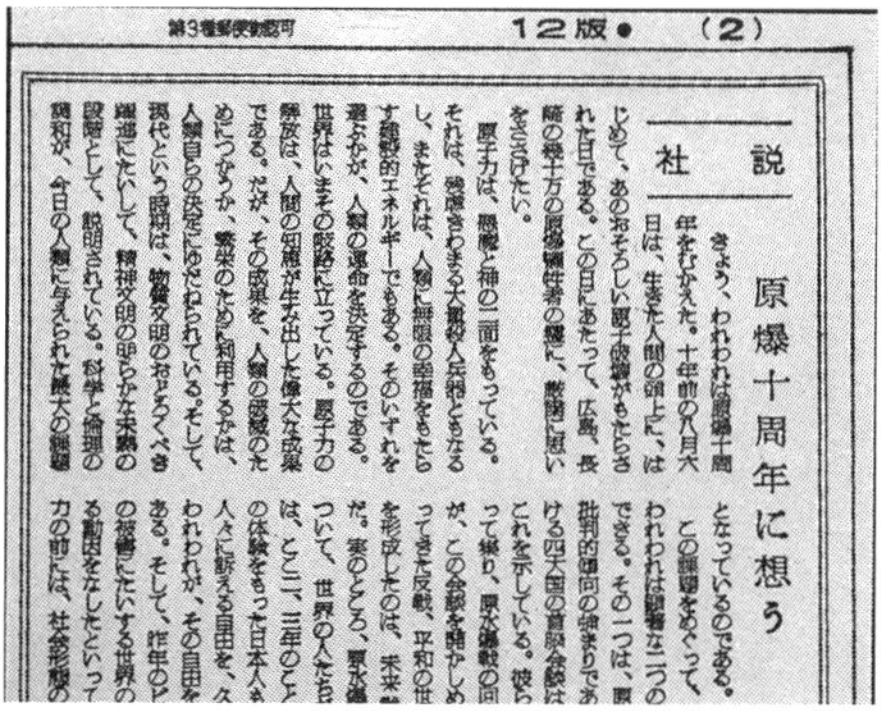
第3種郵便物認可　12版●　(2)

社説

原爆十周年に想う

きょう、われわれは原爆十周年をむかえた。十年前の八月六日は、生きた人間の頭上に、はじめて、あのおそろしい原子破壊がもたらされた日である。この日にあたって、広島、長崎の幾十万の原爆犠牲者の霊に、敬虔に祈りをささげたい。

原子力は、悪魔と神の二面をもっている。それは、残虐きわまる大量殺人兵器ともなるし、またそれは、人類に無限の幸福をもたらす建設的エネルギーでもある。そのいずれを選ぶかが、人類の運命を決定するのである。世界はいまその岐路に立っている。原子力の解放は、人間の知能が生み出した偉大な成果である。だが、その成果を、人類の破滅のためにつかうか、繁栄のために利用するかは、人類自らの決定にゆだねられている。そして、現代という時期は、物質文明のおどろくべき躍進にたいして、精神文明の明らかな未熟の段階として、説明されている。科学と倫理の調和が、今日の人類に与えられた最大の課題

朝日新聞「社説 原爆十周年に想う」(1955年8月6日)

そして夕刊では、約五万人が集まった平和記念式典における渡辺忠雄・広島市長による「真実の世界平和が恒久的に打ち立てられるのを見るまではわれわれは全世界の人々にこの真実を伝えることを大きな義務と考え、『広島の悲劇を再び繰り返す

な』と叫び続けるものである」という「平和宣言」の内容を伝えていた。そして、この年に第一回目の「原水爆禁止世界大会」が開催され、「原水爆の脅威について」「原爆の実相について」「原水爆禁止のための対策と運動」という三つの議題について国内外から集まった二〇〇〇人が討議したこと等も併せて伝えていた。よく知られるように原水爆禁止運動はその後、日本国内においては社会党系の原水禁（原水爆禁止日本国民会議）と共産党系の原水協（原水爆禁止日本協議会）とに分裂して別々の運動体となったが、両者がそれぞれ消滅することなく日本における反核・平和運動の基盤となっていった。[14]このように原爆関連のテーマは、「受難の語り」と「平和主義の語り」という二つの特徴を持ちながら「八月ジャーナリズム」における最も主要なテーマであり続けてきた。

もちろん、原爆関連番組が主として戦争における日本・日本人の「被害」の側面を焦点化することによって、逆に「加害」の側面を後景化し忘却させる機能を果たしてきた面があったことを忘れてはならない。原爆投下によって夥しい被害にあった広島は、同時に明治期以来の「軍都」であり、鎮守府や海軍工廠のあった呉や海軍兵学校のあった江田島などを含めて一帯は、戦前における日本の一大軍事拠点であった。従って広島は単に「悲劇と犠牲」の都市なのではなく、日本のアジア侵略や加害の歴史と深い関わりを持っている。メディアにおいては、広島のそうした側面が触れられることは滅多にない。しかし他方で、究極的な「受難」ともいえる被爆体験の悲劇性とその記憶の共有こそが、日本において反核や反戦への原動力となってきたこともまた事実である。例えば橋本明子は、中沢啓二の自伝的漫画『はだしのゲン』について、同作は「被害者の物語」であり、それゆえの一面性を免れないとしながらも、それが図書館や平和教育で多くの日本人に読まれ、またアニメ化・映画化されて多くの人々に視聴されることによって、日本社会のなかで「反戦の象徴」「反戦文学」としての役割を果たしてきたとして次のように言っている。

……広島は軍事都市でもあったのに、この作品は一五年戦争と原爆との関連性をあまり明確にしていない。また、当時侵略をうけていたアジア諸地域では、日本に原爆が投下されたことを喜ぶ人が多かったということも読者には伝えていない（たとえば韓国では、この作品はほとんど読まれていない）。大枠としては、この作品は残酷な戦争の犠牲になった、主に日本人の物語であり、日本人の苦悩に焦点が絞られている。

『はたしのゲン』をはじめとする被害者の物語は、敗戦国の深い文化的トラウマとの親和性が強く、（反米感情ではなく）反戦感情を培うのには最適といえる。[15]

ジョン・W・ダワーも、日本における戦争に関する記憶を特徴づけるものが「被害者意識」であると指摘しつつ、それが日本人のあいだの独特の「反戦・平和主義思想」に結びついていると論じる。[16]ダワーが注目するのは、戦後の日本人のあいだでの「愛国精神（＝自ら国を守る意識）」の低さである。ダワーが参照しているのは九〇年代後半に若者を対象として行われた調査結果であるが、多くの同種の調査においても、若者に限らず日本人全体の「愛国精神」の低さが示されている。例えば、「世界価値観調査（World Values Survey）」によれば「もし戦争が起こったら国のために戦うか」という問いに対して「はい」と回答した割合は、調査の始まった一九八〇年代から一貫して調査国中最低レベ

中沢啓治『はだしのゲン』（汐文社、1975年）

ルで推移しており、二〇〇五～二〇一〇年期では日本は一五・二％で世界七八カ国中最低であった[17]。また、二〇一五年にWIN／ギャラップ・インターナショナルが世界六四カ国を対象に実施した調査においても、「自国のために戦う意志があるか」という問いに「ある」と回答した割合は日本が一一％で最低であった[18]。

ダワーは、日本人の多くが、アジア太平洋戦争が日本による「侵略戦争」であったことを認めていることにも注目している。この点についても、これまでに多くの世論調査が行われている。例えばダワーが引用した一九九三年の読売新聞の調査では、「第二次世界大戦で日本は侵略者だったか」という質問に対して、五三・一％が「はい」と答えていた（「いいえ」は二四・八％）[19]。また、ＮＨＫ放送文化研究所が一九八二年と二〇〇〇年に実施した「日本人の平和観」調査でも、「日清戦争から太平洋戦争までの50年の日本の歴史は、アジア近隣諸国に対する侵略の歴史だ」という意見に対して「そう思う」と回答した割合は、一九八二年、二〇〇〇年ともに五一％であった（「そうは思わない」は一九八二＝二二％、二〇〇〇年＝一五％）[20]。このように戦後日本の戦争に対する記憶が「被害者意識」を中心に形成されている一方で、アジアへの侵略や残虐行為などの戦争における「加害性」を多くの日本人が認識しているという状況を、ダワーは「記憶と認識の裂け目」と呼ぶ。そして「裂け目」のゆえに、諸外国の人々からみると日本人は「被害者意識」に捉われて戦争における自らの「加害性」を忘却しているだけのように見えるものの（＝〝歴史的記憶喪失〟）、ダワーは、実際には戦後の日本人の戦争に対する記憶のあり方は「もっと複雑で入りくんで」おり、「万華鏡のように変幻自在」であるという。そして、先に見たような日本人の「愛国精神」の低さ、「自国のために戦う意志」の低さは、そうした日本人の戦争に対する複雑な記憶のあり方のひとつの現れであり、ダワーはそこに戦後日本独自の「反戦・平和主義思想」を見出すのである。

より説得力があり、日本人に浸透していたのは、日本人が、戦争それ自体の犠牲になったという意識、絶望的な「聖戦」に投げこんだ軍国主義指導者の愚行によって、さらに、洗脳されるがままに一般民衆が無知であったことによって、犠牲になったという意識だった。……それは内面から噴きあげ、すぐに、ひろく受けいれられる一連の信仰箇条にかたまった。日本は将来、戦争に巻き込まれるようになってはならない。ふたたび欺かれないようにすることが、理性的で開かれた社会をつくることになる。「平和と民主主義」にむけてそうした社会をつくることは、たんに国家の誇りと国際社会の尊敬をふたたび勝ちえることになるばかりではない。それはまた、生者が死者にたいし、彼らがむだに非業の死をとげたのではないことを保証する、想像しえる唯一の道なのだ。[21]

このように、ダワーの言うような戦後日本独自の「反戦・平和主義思想」には、戦争に関する日本人の複雑な記憶のあり方が深く関わっている。そしてそうした記憶の形成に、文学作品や映画、新聞、テレビなどのメディアが果たした役割は大きいと考えられる。テレビや新聞の「八月ジャーナリズム」における最も主要なテーマである原爆は、そうした複雑な記憶の中心軸であり続けてきたと言える。

原爆関連番組と「反核」

他方、八〇年代には、七〇年代以前にはなかったテーマを扱い、より積極的に「反核・平和」を訴える、新しいタイプの原爆関連番組も作られるようになっていた。当時、議論されるようになっていた「全面核戦争」や「核の冬」を題材にした番組群である。

本章冒頭でも触れたように、一九八〇年代は七〇年代に一時は緩和されていた東西冷戦の緊張が再び高まった時代であった。一九七六年のソ連による中距離弾道ミサイルの欧州・極東への配備、一九七九年のソ連によるアフガニスタン侵攻、それに対抗・抗議した西側諸国によるモスクワオリンピックのボイコット（一九八〇年）、強いアメリカの復活を提唱するレーガン政権の成立（一九八一年）、レーガン政権による新型ＩＮＦの配備開始とＳＤＩ（戦略防衛構想）の発表（一九八三年）などによって米ソ間の緊張関係は極度に高まった。世界の核兵器の数はピークの一九八〇年代半ばには六万発を超え、戦後地球上で行われた核実験は数千回に上っていた。そして、「核戦争」の危機が世界の多くの人々のあいだで現実感を持って語られ、「核シェルター」が欧米諸国を中心にブームにもなった。アメリカの科学誌『原子力科学者会報』（Bulletin of the Atomic Scientists）が核戦争の切迫度に応じて設定する「終末時計」は、一九八四年に世界の終末までの残り時間を四分とした。米ソが初めて水爆実験に成功して核戦争の危機が高まった一九五三年に三分を指して以降では、最も終末までの残り時間が短くなった。

「八月ジャーナリズム」でも、現実味を帯びる「核戦争」の恐怖とそれを食い止める必要性が頻繁に言及されている。例えば、一九八一年の「広島・原爆の日」の前日である八月五日の読売新聞「社説　いまこそ原爆体験を核軍縮に」は、米ソが「人類を何回も絶滅させるほどの核兵器を持ちながら、なお五年間に戦略兵器の核弾頭を四千個以上」増やしていることに触れて、核兵器をめぐる世界の状況が「急速に危険さを増し」「狂気をさえ感じさせる」と言っている。また、同年八月六日の毎日新聞「社説『ハイゼツ』を世界の言葉に——8・6にあたって提案する」は、米ソの軍拡競争を「悪魔的な核軍拡レース」と名付け、次のように書いている。

　いまほど平和が不確かなものに思える時代があっただろうか。戦争抑止のために開発されたはずの核兵器とその際限ない増加と拡散。世界はすでに広島を数秒のうちに破壊した原爆の百万倍に等しい破壊力を持つ核爆弾を保有しているという。だが、百万倍という数字は、正常

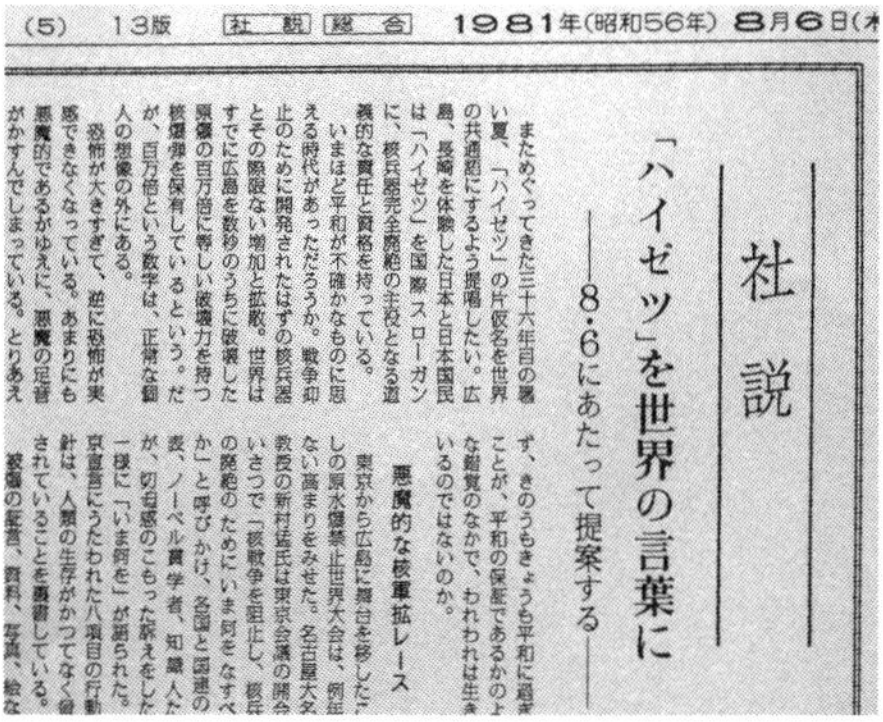

(5)　13版　社説　総合　1981年(昭和56年)8月6日(木

社説

「ハイゼツ」を世界の言葉に

——8・6にあたって提案する——

またぐってきた三十六年目の暑い夏、「ハイゼツ」の片仮名を世界の共通語にするよう提唱したい。広島、長崎を体験した日本と日本国民は「ハイゼツ」を国際スローガンに、核兵器完全廃絶の主役となる道義的な責任と資格を持っている。

いまほど平和が不確かなものに思える時代があっただろうか。戦争抑止のために開発されたはずの核兵器とその際限ない増加と拡散。世界はすでに広島を数秒のうちに破壊した原爆の百万倍に等しい破壊力を持つ核爆弾を保有しているという。だが、百万倍という数字は、正常な個人の想像の外にある。

恐怖が大きすぎて、逆に恐怖が実感できなくなっている。あまりにも悪魔的であるがゆえに、悪魔の足音がかすんでしまっている。とりあえず、きのうもきょうも平和に過ぎ……ことが、平和の保証であるかのよ……な錯覚のなかで、われわれは生き……いるのではないのか。

悪魔的な核軍拡レース

東京から広島に舞台を移した……しの原水爆禁止世界大会は、例年……ない高まりをみせた。名古屋大名……教授の新村猛氏は東京会議の開会……いさつで「核戦争を阻止し、核兵……の廃絶のためにいま何をなすべ……か」と呼びかけ、各国と国連の……表、ノーベル賞学者、知識人た……が、切迫感のこもった訴えをした……一様に「いま何を」が語られた。……京宣言にうたわれた八項目の行動……針は、人類の生存がかかってなく……されていることを裏書している。

被爆の証言、資料、写真、絵な

毎日新聞「社説『ハイゼツ』を世界の言葉に」(1981年8月6日)

な個人の想像の外にある。

恐怖が大きすぎて、逆に恐怖が実感できなくなっている。あまりにも悪魔的であるがゆえに、悪魔の足音がかすんでしまっている。とりあえず、きのうもきょうも平和に過ぎたことが、平和の保証であるかのような錯覚のなかで、われわれは生きているのではないか。[22]

この時期、核戦争がひとたび勃発すれば地球環境に重大な影響を与える「核の冬」がもたらされるという予測が様々な形で提起されていた。その最も有名なものは、天文学者のカール・セーガンらの科学者グループが一九八三年に発表した研究報告であろう。その内容は、米ソ両国が保有する一万メガトンの核兵器を使用する全面核戦争が起きると、大量核爆発と火災によって噴き上げられた煙と粉塵が厚い雲を形成して太陽光線を遮る結果、北半球の中緯度地方が氷点下四五℃という北極なみの寒さに襲われ、人類は絶滅の危機に直面するというものであった。[23]

テレビの「八月ジャーナリズム」でも、こうした「全面核戦争」や「核の冬」をテーマとして扱う番組が相次いで放送されていた。その代表的な番組が『NHK特集 世界の科学者は予見する・核戦争後の地球』（一九八四年八月五日・六日）であった。[24]イギリスの核物理学者フランク・バーナビー博士がメインキャスター兼監修役を務めたこの番組は、米ソを含む一五カ国一二六人の科学者、専門家からデータの提供を受け、米ソが保有する核兵器の約二割にあたる一万発（五〇〇〇メガトン）が全面核戦争で使用されたらどうなるのかという想定のもとに制作された。

第一部「地球炎上」では、広島型原爆の八〇倍に相当する一メガトンの核爆弾が、東京タワー上空二四〇〇メートルで爆発したときにどのような状況になるのかをシミュレーションして示した。そして一発の核爆弾で東京が瞬時に破壊され、全面核戦争に日本が巻き込まれた場合には、日本の人口の約八割が死亡、生き残った二割の人々も重篤な放射線障害で早晩死亡すると予測した。また第二部「地球凍結」では、「核の冬」が地球環境に与える中長期的な影響を描いた。核戦争の四〇日後、ニューヨーク、パリの気温がそれぞれ摂氏マイナス一五℃、マイナス二〇℃になるという予測が紹介され、この「核の冬」が半年から数年間続くことによって多くの動植物が絶滅する様子が描かれた。

『NHK特集 世界の科学者は予見する 核戦争後の地球 第１部 地球炎上』（NHK、1984年８月５日）

番組の反響は大きかった。第一部の視聴率は二四・一％で、一九八四年度に放送された一三八本の『ＮＨＫ特集』のなかで第二位であった。そしてＮＨＫ内に特設された四〇台の視聴者対応用の電話には、二日間で約七万件の電話がかかってきたという。また番組は、米ＰＢＳ、英チャンネル４、仏ＴＦ１、西独ＺＤＦなど世界各国の主要放送局で放送されたほか、イタリア賞や芸術祭賞など国内外で多くの賞を受賞した。[25]

この番組が放送された一九八四年八月には、このほかに英ＢＢＣが制作したテレビ映画『スレッズ（Threads）』がテレビ東京系列で放送されている（八月九日）。『スレッズ』は、ＮＡＴＯ空軍基地のあるイギリスのシェフィールドを舞台に、米ソによる核戦争後に崩壊した世界の悲惨な状況を描いたもので、前年の一九八三年に米ABCが制作・放送したテレビ映画『ザ・デイ・アフター』としばしば比較される作品である。『ザ・デイ・アフター』も、やはり米ソ全面核戦争とその地球規模の影響をテーマにしたテレビ映画で、日本では一九八四年一〇月にテレビ朝日系列で放送され、さらに翌八五年の八月一一日にも再放送されている。また、これらの番組の放送に先立つ一九八二年八月九日には『特別企画・公開ドキュメント「あなたは生き残れるか」』（テレビ朝日）が放送されている。この番組は「平和のために核は必要か」をテーマとした討論番組で、「今の東京に一メガトンの核爆弾が落ちたら」という想定ドキュメントや、作家・大江健三郎による広島・長崎の原爆集会のレポートなどが流され、それらを踏まえて田原総一朗、河野洋平、小田実らがスタジオで討論を行った（司会：筑紫哲也、竹下景子）。

以上のように、八〇年代の「八月ジャーナリズム」には、被爆の実相や被爆者の苦しみに焦点を当てる「伝統的」な原爆関連番組がそれまでと同様に主流を占める一方で、「反核」や「核のない平和」をより強く訴える新しいタイプの原爆関連番組も放送されるようになっていた。こうした新しいタイプの番組は、新しい時代状況のなかで生まれた新たな「平和主義の語り」の系譜として特徴づけられる。そして東西冷戦の終焉によって全面核戦争の差し迫った可能性が減少した一九九〇年代以降も、北朝鮮やイランといった諸国の核開発、インドとパキスタンのあいだの核危機など世界に拡散した核問題を扱う形で、この種の原爆関連番組は数多く制作され続けていくことになる。

3　前景化し始める「加害」

「加害の語り」の形成・定着

他方、一九八〇年代の「八月ジャーナリズム」の特徴として、日本・日本人による特にアジア諸国に対する「加害」の側面を取り上げることが徐々に増えていった点も挙げられる。「加害」に関わるテーマが取り上げられ始めたのは一九七〇年代であるが（前章参照）、そうした傾向が定着したのが一九八〇年代であった。

その直接的なきっかけとなったのは一九八二年の「第一次歴史教科書問題」であった。一九八二年六月二六日の新聞各紙の朝刊は一斉に、高校の歴史教科書における日本軍の中国・華北への「侵略」という表記が文部省の検定によって「進出」等に訂正させられたと報じた。実際には文科省の検定によって出されたのは強制力を伴う「修正意見」ではなく、出版社が改善に応じる強制力のない「改善意見」であり、検定後、実際に「侵略」の記述を「進出」に変更した教科書はなかった[26]。その意味ではこの報道は「誤報」であったが、文部省が「侵略」という表現を排除する教科書検定を一貫して行っていたのは事実である[27]。この報道にアジア諸国は敏感に反応した。中国共産党機関紙『人民日報』（七月二〇日）は「この教訓を銘記せよ」という論評を掲載、日本の文部省を厳しく批判、新華社（七月二三日）は、「こうした歴史の改ざんは日中共同声明と日中平和友好条約に違反する」と報道した。以降、中国は対日批判の一大キャンペーンを展開、韓国も新聞各紙が激しい対日批判の論陣を張った。こうしたアジア諸国からの批判を受け、同年八月二六日、宮澤喜一官房長官は談話を発表、「わが国の行為が韓国・中国を含むアジアの国々の国民に多大の苦痛と損害を与えたことを深く自覚」し、教科書記述に対するアジア諸国からの批判に「十分に耳を傾け、政府の責任において是正する」として事態の収拾を図った。

一九八〇年代には、首相・閣僚ら政治家による靖国神社参拝も大きな議論の対象となった。戦後三〇年の節目にあたる一九七五年の八月一五日、三木武夫首相が戦後の首相として初めて靖国神社を参拝した。三木首相の参拝は「私人として」のものであったが、三年後の七八年八月一五日、今度は福田赳夫首相が「私人として」の参拝でありながら「内閣総理大臣」の肩書を記帳した。同年一〇月、靖国神社はA級戦犯一四人を「昭和殉難者」として合祀した。一九八〇年一一月、鈴木善幸内閣は、①国務大臣としての資格で参拝することは、憲法第二〇条第三項との関係で問題がある、②そこで政府としては、国務大臣としての資格で参拝することは差し控える、という政府統一見解を定めた。[28]その鈴木首相も八一年は「私人として」、八二年は「公人か私人かの区別には答えず」参拝している。そして、「戦後政治の総決算」のスローガンを掲げて鈴木内閣の後を継いだ中曽根康弘首相は、一九八五年八月一五日、海外出張中の二人を除いた閣僚全員を引き連れて「公式参拝」に踏み切り、特に中国から強い反発を招いた。中曽根首相は翌年からの参拝は断念したが、これ以来、首相・閣僚ら政治家による靖国神社参拝は常に国内外で大きな議論の的とされることになる。

こうした動向は、「八月ジャーナリズム」に変化をもたらした。一九八二年八月の新聞各紙は、歴史教科書問題や靖国神社参拝問題に関連する内外の動向を連日伝えながら、日本の「加害」の問題に多様な形で言及している。八月六日、広島・原爆の日の朝日新聞・夕刊は、第一面で平和記念式典の模様を伝える記事に「軍靴の響きに警鐘」という見出しをつけ、「非核三原則を国是とし、平和外交に徹する」という首相メッセージに「耳を傾ける参列者の中に、朝鮮人と韓国人の被爆者たちもいる。この人たちは、いま、国際問題に発展した『侵略』を『進出』に書き直させた日本の教科書に、再び軍靴の足音を聞く思いだ、と語った」と書いている。そして「世界平和を願う『ヒロシマ』が、被害者の立場からだけでなく、加害者としてのわが国の『侵略』の歴史にどう答えるのか、祈りと反核運動の厚みが問われている」としている。朝日新聞はまた、長崎・原爆の日の八月九日には「特派員報告『加害者意識 忘れた日本 教科書検定に厳しい海外の目』」という記事を掲載、反日感情が高まって反日集会や日本製品不買運動が広がる韓国の状況に加え、シンガポールやフィリピンなど東南アジア諸国でも歴史教科書問題をめぐって対日批判が高まっている状況を伝えている。そして同記事では、歴史教科書問題についての西ドイツでの反応も紹介されている。その中では西ドイツ（当時）の有力紙・南ドイツ新聞が「日本は自分が原爆の被害者であったことを強調するのには熱心だが、同時に他国に対して加害者だったことは忘れている」「ヒトラーによるポーランド、ノルウェー、オランダ、ロシアその他に対する『侵略』という表現を使わず、『進出』とせよと——一体どんなことになろうか。さいわいドイツではこんなことは考えられない」「自分たち自身も戦争の犠牲者だったというばかりで、忌むべき過去をきちんと清算しようとしない日本の体質は相変わらずのようである」と報じていることが紹介されている。

「終戦の日（八月一五日）」の各紙も、それぞれ社説において歴史教科書問題や靖国神社参拝問題を踏まえながら「加害」について踏み込んだ議論をしている。毎日新聞の八月一五日の社説「8・15とは何であったか 原点に立って平和戦略を持とう」は、次のように語り起こされている。

八月十五日――中国本土への侵略に始まる「十五年戦争」が終わった日。そして、何の罪もない一千万人以上のアジアの民衆を殺した侵略戦争、それを促した明治以降の帝国主義的発展などに象徴される「古い日本」を清算して決別し、平和な「新しい日本」に生まれ変わることを内外に誓った日である。……日本人の戦争―敗戦体験は日に日に風化し、8・15から遠ざかっていく。原爆などの生々しい被害者体験は残っていても、アジアの民衆に対して犯した無数の加害体験はさっさと忘れ去り、思い上がってきたように思われる。8・15は日本人にとって「敗戦の日」だが、韓国人には「光復節」という独立記念日である。三十六年にわたる日本の植民地支配という苦しみから解放された日なのである。このことを知っている日本人はそれほど多くない。それは、加害者としての日本が被害者だった韓国人の痛みの深さに対して鈍感なことを物語るもの、といえようか。同じことは南京大虐殺についてもいえる。

また、読売新聞の八月一五日の社説「アジアの心を理解しよう」も、「日本の『戦争責任』の重みを、アジアの諸国から改めて思い知らされることになった」と書き出して歴史教科書問題に言及しながら、「日本は自分が原爆の被害者だったことを強調するが、他国に対して加害者だったことを忘れてはいないか」という批判にも耳を傾けなければならない、と記す。そして戦後生まれ世代が人口の五割を超えた今も「戦後」は終わっていないとして次のように書いている。

……「軍国日本」の侵略から、ひどい被害を受けたアジアの人達は、その痛みの記憶もまだ生々しく、決して忘れてはいなかった。戦後処理も済んではいないことを、忘れっぽい日本人はこっぴどく気付かされる羽目になった。……アジア諸国が批判しているのは、検定制度そのものではない。過去の侵略の罪過にまつわる表現を和らげさせようとする文部省の歴史感覚であり、それを密室で強制する制度の運営である。かねて、わが国の戦争責任追及のあいまいさは、ナチズムに対する戦後ドイツの厳しい姿勢と、対照して指摘されてきた。教科書検定も、日本政府の「歴史の改ざん」「戦争の美化」と受けとられ、過去の過ちを正そうとする気持ちの希薄さが非難を浴びている。

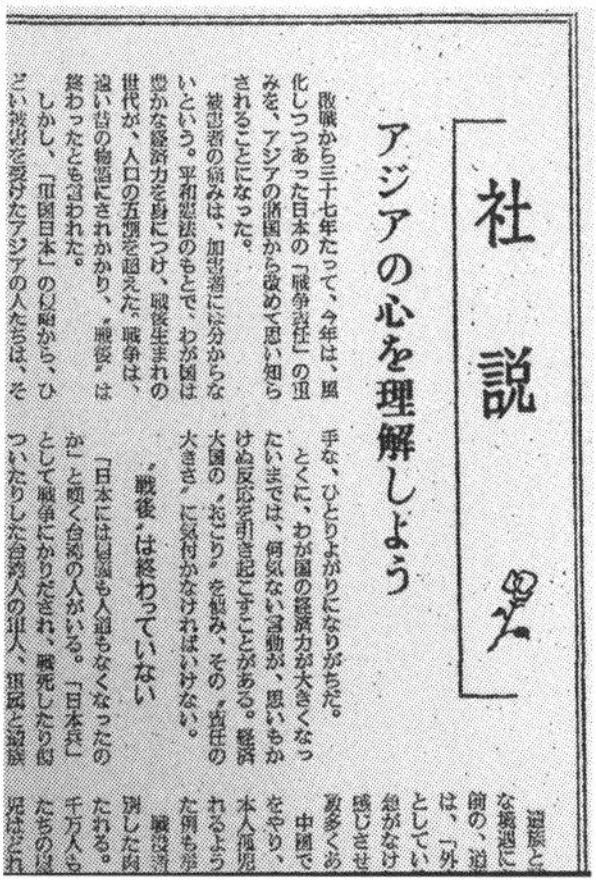
社説
アジアの心を理解しよう

敗戦から三十七年たって、今年は、風化しつつあった日本の「戦争責任」の重みを、アジアの諸国から改めて思い知らされることになった。

被害者の痛みは、加害者には分からないという。平和憲法のもとで、わが国は豊かな経済力を身につけ、戦後生まれの世代が、人口の五割を超えた。戦争は、遠い昔の物語にされかかり、"戦後"は終わったとも言われた。

しかし、「軍国日本」の侵略から、ひどい被害を受けたアジアの人たちは、そ

手な、ひとりよがりになりがちだ。

とくに、わが国の経済力が大きくなったいまでは、何気ない言動が、思いもかけぬ反応を引き起こすことがある。経済大国の"おごり"を慎み、その"責任の大きさ"に気付かなければいけない。

"戦後"は終わっていない

「日本には信義も人道もなくなったのか」と嘆く台湾の人がいる。「日本兵」として戦争にかりだされ、戦死したり傷ついたりした台湾人の軍人、軍属と遺族

読売新聞「社説 アジアの心を理解しよう」（1982年8月15日）

八月一五日付社説における「加害責任」への言及の変遷を時系列分析した根津朝彦は、「加害責任」への言及が少しずつみられるようになった一九七〇〜八一年の「模索期」に対し、一九八二〜九五年を「加害責任」への言及が活発化して定着した「定着期」と名づけている。[29] 確かに七〇年代以前には限定的にしか見られなかった日本・日本人によるアジア

諸国への「加害」に関わるテーマは、八〇年代に入って「八月ジャーナリズム」のなかでも次第に積極的に取り上げられるようになっていく。そしてそのことは、従来からの「八月ジャーナリズム」における「語り」の三類型、すなわち「受難の語り」「平和主義の語り」「戦後史の語り」に加えて、この時期から「加害の語り」という新しい語りが加わったことを意味していた。

テレビにおける「加害の語り」

ただし、「加害の語り」は一九八〇年代において急激に増加したというわけではない。特にテレビにおいては、その本数は多くない。例えば「第一次教科書問題」をめぐる動向が活発に報道されていた一九八二年の八月（前半）において、「加害」の問題を扱った番組は、『ビッグニュースショー』（テレビ朝日、八月一三日）、『報道特集 これが中国侵略、戦後初公開フィルムの証言』（TBS、八月一五日）の二本のみである。[30] 前者は、この年から終戦の日（八月一五日）が「戦没者を追悼し平和を祈念する日」という公的名称が定められたことを受け（四月一三日・閣議決定）、それが戦争で犠牲になった約三一〇万人の日本人を追悼する意味はあっても、「同じ戦争で殺された二千万ともいわれるアジアの人々については触れられていない」ことを問題とした番組である。番組は、中国、韓国、タイなどアジア諸国からの留学生三〇人をスタジオに呼び、彼らの声を聞きながら進めていくというものであった。後者は、歴史教科書問題をめぐる内外からの批判を踏まえ、「昭和初期当時の日本の動きを記録したフィルムを公開、非常時から戦時体制へと移っていった背景を紹介しながら、教科書問題をめぐる問題点を考える」という番組で、特に満州事変や上海事変など日本の中国侵略を取り上げて検

表4－3　1985年8月（前半）に放送された戦争・終戦関連のドキュメンタリー番組

局	放送日	時間量（分）	タイトル
フジテレビ	8/3	80	日本・ポーランド合作ドキュメンタリー「かよこ桜の咲く日」
日本テレビ	8/4	55	ドキュメント'85「天に焼かれる～被爆作家・大田洋子」
TBS	8/4	54	報道特集「アンコール 汝の敵日本を知れ」
NHK	8/4	45	NHK特集「海底の大和―巨大戦艦40年目の鎮魂―」
NHK	8/6	75	NHK特集「爆心地・生と死の記録」
TBS	8/6	54	終戦40周年特集「媽媽！わたしは生きている・中国残留孤児、残留婦人の40年」
テレビ東京	8/6	81	火曜ゴールデンワイド「欲しがりません勝つまでは・茶の間の太平洋戦争」
TBS	8/8	95	ニイタカヤマノボレ・日本帝国の崩壊
NHK	8/10	75	ドキュメント「東条内閣極秘記録・密室の太平洋戦争」
日本テレビ	8/11	30	知られざる世界「両足をアメリカに捧げた！日系兵士の戦後40年」
日本テレビ	8/11	55	ドキュメント'85「歳月・ヒロシマ40年」
NHK	8/13	75	NHK特集「人間のこえ・日米独ソ・兵士たちの遺稿」
TBS	8/13	54	終戦40周年特集「ミステリー・帝銀事件」
NHK	8/15	75	日本・戦後40年の記録「第1部・廃墟の中から」
NHK	8/15	60	日本・戦後40年の記録「第2部・いま、豊かさの中で」
TBS	8/15	88	JNNニュースコープ・スペシャル「終戦40周年特集」
TBS	8/15	54	中村敦夫の地球発22時「戦争を歌った子供たち」

証することに主眼がおかれていた。[31]

翌八三年以降も、「加害」をテーマとする番組の数は限られていた。**表4－3**は、「戦後四〇年」の節目にあたる一九八五年八月（前半）に放送された四三本の番組の中からドキュメンタリー番組一七本をリストにしたものである。これをみると、従来のテレビの「八月ジャーナリズム」と傾向的にほぼ変わらず「受難の語り」が多数を占めていることが分かる。例えばNHKは六本のドキュメンタリーを放送しているが、このうち『NHK特集　爆心地・生と死の記録』（八月六日）は先述のように原爆の被害の実相に迫る「受難の語り」の典型的な番組であるほか、『NHK特集　人間のこえ　日米独ソ・兵士たちの遺稿』（八月一三日）も、六千万人に及ぶとされる第二次世界大戦での戦死者が家族や恋人などに残した手紙や手記の中から、「日米独ソの兵士四人の遺稿を取り上げ、戦争のむなしさ、残酷さを訴える」というもので、やはり「受難の語り」に該当する。[32] また終戦記念日（八月一五日）に第一部「廃墟の中から」、第二部「いま、豊かさの中で」あわせて一三五分にわたって放送した『日本・戦後40年の記録』は、タイトルの通り、敗戦後の混乱から復興し、高度経済成長を経て経済大国に成長した日本の戦後の軌跡を辿るという内容で「戦後史の語り」に該当する番組である。「加害」をテーマとした番組は、戦時中に南洋庁が置かれたパラオ諸島で進められた皇民化政策や「朝鮮人強制連行問題」を扱った『JNNニュースコープスペシャル　終戦40周年特集』（TBS、八月一五日）の一本のみという状況である。

このように一九八〇年代においてもテレビの「八月ジャーナリズム」では七〇年代以前と同様に「受難の語り」が中心で、「加害」は必ずしも積極的に取り上げられたわけではなかった。ドキュメンタリー番組について見てみると、一九八〇年代の一〇年間に放送された合計一二〇本のうち明確に「加害」に関するテーマを扱っている番組は六本、情報番組やトーク番組などその他のジャンルを合わせても一一本にとどまっている。しかし数こそ多くないものの、中には七〇年代以前に「加害」を扱っていた番組よりもさらに踏み込んで問題を掘り下げた番組や、戦時中の日本による侵略や支配についてアジアの人々の側の視点に立って問い直すなど、これまでにない新しい視点で「加害」の問題に向き合おうとする番組が放送されていたことは注目される。

アジアから見た日本の戦争

そうした番組のひとつが、『NHK特集 太平洋戦争はどう教えられているか・東南アジアの教科書から』(NHK、一九八三年八月一五日)である。この番組は、マレーシア、フィリピン、シンガポール、インドネシア、タイといったアジア諸国で戦争がどのように教えられているか、各国の教科書の記述と実際の授業の模様を取り上げたものである。これらの国々の歴史教科書の多くには「日本占領時代」という章や項目が設けられて詳細な記述がなされている。例えば、マレーシアの中等教育用の教科書には太平洋戦争の記述が一八頁に及んでおり、特に日本の占領期における日本化政策や民族ごとの分割統治に多くの頁が割かれている。番組では教科書の記述がしばしば引用される。例えばマレーシアの教科書からは下記のような箇所が引用されている。

マラヤの人々が、最初に日本の残酷さを経験したのは、罪人を公衆の面前で処刑することであった。このような処刑があらゆる都市で行われ、人々の首は公共の場でさらされた。
日本軍がマレーシアを侵攻する以前から海外の華僑は日中戦争を応援するために、中国に資金提供していた。このような愛国心の現れが日本人の敵対感情を燃え上がらせた。そしてマレーシアが陥落したあと資金援助をしていた人の多くは殺害された。シンガポール、マレーシアで、およそ一〇万人以上の華僑が殺害された。

また、フィリピンの教科書では、一九四二年四月のバターン陥落とその後の有名な「バターン死

日本統治時代をテーマにした授業内（小学校）での役割劇の模様
『NHK 特集 太平洋戦争はどう教えられているか・東南アジアの教科書から』（NHK、1983 年 8 月 15 日）

の行進」で米兵捕虜やフィリピン人あわせて一万人以上が犠牲になったこと、日本の占領下の学校教育では日本語が必修とされ、教科書からアメリカやイギリスに関する記述、自由・民主主義といった言葉がすべて削除されこと、図書館から戦争を批判するような内容の本がすべて押収されたことなどが詳述されている。そして番組では、小学校の授業のなかで、日本軍が抗日ゲリラを匿うフィリピン人を虐殺する場面を再現する役割劇が行われる様子が取り上げられていた。このようにこの番組は、日本の視点ではなくアジア諸国の人々の視点から、アジア太平洋戦争やその中での日本の侵略・占領統治がどのように記憶され継承されているのかを明らかにしようとしたものだった。

またＮＨＫが一九八九年八月一四日から一七日までの四夜連続で放送した『ＮＨＫスペシャル 太平洋戦争とアジア』も、コンセプトとして「日本の視点で切る『終戦記念番組』が多い中で、アジアの目からみた〝戦争〟〝ニッポン〟を、新たに発見された資料、現地の人々の証言などをもとに」問い直すということを掲げていた。[33] その第一夜に放送された『ＮＨＫスペシャル 発掘幻の国策映画 日本占領下のジャワ』（八月一四日）は、日本統治時代のジャワ（現在のインドネシア）で製作されたニュース映画・文化映画を取り上げて、アジアにとっての日本の戦争とは何だったかを問い直す番組であった。三年五カ月に及んだ日本のジャワ占領時代に、日本の国策を宣伝して現地の人々の協力を得るために日本軍が製作した一連のプロパガンダ映画は「幻のフィルム」といわれ所在不明になっていたが、オランダ国家情報局・映像資料館地下室で発見された。その数は八七本、上映時間にして一一時間に及ぶ。

番組では、様々な国策映画の内容が、当時の関係者の証言とともに紹介されていく。例えば、日本の統治下で小学校が国民学校と改称され、日本語、日本史、軍事教練、修身が必修とされるなど教育の日本化が進められていく様子を描いた映画、また東南アジア各地で空港や鉄道などの建設に従事する「労務者＝ロウムシャ」への応募を呼びかける映画などである。そして、実際に労務者として徴用された人達の次のような生々しい証言が紹介される。

質問　：シンガポールに何人行きましたか？
証言者：村から三人行った。まるで動物のように扱われたよ。
質問　：ボルネオには何人行きましたか？
証言者：一緒に行ったのはシキット、マリマン、それにみんなで七人だよ。でも帰ってきたのは二人だけ。
証言者：日本人は残酷ですぐ殴りつけた。食べ物もひどかった。〝ちょっと来い〟〝バカヤロウ〟……そう言われるとひれ伏すしかなかった。病気になると診療所に運ばれたが、二日ほどでみんな死んでしまう。埋葬しないうちにまた他の者が死ぬ。

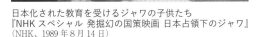

日本化された教育を受けるジャワの子供たち
『NHK スペシャル 発掘幻の国策映画 日本占領下のジャワ』
（NHK、1989 年 8 月 14 日）

映画には、オランダの植民地支配からの解放を実現し独立をもたらすはずだった日本への期待が次第に失望へと変わり、人々が自力で独立を目指そうとした動きも記録されていた。番組は次のようなナレーションで閉じられている。

> 日本の占領は三年五カ月に及びました。オランダの支配から日本の支配に移ったこの時代を、インドネシアの教科書は「ライオンの口から逃れ出て、ワニの口に投げ込まれた。そしてワニの支配は非常に残酷であった」と記しています。インドネシアの人々はこの時代を乗り越えて、独立を勝ち取りました。それは今回発見した宣伝映画に映されていないもうひとつの戦いの歴史です。

戦犯たちの告白

また、四夜連続の「太平洋戦争とアジア」シリーズの二夜目に放送された『ＮＨＫスペシャル 戦犯たちの告白――撫順太原戦犯管理所１０６２人の手記』（一九八九年八月一五日）は、日本軍によるアジアでの残虐行為がどのようなものであったかを正面から掘り下げるものであった。番組では、終戦直後に捕虜となって中国の戦犯管理所に収容されていた一〇六二人の元日本兵達が書き残した手記の内容を紹介しつつ、その後日本に帰国した彼らが戦時中の自身の行為への罪の意識に苦しみながら、戦争とは何だったのかを問い続ける姿を描いたものである。元日本兵達は撫順と太原の二か所の戦犯管理所に収容され、全員が戦時中の行動についてありのままに手記に記す作業を求められた。番組では、次のような手記の記述が紹介される。

俺が入隊する前の晩、おっかあは戦争に行っても罪のない人を殺すんじゃないぞと言った。おっかあの涙が俺の手に冷たく落ちた。しかし、俺は罪のない中国の人を殺した。天皇陛下の命令だ、そう言っておっかあのように腰の曲がった人を剣で突き刺した。（丸谷忠三さん＝元陸軍兵長の手記より）

それは初年兵教育を受けているときだった。両腕を縛られた中国の農民が連れられてきた。教官は「こちらは八路軍だ、今からこちらを皆殺しにする。戦地に来て人が殺せないようでは役に立たない、一人一回突け」と言った。なかなか突けないでいると教官が「意気地なし、それでも日本陸軍の兵隊か」と怒鳴った。くそっ、他の奴に負けてたまるか、中国人を殺すことが正義なんだ、忠義なんだ、私は銃剣を構え、中国人の後ろからまっしぐらに突っ込んでいった。（溝呂木清さん＝元陸軍兵長の手記より）

陸軍第59師団が駐屯した山東省の町で地元の人に話を聞く元日本兵達
『NHKスペシャル 戦犯たちの告白――撫順太原戦犯管理所1062人の手記』（NHK、1989年8月15日）

手記を残した元日本兵は、時代が昭和から平成に変わるなかで次々と中国を訪問する旅に出ていた。番組では、そのうち一九八九年七月に中国を訪問した五人の旅に同行する。それは、かつての戦場や陸軍の駐屯地、撫順の戦犯管理所を訪ね、当時を知る中国の人々に話を聞いて回るという贖罪のための旅であった。このように、戦時中の「加害」に直接関わった当事者が登場して当時のことを詳細に証言するという内容の番組は、一九七〇年代以前には殆どなかったものである。

以上のように、一九八〇年代におけるテレビの「八月ジャーナリズム」では、一方においてそれ以前の時期と同様、「伝統的」な原爆関連番組に代表されるような「受難の語り」を主流とする傾向が堅持されつつも、他方で、原爆関連番組のなかでも、より積極的に「反核・平和」を主張する番組が出現したり、日本・日本人によるアジア諸国に対する「戦争加害」の側面を取り上げる番組が少しずつ増加するといった新しい傾向が生まれていた。このうち、「加害」を扱う番組は、単にその数が増加しただけではなく、扱うテーマやアプローチのバリエーションが豊富になり、多様な形で「加害」に関する問題の真相や背景に迫ろうとする番組が制作されるようになったことが注目される。それらの番組の多くは、アジア諸国の立場、アジアの人々の視点をより強く意識しながら企画・制作されたものであった。そしてそうした傾向は、当時強まっていたアジア諸国からの対日批判と、それを受けた形での「加害」の問題に対する日本国内での関心の高まりを背景としていた。こうして八〇年代における テレビの「八月ジャーナリズム」のなかで前景化され、次第に定着していった「加害の語り」は、「従軍慰安婦」や徴用工の問題が顕在化して社会的関心や議論がかつてなく高まった一九九〇年代に、より本格的に展開されていくことになる。

【注】

1 斎藤美奈子・成田龍一編著『1980年代』河出書房新社、二〇一六年。
2 中村政則『戦後史』岩波書店、二〇〇五年、一六九～一七五頁。
3 木村めぐみ「戦後日本の広告業の歴史におけるふたつの分岐点――停滞と危機の『本質』」一橋大学イノベーション研究センター、IIR Working Paper WP#13-20、二〇一四年一月。
4 高平哲郎「『笑っていいとも!』が生まれた時代」市川哲夫編『70年代と80年代 テレビが輝いていた時代』毎日新聞出版、二〇一五年、二七九～二八〇頁。
5 読売新聞芸能部編『テレビ番組の40年』日本放送出版協会、一九九四年、六〇二頁。
6 NHK放送文化研究所編『テレビ視聴の50年』日本放送出版協会、二〇〇三年、五六頁、六六～六七頁。
7 読売新聞芸能部編、前掲書、四七八～四九四頁。
8 『特別番組「ひろしま」』は、六日朝七時五五分からの三〇分番組として放送された。翌五九年からは『広島平和祈念式典』『原爆記念式典』などのタイトルで中継番組が定例化された。民放でも日本テレビやTBSが一九六〇年代前半から式典の中継番組や特別番組を編成するようになった(一九八〇年代前半まで)。一方、長崎の平和記念式典の中継放送がNHKにおいて定例化されるのは二〇〇〇年からである。
9 朝日新聞「ラ・テ欄」一九八一年八月六日朝刊。
10 『週刊TVガイド』一九八五年八月三～九日号、一〇二頁。
11 朝日新聞「ラ・テ欄」一九八七年八月六日朝刊。
12 朝日新聞「ラ・テ欄」一九八七年八月六日朝刊。
13 『週刊TVガイド』一九八九年八月五～一一日号、八七頁。
14 山本昭宏「反・核兵器から反・原発へ」斎藤美奈子・成田龍一編、前掲書、九九～一〇〇頁。
15 橋本明子『日本の長い戦後――敗戦の記憶・トラウマはどう語り継がれているか』山岡由美訳、みすず書房、二〇一七年、一七頁。
16 ジョン・W・ダワー『忘却のしかた、記憶のしかた――日本・アメリカ・戦争』外岡秀俊訳、岩波書店、二〇一三年、一一八～一五一頁。
17 http://www.worldvaluessurvey.org/wvs.jsp（二〇二〇年一月一三日）。
18 http://gallup.com.pk/wp-content/uploads/2015/12/1803151.pdf（二〇二〇年一月一三日）。
19 読売新聞、一九九三年一〇月五日朝刊。
20 牧田徹雄「日本人の戦争と平和観・その持続と変化」『放送研究と調査』二〇〇〇年九月号。なお、二〇〇〇年調査では提示された意見は「先の戦争は、アジア近隣諸国に対する侵略戦争だった」というもので、それに対する賛否を問う質問であった。
21 ジョン・W・ダワー、前掲書、一四四頁。
22 毎日新聞「社説「ハイゼツ」を世界の言葉に―8・6にあたって提案する―」一九八一年八月六日朝刊。
23 カール・セーガン『核の冬――第三次世界大戦後の世界』野本陽代訳、光文社、一九八五年。
24 NHK、テレビオンタリオ（カナダ）、SVT（スウェーデン）、KBS（韓国）、テクニソノール（フランス）による国際共同制作番組。
25 日本放送協会編『20世紀放送史 下』日本放送出版協会、二〇〇一年、二七七～二七八頁。

26 王雪萍「教育・歴史教科書問題」東郷和彦・波多野澄雄編『歴史問題ハンドブック』一〇〇頁。
27 吉田裕『日本人の戦争観――戦後史のなかの変容』岩波書店、二〇〇五年、一八六頁。
28 石井明「靖国神社公式参拝」東郷和彦・波多野澄雄編、前掲書、六四頁。
29 根津朝彦『戦後日本ジャーナリズムの思想』東京大学出版会、二〇一九年、三一八～三二五頁。
30 本書ではテレビの「八月ジャーナリズム」の中にニュース番組を含んでいない。教科書問題をめぐっては内外から批判が高まっていた時期だけに、ニュース番組では活発に報道されていた可能性はある。
31 朝日新聞「ラ・テ欄」一九八二年八月一五日朝刊。
32 朝日新聞「ラ・テ欄」一九八五年八月一二日朝刊。
33 『週刊TVガイド』一九八九年八月一二～一八日号、一二四頁。

第5章　「加害の語り」の時代：一九九〇年代

一九九〇年代、日本の「戦後」は幾つかの意味において大きな転換点を迎えた。政治では、一九九三年にいわゆる「五五年体制」が終焉した。自民党が政権を維持し、野党第一党を日本社会党が占めるという戦後政治の基本構造が崩壊したのである。経済では、一九九〇年から九一年にかけて「バブル経済」が崩壊、日本経済は長い低成長期に入っていく。証券スキャンダルや大手金融機関の経営破綻などが相次ぎ、大規模な金融制度改革が行われて、戦後長く続いてきた金融機関の「護送船団方式」が終焉した（金融ビッグバン）。国際的には一九九一年に中東で湾岸戦争が勃発した。テレビが世界に向けてリアルタイムで戦況を報道したことでも知られるこの戦争の停戦後、日本はペルシャ湾の機雷掃海のために海上自衛隊の掃海部隊を派遣した。自衛隊初の海外任務であった。一九九二年にはＰＫＯ協力法が成立、以降、日本の自衛隊は平和維持活動や人道支援などの名目で海外派遣を繰り返していくことになった。

一九九五年には阪神・淡路大震災と地下鉄サリン事件という二つの大きな災害、事件が相次いだ。前者は戦後最大の都市直下型地震、後者は大都市中枢において化学兵器を使用した無差別テロ事件であり、ともに戦後日本の価値観や社会秩序を揺るがすものであった。一九九五年は「戦後五〇年」という大きな節目の年でもあった。その前後において、戦争および戦後を様々な形で総括しようとする議論が活発化した。そして従来の戦争観や歴史認識が動揺し、戦争（戦後）責任や戦後補償のあり方が問い直された。「八月ジャーナリズム」においても、一九九〇年代はそれ以外の時代とは大きく傾向の異なる特殊な時代であった。本章では、その展開を辿りながら「八月ジャーナリズム」の歴史における九〇年代の位置づけと意義について考える。

1 「戦争」「戦後」をめぐる「言説布置の変容」

「加害」の地としての「アジアの表象」

九〇年代の「八月ジャーナリズム」において放送された番組の本数は、二九四本（NHK一五九本、民放一三五本）である。これは「八月ジャーナリズム」の歴史のなかで最多である（序章・表0―1参照）。ドキュメンタリーだけを見ても、その本数は一八一本で（NHK一二一本、民放六〇本）、やはり一九九〇年代が最も多い（図5―1）。このように九〇年代の放送本数が多かったのは、「戦後五〇年（一九九五年）」という大きな節目があったことも大きい。[1] しかし、九〇年代の特徴は、番組本数の多さだけではない。九〇年代の「八月ジャーナリズム」の最大の特徴は、日本のアジアに対する「加害」が大きなテーマとしてクローズアップされたということである。それは「八月ジャーナリズム」における「言説布置の変容」ともいうべき、顕著な傾向の変化である。

その変化を象徴する番組として、ここでは二つの『NHKスペシャル』のシリーズを挙げたい。ひ

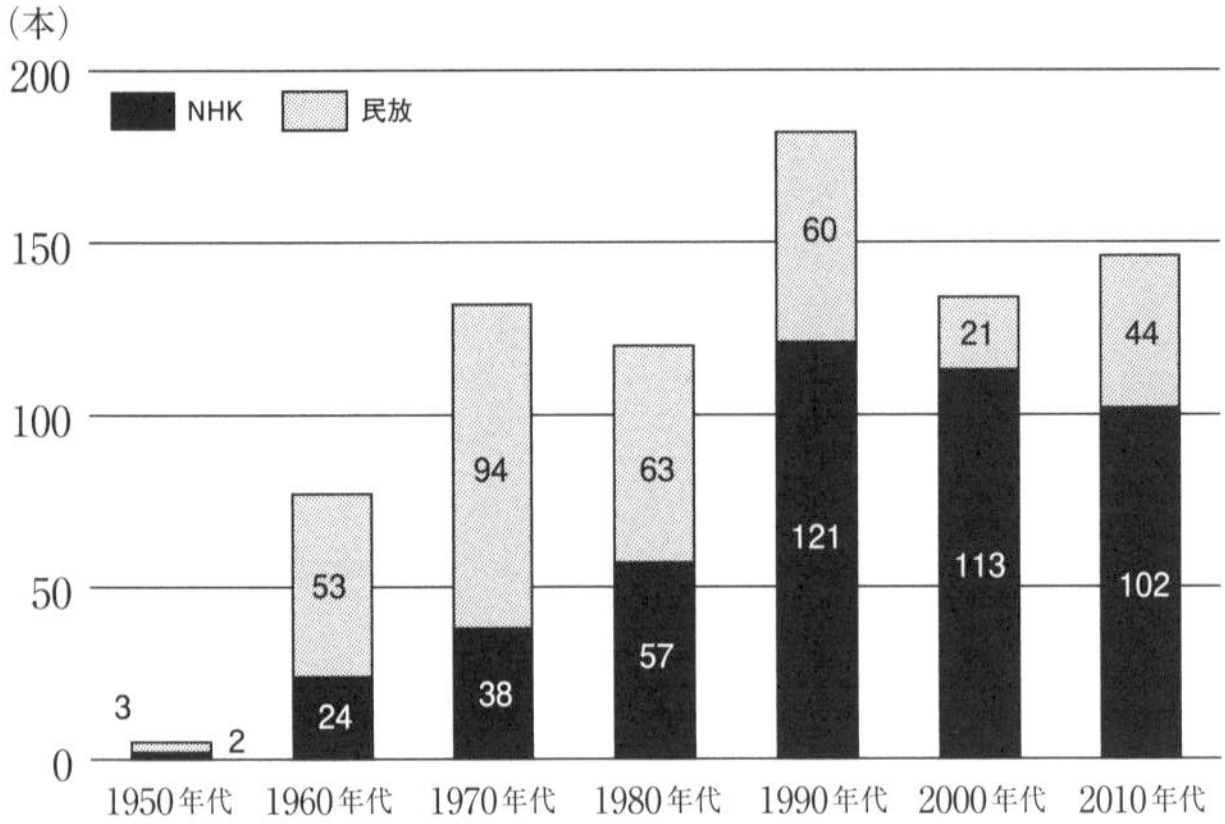

図5－1　各年代のドキュメンタリーの本数

とつめは、『NHKスペシャル アジアと太平洋戦争』（一九九一年八月一二〜一五日・四夜連続）である（表5－1）。一九九一年は太平洋戦争の開戦から五〇年目の節目に当たる年であった。このシリーズのコンセプトは、「太平洋戦争の主戦場となり、多くの犠牲を払ったアジアの国々と、そこに住む人々の視線から太平洋戦争を振り返る」というものであった。[2] シリーズで取り上げられたインドネシア、タイ、フィリピン、シンガポールの四カ国のうち、タイ以外は戦時中に日本による占領を経験、タイも日本軍の駐留を受け入れている。番組は、日本による占領や日本軍の駐留が、現地の人々にとってどのようなものだったのかを、各国の戦前〜戦後の歴史的コンテクストに即して検証するものであった。そして欧米列強による植民地支配や圧力を受け続けたそれらの国々の人々が、日本の掲げた「大東亜共栄圏」や「八紘一宇」といったスローガンに一度は期待をしながらも裏切られていった模様や、戦争の進展に振り回されながらも日本と連合国の力のバランスを巧みに利用することで自国の独立を目指していくプロセスに光を

表5-1 『NHK スペシャル アジアと太平洋戦争』

タイトル	放送日
第1回　ジャカルタの一番暑い日・インドネシア独立宣言	1991年8月12日
第2回　独立・48時間の選択　自由タイの人々	1991日8月13日
第3回　マッカーサーの約束・フィリピン	1991年8月14日
第4回　趙文相の遺書・シンガポールBC級戦犯裁判	1991日8月15日

表5-2 『NHK スペシャル ドキュメント太平洋戦争』

タイトル	放送日
第1集　大日本帝国のアキレス腱～太平洋・シーレーン作戦～	1992年12月6日
第2集　敵を知らず己を知らず～ガダルカナル～	1993年1月10日
第3集　エレクトロニクスが戦を制す～マリアナ・サイパン～	1993年2月7日
第4集　責任なき戦場～ビルマ・インパール～	1993年6月13日
第5集　踏みにじられた南の島～レイテ・フィリピン～	1993年8月8日
第6集　一億玉砕への道～旧ソ連終戦工作～	1993年8月15日

当てた。

ＮＨＫは翌一九九二年から九三年にかけても『ＮＨＫスペシャル ドキュメント太平洋戦争』を六回シリーズで放送している（表5-2）。このシリーズの目的は「太平洋戦争で日本が敗れた原因を現代の視点から分析し考える」というものであった。シリーズ初回の第1集冒頭で、東京・西新宿の夜景を背景に立ったキャスターの山本肇（解説委員＝当時）は、戦後の日本が経済大国として発展した一方で、アジアの国々からは戦後補償を巡る問題が提起され「日本は戦争当時と変わっていない」という批判が寄せられていると指摘、歴史の転換点に立つ日本に何が問われているのかを明らかにする必要があるとした。そしてシリーズのねらいについて、日本が惨敗を喫した太平洋戦争には「国家とか企業のあり方について、現代に通じる貴重な歴史の教訓が横たわっている」と説明した。

このシリーズの第5集「踏みにじられた南の島～レイテ・フィリピン～」は、日本のアジアに対する「加害」

『NHKスペシャル ドキュメント太平洋戦争 第5集 踏みにじられた南の島～レイテ・フィリピン～』（NHK、1993年8月8日）

を独自の視点から焦点化した番組であった。番組は、昭和一九年一〇月、有名な「アイシャル・リターン」の言葉通り、米軍マッカーサー将軍がフィリピン・レイテ島に再上陸を果たし、フィリピンの人々がそれを熱狂的に迎えたシーンから始まる。再上陸した米軍の圧倒的な物量の前に日本軍は敗北を重ねる。しかしレイテ戦の帰趨を決めたのはフィリピン人によるレジスタンスだった。日本は、大東亜共栄圏の美名のもとにフィリピンを強権的に支配していた。カトリック信者の多かった現地で天皇崇拝を強要したほか、軍票を乱発して現地の貨幣経済を破綻させた。さらに、内地からの補給に頼らない「自活」という軍の基本方針に従い、資源や食糧などの収奪を重ねてフィリピンの人々の生活を極度に困窮させた。

　こうした結果、現地の人々からの強い反発を買って彼らを敵に回したことが日本の敗北を決定づける大きな要因となったと番組は説明した。番組終盤でキャスターの山本肇は、ゲリラに悩まされた日本軍が住民虐殺を繰り返したことや、マニラ市街戦を含めた日米の戦闘に多くの市民が巻き込まれるなどして、一〇〇万人以上のフィリピン人が犠牲となったことを紹介し、次のように言っている。

　よその国土を支配し、そこで戦争をするということがいかに愚かでいかに悲惨な結果を生むかということをこの数字ははっきりと物語っているように思います。……戦後の日本はアジアへの経済進出を積極的に進めておりますけれども、そこには日本さえ良ければいいとか、あるいは日本流のやり方や価値観を押し付けるといったような独善的で思い上がった姿勢が果たしてないと言えるでしょうか。日本とアジアの関係が問い直されている今、フィリピンの島々で死んでいった多くの兵士や住民たちは、五〇年前のあの戦争の教訓を今なお聞こうとする者には聞こえる声で懸命に語り続けているように思います。

このように、太平洋戦争の激戦地となったアジアやオセアニアを、日本人（兵士や市民）が経験した「被害」や「犠牲」の現場としてよりも、日本によるアジアへの「加害」がなされた地として描き出していくという視点は、八〇年代半ば以前には殆ど見られなかったものであり、八〇年代後半から九〇年代にかけての「八月ジャーナリズム」の大きな特徴と言える。

「女が語る 戦争を生きた女たち」から「初めて戦争を知った」へ

こうした変化は、番組における主要な舞台または撮影地となった国・地域の分布状況の変化にも表れている。**表5-3**は、ドキュメンタリー番組において主要な舞台・撮影地になった国・地域を、年代別に示したものである。[3] これをみると、アジアの国（地域）の登場回数は一九五〇年代＝〇、六〇年代＝八、七〇年代＝二六、八〇年代＝二〇、九〇年代＝四一、〇〇年代＝二五、一〇年代＝二四と推移しており、九〇年代が突出して多いことが分かる。そして国（地域）別では、中国、韓国、フィ

表5－3　ドキュメンタリー番組の主要な舞台・撮影地（国・地域名）

国・地域		1950年代	1960年代	1970年代	1980年代	1990年代	2000年代	2010年代
日本	日本（広島・長崎）	3	31	41	37	51	58	47
	日本（広島・長崎以外）	2	33	57	52	59	65	87
アジア	中国		3	7	8	15	13	8
	台湾			1		1	1	1
	韓国			3	1	8		1
	ベトナム			6				
	タイ			1	2	2		
	シンガポール				1	1		2
	パキスタン					2	2	
	インドネシア			2	2	3		1
	フィリピン		4	1	4	5	2	7
	ミャンマー		1	2		2	3	3
	インド					2	2	
	ブルネイ			1				
	マレーシア			2	2			
	イラン						1	
	イラク						1	
	北朝鮮							1
アジア（合計）		0	8	26	20	41	25	24
オセアニア			7	12	7	9	7	18
アメリカ			2	3	14	21	11	19
ヨーロッパ			2	2	11	22	5	5
アフリカ						2		
合計		5	83	141	141	205	171	200

リピンが特に多くなっている。これまでに見てきたように、従来の「八月ジャーナリズム」で基調となってきたのは、戦争における日本・日本人の「被害」「犠牲」を強調する「受難の語り」であった。そして、それゆえに番組の主要な舞台または撮影地は、被爆地広島・長崎や大空襲を受けた東京など日本国内が多くを占めていた。全体に占める日本国内の割合は、九〇年代以外の時期では六～七割に上っていた。しかし九〇年代には約五四％と半数近くにとどまっている。このことは、「内向きのジャーナリズム」と批判・揶揄されることの多い「八月ジャーナリズム」においても、九〇年代は海外、特にアジアが多く表象された特異な時期であったことを意味している。また、表象されるアジアを中心とする海外は、日本兵がアメリカとの激しい戦闘で「犠牲」となったり、日本の民間人が過酷な運命に巻き込まれたりする「被害」の場としてのみならず、日本・日本人による「加害」が行われた地としても多く表象されていた。

こうした変化を象徴する番組の事例をもう一つ挙げておきたい。NHKが一九八〇～九〇年代に朝の時間帯に不定期で編成した特集シリーズである。NHKは一九八〇年八月の後半、「女が語る 戦争を生きた女たち」という番組を朝の時間帯（八時四〇分～）に三回シリーズで放送した。女性出演者が自らの戦争体験を語るこのシリーズは、放送後大きな反響を呼んだ。そこでNHKは翌八一年から毎年八月上旬に三～四回のシリーズとして、戦争経験者の証言を特集放送するようになった。そして、一九八四年からは女性の「語り部」が次世代（＝子ども達）に戦争体験を語り継いでいくというコンセプトのシリーズ「戦争を知っていますか」となった。そして同シリーズは、九〇年代に入ると再びタイトルを変えて「初めて戦争を知った」となった。そのコンセプトは、戦争を知らない世代の若者

『女が語る 戦争を生きた女たち（3）ルソンに失った青春』（NHK、1982年8月4日）

たちが、戦争を経験した世代との出会いを通して戦争の真実を知っていくというものであった。それまでのシリーズでは、スタジオ中心の構成で証言者はスタジオで自身の戦争体験を語っていたが、「初めて戦争を知った」では、スタジオよりもVTRの部分の比重が大きくなり、よりドキュメンタリー色の強い番組となった[4]。

注目されるのは、コンセプトを変えながら継続されたこのシリーズで取り上げられたテーマである。当初の『戦争を生きた女たち』（八〇年～）では、野戦病院の看護婦としての経験や銃後の「母」としての経験、そして夫が戦死して後に残された妻としての経験など、日本人女性が経験した「被害」の実相を語るというものであった。次のシリーズ『戦争を知っていますか』（八四年～）では、テーマや視点が多様化するとともに、時として「加害」に関わるテーマも扱われるようになった。例えば在日朝鮮人の女性被爆者が登場し自らの被爆経験や夫との死別後の戦後の苦労などを語った「辛福守 私も被爆者です」（一九八九年八月三日）や、日本による占領下のシンガポールで両親を日本軍に連れ去られ両親を待ち続けてついに再会することができなかったというシンガポール人女性が証言した「父はトラックで連れていかれた～シンガポール・集団検問の日」（一九八九年八月四日）などである。

そして、九〇年代の『初めて戦争を知った』では、「加害」がより積極的に取り上げられるようになっていった。例えば、「男たちはこうして兵士になった」（一九九二年八月一一日）では、中国戦線の日本軍において上官の命令で無抵抗の中国人捕虜を銃剣で殺害する「度胸試し」が行われていたことを、その経験者が若者の前で証言した。また、「48年目のタイ国境探索行」（一九九二年八月一三日）では、連合軍捕虜や強制連行を含むアジア人労働者が多数動員され多くの犠牲者を出したことで知られる泰緬鉄道建設がテーマとして取り上げられた。番組では、その建設現場で憲兵隊の通訳の仕事に従事していた男性を女子高校生が訪ね、当時の状況についての証言を聞いていく。そしてその後、二人がタイを訪ね、当時の現場に行ったり労働者として働いていた人物と再会したりする模様を伝えた。

『戦争を知っていますか 父はトラックで連れていかれた〜シンガポール・集団検問の日』（1989 年 8 月 4 日）で証言する曽梅凰さん（右、72 歳＝当時）

さらに、一九九五年には同シリーズで放送された番組は二本であったが、ともに日本の「加害」の側面をテーマとしたものであった。一本目は戦時中、旧日本軍の毒ガス兵器の製造工場があった広島県大久野島で働いていた人達を女子大学生が訪ねて話を聞いていくという番組（「少女たちは毒ガス兵器を作った」八月三日）、二本目は戦時中の中国・ハルビン近郊で細菌兵器開発と人体実験を行った七三一部隊の元隊員から当時についての証言を聞くという番組で（「私は七三一部隊だった〜人体実験・五〇年目の告白」）であった。このように同じシリーズでも、そのコンセプトが次第に変化し、それとともに扱われるテーマも戦争における「被害」「犠牲」から「加害」に軸足を置くものへと変わっていったのである。こうした変化も、九〇年代における戦争をめぐる言説布置の変容を示すものである。

「被害」と「加害」の重層性

他方、「加害」を扱ったこの時期の番組のなかには、戦争における「被害」と「加害」を二項対立的に捉えるのでなく、両者が相互に深く関係しあっていたことに目を向ける番組もあった。戦時中、日本兵の多くは軍の命令により無謀で無責任な作戦に従事させられ、戦死や飢え死、病死などの過酷な運命に晒された。その意味で確かに彼らは戦争の「被害者」であった。しかし、彼らは同時にアジアの国々を侵略する最前線に立ち、幾多の残虐行為に手を染めた当事者でもあった。その意味で彼らは「被害者」であると同時に「加害者」でもあるという両義的な存在であった。そうであるならば、戦争における「被害」の側面だけを語ることが欺瞞的であると同時に、「被害」を語ることを批判して「加害」の側面のみを焦点化することもまた戦争の本質を見誤らせ、「戦争の記憶」を一面的なものにしてしまう可能性がある。

先に第3章で触れたように、戦後日本で「加害」の問題が焦点化され始めたのは一九六〇年代後半以降のことである。日本の経済進出に対するアジア諸国からの反発やベトナム戦争への日本の加担についての批判の高まりを背景として、戦争における日本の「加害」を反省的にとらえ直す議論が生まれていった。小熊英二は、「加害」への自覚がいわれるきっかけとなったとされる小田実の議論に触れながら、その当時から小田が「被害」と「加害」の重層性という問題を指摘していたことに注目している。

小田が唱えたのは、被害者だからこそ加害者になるということで、被害者意識を払拭して加害者の自覚をもてということではなかった。ベトナム戦争に駆り出されている米兵は、米国という国家の被害者だが、その彼らがベトナムで加害行為をやっている。そして米国に逆らえない日本は、米国の被害者でもあるが、米国のベトナム政策を支持する加害者でもある。そういう重層性を自覚するべきだ、と主張したのです。[5]

だが、小熊によれば、その後、戦後生まれで戦争経験のない若者たちによる新左翼運動が台頭し、彼らの間では年長世代に対する批判として「あなた方はアジアを侵略した加害者じゃないか」という論法が出現した。そのなかでは民衆の犠牲を忘れずに平和な国を築いていこうという従来の革新派の「愛国心」は、民衆の戦争責任を忘却する欺瞞だとして批判の対象となった。そして、一九七〇年代以降には「愛国心といえば保守派のもので、進歩派は愛国心を批判すべきだという構図」「進歩派はもっぱらアジアへの加害を強調し、保守派はあの戦争はアジア解放や自存自衛の戦いだったと主張する図式」が論壇上で固定化されてしまった。[6] 小熊が指摘するそうした経緯を踏まえると、アジアへの加害の問題が最も活発に議論されるようになった一九九〇年代において、ふたたび被害と加害の重層性を自覚し、その問題を掘り下げるようなドキュメンタリーが放送されていたことは興味深い。

満蒙開拓団における「被害」と「加害」

そうした「被害」と「加害」の重層性を扱った番組の代表的なものとして『水曜スーパーキャスト真相！消えた女たちの村 あの時日本人開拓団に何が起こったか？』（テレビ朝日、一九九〇年八月一五日）と『水曜特バン！ 終戦特集 ニューギニアに散った16万の青春』（テレビ朝日、一九九一年八月一四日）が挙げられる。この二本の番組は、ともに日本映像記録センターのプロデューサー・牛山純一が制作した。牛山は、一九八九年にも『あの涙を忘れない！日本が朝鮮を支配した36年』（テレビ朝日、一九八九年八月一五日）を制作している。この番組は、三・一独立運動（一九一九年）で激しいデモが行われた韓国北部のある村を長期取材し、創氏改名に抗議して井戸に投身自殺した人の遺族、新婚の夫が日本へ強制連行されたために生き別れになった老婦人、身体に残る傷跡を見せながら広島での被爆体験を語る女性などの証言をもとに、日本の朝鮮支配という「加害」の実態を掘り起こすとともに、その責任が庶民のレベルにおいては未だ清算されていないことを伝えている。この番組の制作動機について牛山は次のように語っている。

日本の韓国植民地統治というのは日本の恥部ですね、日本の日中戦争で中国にご迷惑をかけたというのもやっぱり日本の恥部だと。何となく自己規制してテレビの歴史の中で、ゴールデンアワーでしっかりしたドキュメント番組というのはやっていないんです、実際はね。謝ってばっかりいる、というような人がいるけれども、実際にテレビ人としてはやってない。これはやっぱりやるべきなんじゃないかと。[7]

民放のドキュメンタリー分野で伝説的人物でもある牛山にとって、「アジアと戦争」というテーマはいわばライフワークのようなテーマであった。『あの涙を忘れない！日本が朝鮮を支配した36年間』『真相！消えた女たちの村』『ニューギニアに散った16万の青春』の三本の番組は、牛山純一がテレビ朝日の「終戦特番」で手掛けた「三部作」と位置付けられている。[8] 三本はいずれも日本によるアジアへの「加害」をテーマにしていた。そして、特に九〇年代に入ってから放送された『真相！消えた女たちの村』『ニューギニアに散った16万の青春』の二本においては、「被害」と「加害」の重層性が丹念な取材・調査に基づいて描かれていた。

『真相！消えた女たちの村』の舞台は、旧満州、現在の中国・黒竜江省の二つの集落である。そこには長野県の旧読書村（よみかきむら）から大陸に渡った農業開拓団が定住していた。一九四五年八月一五日、この二つの集落で一〇七人の日本人が、それまで同じ集落で暮らしていた顔見知りの中国人たちに襲撃され、惨殺されるという痛ましい事件が起こる。中国人の多くは農作業に従事する労働者（苦力）として日本人に雇用されていた。殺された日本人はすべて女性、子供、老人であった。成人男性（一七〜四五歳）は全員軍に召集されて不在であった。犠牲になった日本人達は、その時点で日本の敗戦を知らず、ソ連の満州侵攻の報を聞いて集落を脱出する直前であった。番組では、日本人襲撃に関わった中国人を探し出し、証言を聞いていく。そこから明らかになるのは、中国人たちの間にあった根深い日本人および日本軍への恐怖心や不信、そして恨みであった。農業開拓団は、開拓団といいながら実際には中国人からただ同然の値段で農地や住まいを取り上げ、強引に別の土地へと移住させた。また、中国人に対する差別や暴力も日常的に繰り返されていた。事件は、ソ連軍の侵攻が迫るなか、「自分達がやらなければ、逆に自分達がやられてしまう」と心理的に追い詰められた中国人によって引き起こされたものであった。

番組は、内地において小作人として虐げられ弱い立場にあった長野の寒村の農民達が、開拓団として旧満州に渡ったあと、今度は自分たちよりも弱い立場にある中国人を虐げる側に回っていたということが背景にあったと指摘する。多数の日本人が惨殺されたこの事件は、日本人の立場からは、その後の苛烈を極めた内地への引き揚げと併せて、「被害」の体験として記憶されているが、それが同時に中国人に対する「加害」なしには起こりえなかったことを示したのである。「八月ジャーナリズム」において、旧満州への開拓団については、九〇年代以前からたびたび取り上げられてきた。しかし、その殆どは日本人の視点から開拓団の苦難の経験を描くものであり、現地の中国人の立場や、日本人が彼らにもたらした加害の側面に目を向けるものは限られていた。そして開拓団の人々を日本の国策の悲劇的な「犠牲者」として位置づけ、引き揚げ時の甚大な犠牲や、中国残留孤児などの問題などを「被害」として語ってきた（＝受難の語り）。しかし、この番組は「被害者」であった彼らが同時に「加害者」でもあったこと、彼らの「被害」は彼らによる「加害」と不可分なものであったことを描いた。番組のエンディングで、ナレーションは次のように言っている。

当時、日本人のあいだでは教育のためと称する小さな暴力は日常のことで、日本人はこのどこにも通用しない論理と習慣を中国で、朝鮮で振り回していた。事件の真相は日本の社会そのもののなかにあった。しかし今日も日本の論理は、世界のいたるところで海外の国の論理とぶつかりあい、独善という非難を受けている。今日の日本人が開拓移民の犯した過ちを笑い去ることはできるだろうか。

過酷な戦場における「被害」と住民虐殺という「加害」

もうひとつの番組『水曜特バン！ 終戦特集 ニューギニアに散った16万の青春』（テレビ朝日、一九九一年）は、太平洋戦争のなかでも日本軍の損耗が最も激しかった戦場であるニューギニア戦線において、前線に投入された日本兵がどのような経験をしたのかを描いた番組である。太平洋戦争の中期から終戦まで戦闘が続いたニューギニア戦線には、合計二〇万以上の日本軍の兵力が投入された。しかし制空権、制海権を失った日本軍は補給が途絶、その結果、餓死や高地での凍死、マラリア感染症などによって、戦闘による死者よりもはるかに多くの犠牲者を出していった。最終的に、二〇万人以上の兵士のうち生還して内地に復員したのは一万人あまりとされる。番組は、このニューギニア戦線に投入された茨城県の歩兵一〇二連隊、同二三七連隊の足跡を辿っていく形で進行する。食料が全くないなか、ジャングルや高地をさまよった元兵士は、トカゲやヤスデ、兵士の死体に沸いたうじ虫など食べられるものは何でも食べたと証言する。そして人肉を食べて生き延びたという者も登場する。その元兵士は次のように証言する。

私たちは殺して食べるということはなかった。ただウジ虫に食べられるのでは、もったいない、それをいただいて何としても生き抜いて内地に帰りたいと思った。……よく畜生にも劣る行為だということを言われますがね、畜生以下の生活だったわけですよね。ここで死ぬということは、国のためとか、名誉の戦死とか、そういうことじゃない、飯も何にも与えられない。

このように、絶望的な戦場に送り込まれ過酷な運命に翻弄された兵士たちは、間違いなく日本軍の無謀な作戦の「被害者」である。生存兵達は、自分達のことを大本営から見放され、無計画で無責任な作戦の遂行のために見殺しにされた「見殺し部隊」だったと表現している。二三七連隊では当初の四〇七四名の兵力のうち復員したのはわずか四六名に過ぎなかった。しかし番組後半では、そうした極限状況に置かれていた日本軍が起こしたある事件が出てくる。一九四四（昭和一九）年一二月二〇日に起きたティンブンケ村の大量虐殺事件である。当時、この村には日本軍の一分隊が駐屯していたが、オーストラリア軍による襲撃で一二名の守備隊が全滅した。オーストラリア軍に地元の村人が道案内として協力していたという情報を聞いた日本軍は、報復のため村の成人男性九九人と女性一人、合計一〇〇人の村民を銃殺してしまう。事件は村で今も語り継がれている。番組では、事件で家族を失った遺族達が、日本への恨みを語り、日本から何の謝罪も補償もないことを訴えている。

この事件もまた、「被害」と「加害」の重層的な関係を示していると言える。番組にはこの事件の責任者（指揮官）であった浜政一中隊長（当時）が登場する。彼は「非武装の現地住民を殺してはいけないことはちゃんと分かっていた」と証言する。しかし彼らはニューギニアの奥地で敵軍に追い詰められ、味方からの補給も援軍も絶たれて極限状態におかれていた。正常な判断能力を奪われていたというのである。戦後、浜は村人に追いかけられ続ける夢や、捕まって死刑になる強迫観念に怯えながら生きてきたという。「天使や悪魔が実在しないように、百パーセントの被害者や百パーセントの加害者はめったにいない」と小熊英二が言うように[10]、戦場における兵士たちの行為も多くの場合、正義と悪という形で二元的に切り分けることは困難であり、「被害」と「加害」とが複雑に絡み合っているということを、この番組は描いていた。

このような「被害」と「加害」の重層的な関係をテーマとして扱った九〇年代の番組としては、『NHKスペシャル 死者たちの声〜大岡昇平・『レイテ戦記』〜』(一九九五年八月一四日)もある。この番組は大岡昇平の戦記文学作品『レイテ戦記』に拠りながら、フィリピン・レイテ島の戦いにおいて「永久抗戦」を命じられ、抗命権も投降する自由も奪われて無謀な作戦に従事させられた日本兵が、他方で現地の無力なフィリピン人を虐殺し、強姦し、略奪を繰り返した状況、そしてその恨みを買ってフィリピン人ゲリラから襲撃された状況が詳細に描かれている。こうして一九九〇年代の「八月ジャーナリズム」においては、従来は日本人(日本兵、民間人)の「被害」と「犠牲」の場所として登場していたアジアが日本人による「加害」の場でもあったこと、そしてその「被害」と「加害」とは不可分な関係性にあったことが取り上げられていたのである。

2　戦後責任と戦後補償をめぐる問い

「戦後責任」「戦後補償」のアジェンダ化

「八月ジャーナリズム」において、アジアにおける「加害」の問題が主要なアジェンダ（議題）として活発に取り上げられるようになった背景には、この時期にアジア各国の人々から日本政府や企業に戦後補償を求める訴えが相次いでいたことがある。一九九一年、韓国の金学順（キム・ハクスン）さんらが日本軍の「従軍慰安婦」だったと名乗り出て日本政府を相手に訴訟を起こした。これに対して日本政府は二次にわたる調査を実施、その結果に基づいて公式謝罪（一九九二年）を行った。そして河野洋平官房長官が「従軍慰安婦」問題について「総じて本人たちの意思に反し」「多数の女性の名誉と尊厳を深く傷つけた問題」と認定し、「心からお詫びと反省の気持ち」を表明する「河野談話」を発表した（一九九三年八月）。またそれに前後して、アジア各地のBC級戦犯被害者、中国や朝鮮半島からの強制連行、賃金未払い、サハリン残留朝鮮人の永住帰国問題、広島・長崎で被爆したあと韓国に帰国した在韓被爆者など様々な問題の当事者、遺族らからも日本政府や企業に対する裁判や補償要求が相次いで提起されていた。そして九四年六月には未解決の「戦後処理問題」の解決を最重要の政治課題として掲げた村山富市内閣（自民・社会・さきがけ連立政権）が成立していた。

九〇年代前半の八月における新聞各紙の紙面を通覧すると、「戦争加害」の問題を、これらのアジアに対する日本の戦後補償の問題として関連づけて論じた記事が多い。例えば、毎日新聞の一九九二年八月一五日の社説のタイトルは「過ちをどう克服するか『無自覚の日本』返上のとき」というものである。この社説には「『加害』も語る8・15へ」という中見出しが付けられ、前年(九一年)から九二年にかけて「従軍慰安婦、強制連行問題を中心に、個人への戦後補償と正面から向き合わなければならない状況は一段と高まった」として、次のように書いている。

慰安婦問題の償いへの具体的な手立てなどは、困難を極めよう。解決の第一歩として必要なことは、いまこそ、過去の歴史的な事実関係を国民共有のものとして確立すること、それをもとに、対アジアを中心に日本の反省と償いの全体像を改めて構築し、世界に発信することである。

また、朝日新聞は「河野談話」(九三年八月四日)の翌八月五日の朝刊に「社説 戦後補償を正面の課題に」を掲載、「従軍慰安婦」問題をはじめとするアジア諸国からの相次ぐ補償請求について、「問題の広がりようは、戦後補償をなおざりにしてきたツケが、一気に噴き出している感じである」と書いている。そして、これらの問題を「戦時賠償や請求権の放棄などによって国家間で解決済み」という立場の政権に対して、「ただ単に、法律論で身構えるだけではなく、むしろ、政治が対処すべき問題として考える必要があろう」としている。また、八〇年代半ばから論調を変化させ「戦争加害」の問題を積極的に論じなくなった読売新聞も、同じ日の「社説『強制性』認めた『慰安婦』調査」において、補償問題は「朝鮮民主主義人民共和国(北朝鮮)や台湾を除き、一連の戦後処理で法的には決着ずみ」であることを指摘したうえで、「だが、法律論だけですまされる問題でないことも明らかだ」として、政府として関係国、関係者と協議を進めながら道義的措置を講じていくべきだと論じている。

こうしてみると、九〇年代の「八月ジャーナリズム」における「言説布置の変容」は、「八月ジャーナリズム」の枠内において内在的に生じたのではなく、戦後責任や戦後補償をめぐる同時代の政治・社会状況や国際関係などを背景としつつ、そこにおける議論や論点をテーマ化し、アジェンダ化することによって重層的に形成されたものであったことが分かる。さらにいえば、九〇年代以前にも日本で「加害」の問題が関心と議論の対象となった時期はあるが（第3章、第4章参照）、そのいずれもがある種の「外圧」の結果であった。すなわち、六〇年代後半から七〇年代にかけては、日本によるアジアへの「経済侵略」に対するアジア諸国からの反発や批判、そしてベトナム戦争への日本の加担に対する反省を契機として「戦争加害」の問題が論じられた。また八〇年代においては、「侵略」の語の「進出」への「書き換え」などが問題となった「歴史教科書問題」や政治家・閣僚の靖国神社参拝に対するアジア諸国からの激しい批判を受けて、戦争責任や歴史認識の問題が議論の俎上に上った。そして「八月ジャーナリズム」においても、それぞれの時期に関心を集めて議論の対象となった問題を取り上げるという形で「戦争加害」がテーマ化されていた。

しかし、「八月ジャーナリズム」における言説布置の変容が、そうした「外圧」を受ける形で生じた国内状況を反映した結果であることは確かだとしても、そのことは「八月ジャーナリズム」が必ずしも受動的で主体性を欠いたジャーナリズムであるということを意味しない。ジャーナリズムが、その時々に社会的な議論や関心の対象となっているテーマを取り上げるのはむしろ当然のことである。

マス・メディアによる報道に積極的な意味があるとすれば、それは当該のテーマや論点を、より具体的・個別的な事例に即して掘り下げ、問題の背景も含めて分かりやすい形でオーディエンスに提示することにあると言える。また「八月ジャーナリズム」は、テレビや新聞が戦争関連のテーマを短期間に集中して取り上げる、ある種の「メディア・イベント」(ダヤーン、カッツ[11])である。そしてそのことによって「八月ジャーナリズム」は、より強いアジェンダ設定効果を発揮してきたと考えられる。例えば内海愛子は、論文「戦後補償とマスコミ報道」(一九九五年)において、九〇年代に入ってからのマス・メディアによる報道が、日本の若者層の戦後補償に対する関心をそれまでになく高めていると指摘している。内海は、朝日新聞が九三年一一月に実施した世論調査の結果に注目する。それによると、アジアからの個人に対する「戦後補償」の要求に政府が応じるべきかどうかという質問に、全体で五一%が「応じるべき」と回答しており、特に二〇代・三〇代では七〇%が「応じるべき」と答えている。こうした世論の動向は、アジアからの戦後補償を求める声を新聞、テレビが活発に報道するようになった結果ではないかとして、内海は次のように言っている[12]。

教科書でもほとんど学ぶことのなかった半世紀前の戦争が、教室や教科書を飛び出して、苦しみや怒りをもった個人の体験として、具体的に伝えられるようになった。アジアの人、一人一人の〝顔〟に接して戦争が具体的に見え始めたのである。テレビや新聞が、こうした体験を伝える媒体として、大きな役割を果たしている。……開戦にいたる細かい経緯や「二〇〇〇万を超すアジアの人びとが犠牲になった」という説明は記憶に残らなくても、被害者たちが語る戦争の実態が、若者に衝撃をあたえたのではないか。戦争を知らない世代が、日本の侵略戦争の現実に心を動かしたのである。

このように、九〇年代の「八月ジャーナリズム」には、戦後責任や戦後補償の問題を分かりやすく、オーディエンスに受け入れられやすい形で提示することによって、戦争における日本の「戦争加害」というテーマをアジェンダ化したという意義があったと言える。

日韓関係の問い直し

このようにして問い直されることになった「戦後責任」や「戦後補償」をめぐる問題のなかでも、当時最も活発に取り上げられたのが日韓関係をめぐるテーマであった。九〇年代の「八月ジャーナリズム」において日韓のあいだでの「戦後責任」「戦後補償」に関連するテーマを取り上げた番組は、ドキュメンタリーとドラマだけでも一八本放送されている（表5－4）。テーマは大別すると、「従軍慰安婦」、強制連行・徴用工、旧日本軍軍人・軍属、サハリン残留朝鮮人に分けられる。[13]

「従軍慰安婦」については、「八月ジャーナリズム」において正面から取り上げた番組は必ずしも多くはない。そのなかで代表的なものとしては『ETV特集 50年目の〝従軍慰安婦〟問題（1）（2）』（NHK教育、一九九五年八月二一・二二日）がある。一本目の「〝わかちあいの家〟のハルモニたち――」は、ソウル郊外にある「ナヌムの家」（わかちあいの家）で共同生活を送っている元「慰安婦」の女性七人の姿をフリージャーナリスト土井敏郎の目を通して描いた番組である。[14]「従軍慰安婦」だった韓

表5－4　日韓の「戦後責任」「戦後補償」をテーマとした番組（ドキュメンタリー・ドラマ、90年代）

年	月日	局	放送時間量（分）	タイトル
1990	8月12日	日本テレビ	30	ドキュメント'90「壕に入った若者たち・韓国から見た強制連行」
1991	8月7日	日本テレビ	109	水曜グランドロマン「終戦特別企画・愛と哀しみのサハリン・46年間引き裂かれた新婚夫婦の純愛ドラマ！」
	8月11日	日本テレビ	30	ドキュメント'91「恨・嘆きの系譜・旧日本軍朝鮮人軍人名簿を追って」
	8月15日	NHK	60	NHKスペシャル「アジアと太平洋戦争・趙文相の遺書・シンガポールBC級戦犯裁判」
1992	8月8日	フジテレビ	25	終戦記念特別ドキュメンタリー「日独の戦後補償47年 徹底比較」
	8月14日	NHK	75	NHKスペシャル「調査報告・アジアからの訴え・問われる日本の戦後処理」
	8月16日	テレビ朝日	30	テレメンタリー'92「朝鮮人虐殺事件の検証」
1993	8月1日	NHK	50	NHKスペシャル「調査報告・朝鮮人強制連行」
1994	8月14日	日本テレビ	30	ドキュメント'94「シリーズ・49年目の夏に（4）闘い未だ終わらず・忘れられた皇軍の戦後」
1995	8月2日	NHK教育	45	ETV特集「50年目の従軍慰安婦問題（1）わかちあいの家のハルモニたち」
	8月3日	NHK教育	30	ETV特集「50年目の従軍慰安婦問題（2）日本はいかに償うべきか」
	8月5日	NHK	90	土曜ドラマ「されど・わが愛・広島から韓国へ・被ばく二世の医師と父・その長い旅路」
1996	8月15日	NHK	55	NHKスペシャル「51年目の"戦争責任"～強制連行と日本企業」
	8月16日	NHK教育	45	海外ドキュメンタリー「50年の沈黙を破って～慰安婦にされたオランダ人少女」
1997	8月3日	NHK	50	NHKスペシャル「集団帰国の夏～サハリン・韓国朝鮮人の選択」
	8月10日	NHK	50	NHKスペシャル「ソニアの日記～ジャワ・知られざる抑留所の記録」
	8月10日	日本テレビ	30	ドキュメント'97「シリーズ・52年目の夏に（3）35円の代償・韓国人元徴用工・金順吉さんの闘い」
1998	8月9日	日本テレビ	30	ドキュメント'98「爆死した朝鮮の人々」

国女性の数は数万人にのぼるとも言われれるが正確な数は明らかになっていない。番組では、戦時中の彼女たちの壮絶な経験、そして戦後も長く口に出すことのできなかった苦しい日々の記憶が語られた。そして、二本目の「日本はいかに償うべきか」は、「日本は十分な責任を果たしていないという国際世論と国家による個人補償をしないという日本とのギャップはなぜ生じるのか。慰安婦への補償はどうあるべきか、今後の課題とともに考える」番組であった。[15]

このほかに、番組全体のテーマとしてではないが一部で「従軍慰安婦」問題を扱ったものとして『終戦記念特別ドキュメンタリー 日独の戦後補償47年 徹底比較』（フジテレビ、一九九二年八月八日）、『NHKスペシャル 調査報告・アジアからの訴え～問われる日本の戦後処理～』（NHK、一九九二年八月一四日）などがある。また、朝鮮半島出身者ではないがオランダ人女性の元「従軍慰安婦」を取り上げた番組も二本放送されている。『海外ドキュメンタリー 50年の沈黙を破って～慰安婦にされたオランダ人少女』（NHK教育、一九九六年八月一六日）、『NHKスペシャル ソニアの日記～ジャワ・知られざる抑留所の記録』（NHK、一九九七年八月一〇日）である。一九四二年三月、日本軍はオランダ領インドネシアを占領、ジャワ島ではオランダ人を中心に七万人を超える民間人が約三〇か所の抑留所に入れられたとされる。そして、そのなかで若い女性たちは日本軍の「慰安所」で「慰安婦」をさせられた。二本の番組は、その経験者の証言や日記等の資料に基づいて制作された番組であった。番組で証言した女性、ジャンヌ・ラフ・オフェルネさん（七三歳・当時）は、五〇年の沈黙を破って屈辱的な過去を語る気持ちになったのは、韓国人女性がテレビで「慰安婦」としての体験を語っているのを見たことがきっかけだったという。[16]

日本政府が公開した朝鮮人強制連行者67,000人の名簿『NHKスペシャル 調査報告・朝鮮人強制連行』（NHK、1993年8月1日）

強制連行・徴用工問題を扱った番組は七本と数が多い。戦時中に日本に強制連行された朝鮮人は約七二万人とされる。[17] 当時の実態を検証したり、彼らの現在の姿を取り上げる番組がこの時期多く作られていた。『ＮＨＫスペシャル 調査報告・朝鮮人強制連行』（一九九三年八月一日）は、この年に日本政府が公開した朝鮮人強制連行者六万七千人の名簿をもとに、強制連行がどのように行われたのか、徴用工の労働実態はどのようなものであったかを詳細に検証した番組であった。一方、『ドキュメント'97シリーズ・52年目の夏に(3) 35円の代償・韓国人元徴用工・金順吉さんの闘い』（日本テレビ系列、一九九七年八月一〇日）は元徴用工の現在の姿を紹介する番組であった。番組の主人公・金順吉さんは、戦時中に韓国プサンから日本に強制連行され長崎の造船所で被爆した。一九九六年になって強制加入させられていた厚生年金の脱退手当金を受け取ったが、その金額は三五円であった。番組は、日本政府と造船所を相手取って損害賠償を求めて裁判闘争を続ける金さんの姿を描いた。[18] また、『ＮＨＫスペシャル 51年目の〝戦争責任〟〜強制連行と日本企業』（ＮＨＫ、一九九六年八月一五日）は、元徴用工や遺族によって訴えられた日本企業側の対応を追った番組であった。放送当時、謝罪や補償を要求されている日本企業は一四社にのぼり、そのうちの五社が係争中であった。番組では半世紀前の戦争責任の問題を突き付けられた日本企業が困惑、苦悩しながら社内調査を行ったり補償交渉を進めたりする様子を取り上げた。

旧日本軍軍人・軍属に関わるテーマでは、新たに発見された朝鮮人の軍人・軍属の死亡者と生死不明者などの名簿を手掛かりに、いまだに生死も知らされず何の補償も受けられない遺族の思いを伝えた『ドキュメント'91 シリーズ・四六年目の夏に（2）恨・嘆きの系譜～旧日本軍朝鮮人軍人名簿を追って～』（日本テレビ、一九九一年八月一一日）や、[19] 帰化を条件に補償を行ってきた日本政府のやり方はおかしいとして韓国籍のまま障害年金の給付を求めて裁判を続ける二人の旧日本軍軍属の姿を描いた『ドキュメント'94 シリーズ・四九年目の夏に（4）闘い未だ終わらず 忘れられた皇軍の戦後』（日本テレビ、一九九四年八月一四日）などがある。また、『NHKスペシャル アジアと太平洋戦争 第4回 趙文相の遺書・シンガポールBC級戦犯裁判』（一九九一年八月一五日）は、戦争終了後、アジアの各地で逮捕投獄された約五六〇〇人のBC級戦犯のなかに朝鮮人も含まれていたことに光を当てた。番組では、泰緬鉄道建設のために置かれた捕虜収容所の監視員をしていたある朝鮮人男性が、裁判で無実を訴えながらも捕虜虐待の罪で死刑となるプロセスを残された手記を元に克明に描いた。

『NHKスペシャル 51年目の〝戦争責任〟～強制連行と日本企業』（NHK、1996年8月15日）

戦時中、日本が領有していたサハリン（南樺太）に労働力として動員されていた韓国・朝鮮人のうち四万人が戦後も残留を余儀なくされた、いわゆるサハリン残留韓国・朝鮮人の問題を取り上げた番組も多い。その代表的なものとしては、『NHKスペシャル 集団帰国の夏〜サハリン・韓国朝鮮人の選択』(NHK、一九九七年八月三日)がある。この番組は、戦後半世紀を経過してなおサハリンで暮らす人々、そして冷戦終結後、悲願の帰国を果たしたものの祖国で再び過酷な現実に直面する人々の姿を描いた。このテーマでは、ドラマも制作されている。『終戦特別企画 愛と悲しみのサハリン』(日本テレビ、一九九一年八月七日、主演:斉藤由貴、加勢大周、白川和子ほか)である。サハリンを主たる舞台としたこのドラマは、強制連行で引き離されたある新婚の朝鮮人夫婦の戦中〜戦後にかけての悲劇的な運命を描いたものであった。

個人への補償、個人の請求権をめぐって

もちろん日韓関係だけでなく、「戦後責任」「戦後補償」については中国をはじめ他のアジア諸国とのあいだにも多くの問題がある。九〇年代には、そうした問題を取り上げる番組も制作されている。『幻の外務省報告書〜中国人強制連行の記録〜』(NHK、一九九三年八月一四日)は、日本で約四万人が働き、そのうち七千人が病死したとされる中国人の徴用工の問題を取り上げた。番組では中国人の強制連行に関する外務省の未公開資料を入手、「どのように中国人労働者を連れてきて、どう管理したのか、連行から死に至るまでの過酷な実態」を明らかにした[20]。また、先にも挙げた『NHKスペシャル 調査報告・アジアからの訴え〜問われる日本の戦後処理〜』(NHK、一九九二年八月一四日)は、中国、韓国のほか、台湾、香港、マレーシア、インドネシア、フィリピン、パラオ、北朝鮮

などアジアの多くの国・地域とのあいだで「戦後責任」「戦後補償」がどのように問題になっているのか、番組前半において総覧するような内容となっていた。そして、侵略や植民地支配に対する謝罪や、犠牲となった人々への補償に正面から取り組むのではなく「経済援助」という形に軸足を置いた日本の戦後処理の特徴を明らかにしていった。また日本の「戦後責任」「戦後補償」のあり方を、日本と同様に敗戦国となり戦後経済復興を果たしてきたドイツと比較しながら検証したのが『終戦記念特別ドキュメンタリー　日独の戦後補償47年　徹底比較』（フジテレビ、一九九二年八月八日）である。番組は、戦後両国で開かれた軍事裁判、戦争犠牲者への補償、周辺諸国への補償、教科書における歴史記述、教育などの各観点から、日本とドイツの違いを検証した。そのなかでは、A級戦犯とされながら社会的地位を回復して政界に復帰した人物もいる日本と、現在まで旧ナチ党員の調査と起訴を続けるドイツ、日本国籍を持つ軍人・軍属のみに補償を行ってきた日本と、軍民に差をつけず補償を行ってきたドイツとの違いが強調された。そして日本が戦後補償として支払った金額が、ドイツの四〇分の一程度に留まっていること等が指摘された。

ここで注目したいのは、これらの番組の基本的なスタンスである。番組の多くは、「戦後補償」の問題は北朝鮮など一部の例外をのぞいて国家間交渉等によってすべて解決済みであるとする日本政府の立場を疑問視している。そして、少なくとも法的な次元とは別に倫理的・道義的な対応、または民間レベルでの対応や措置の必要性を強調しているのである。例えば、先に挙げた『終戦記念特別ドキュメンタリー　日独の戦後補償47年　徹底比較』では、キャスター役の愛川欽也と中井美穂の二人が日独の戦後補償の差の大きさに触れながら、「（日本は）迷惑をかけた人々に対して償おうという姿勢に欠けてきた……日本はいったい何をしてきたんだろう」（中井）、「国と国とのあいだの賠償とは別に、個人を対象とした補償を考えるべきではないか」（愛川）などと指摘している。

また、『NHKスペシャル 調査報告・アジアからの訴え〜問われる日本の戦後処理〜』（一九九二年八月一四日）では、キャスターの山本肇が、九つの国・地域から二六件の訴訟や要求が相次いでいることを紹介しながら、番組が収集した裁判資料などの資料からは「あの戦争中にアジアの人々が受けた苦しみや痛み、今も残る不満といったものが、行間から立ち上がってくるような感じ」がすると言っている。そして山本は、番組エンディングにおいて、経済関係を強めるアジア諸国とのあいだで信頼関係を築くためにも、「戦後処理はすべて決着済みだとしてアジアの人々からの訴えを無視するのではなく、調査するところは調査して、どうしたらアジアの人々に納得してもらえるのか考えていく必要があります。その意味で、日本の戦後処理はむしろこれから始まると言ってもいいのではないでしょうか」と述べている。さらに、同じく山本肇が進行役を務め、主に日韓の戦後補償問題を扱った『NHKスペシャル 51年目の〝戦争責任〟〜強制連行と日本企業』（一九九六年八月一五日）も同様のスタンスである。この番組の制作意図について、担当のプロデューサー佐藤幹夫は「国ではなく民間レベルでの戦争責任が問われ始めている。決して過去ではなく、今の問題として私たち一人一人が考えていくべき問題」だと説明している。[21] そして番組のエンディングにおいて、山本肇は、韓国人の徴用工からの訴えに対する対応が及び腰な日本企業のあり方を批判しながら、次のように締めくくっている。

今回の私たちの取材のあいだ、企業の担当者の口からは、どうして今になってわが社だけが訴えられるのかといったボヤキが多く聞かれ、また自ら決断するよりは裁判での決着に任せたいとか、国が何か指示してくれたらいいのに、といったつぶやきも聞かれました。残念ながら企業として独自に一歩を踏み出そうという姿勢を見せている企業は今のところ一社もありません。そこには日本の戦後処理のこれまでのあり方そのものが深く関わっているように思います。……しかしながら、日本とアジアの将来の関係を考えたとき、果たしてこのままでいいのかと思わずにはいられません。

こうした制作者やキャスターの発言のなかで表明されているのは、日本の戦後補償のあり方に対する大きな疑義である。そこには、国家間の賠償は決着済みであったとしても、個人の請求権も本当に消滅しているといえるのか、また仮に消滅しているという立場をとったとしても倫理的・道義的な対応や民間レベルの補償が必要なのではないかといった問題意識がある。これらは、先に見たように九〇年代においてはテレビだけでなく、新聞の論調においても幅広く見られたものである。しかし現在は、政府レベルはもとより、メディアにおいてもあまり見られなくなっている。こうした点からも九〇年代の「八月ジャーナリズム」が、当時の国内情勢との相互的な関係のなかで「加害」をアジェンダ化し、踏み込んだ形で「戦後責任」「戦後補償」の問題を扱っていたことが分かる。

3 せめぎあう〝戦争記憶〟と「八月ジャーナリズム」

激化する〝記憶の戦争〟

「八月ジャーナリズム」において「加害の語り」が活発に展開された九〇年代には、戦争観や歴史認識についても多くのことが問い直された。政界はアジア太平洋戦争が「自衛」のための戦争だったのか「侵略戦争」だったのかをめぐって揺れ動き、論壇では激しい論争が展開された。それはまさに戦争観や歴史認識をめぐる闘争であり〝記憶の戦争〟であった[22]。一九九三年八月、細川護熙首相は就任後初の記者会見で先の戦争を「侵略戦争であったと認識している」と発言、その後の所信表明演説でも「侵略行為や植民地支配」について「反省とお詫び」を表明した。細川は、同年八月一五日の全国戦没者追悼式においても、首相式辞として初めてアジア近隣諸国などの犠牲者に対して哀悼の意を表した。戦没者追悼式の式辞でアジア諸国への哀悼や反省の表明、「加害」への言及は、その後も歴代首相に受け継がれ、安倍晋三首相が言及をやめた二〇一三年まで継続されることになる。また一九九四年に首相となった村山富市は、戦後五〇年の「終戦記念日」に首相談話（村山談話）を発表、「植民地支配と侵略によって、アジア諸国の人々に多大の損害と苦痛を与えた」と公式に植民地支配を認め、「痛切な反省の意」と「心からのおわびの気持ち」を表明した。この談話の立場は現在に至るまで歴代政権が確認し、政府の公式見解となってきた。つまり、九〇年代前半から半ばにかけてのあいだに、日本の政権担当者による公式な戦争認識が変化したのである。

しかし他方で、こうした傾向は右派・保守派を刺激した。羽田孜内閣（一九九四年四～六月）の永野茂門法相は「南京大虐殺はでっちあげ、侵略戦争ではなかった」と発言、村山内閣の桜井新環境庁長官も「（日本は）侵略戦争をしようとしたのではない」と発言し、ともに辞任に追い込まれるなど、政治家による戦争関連の「失言」が相次いだ。[23] また九五年三月には、高市早苗議員（新進党・当時）が国会で「（戦争責任について）私自身は当事者とは言えない世代ですから、反省なんかしておりませんし、反省を求められるいわれもない」と発言し物議をかもした。九五年六月の「戦後五〇年国会決議」では議論が紛糾して「侵略」「植民地支配」の文言こそ盛り込まれたが、それは日本だけではないという文脈で語られた。[24] また同決議に対しては、自民党、新進党の議員がそれぞれ反対議員連盟を結成して反対運動を展開したほか、「日本を守る国民会議」を始めとする保守団体が大規模な集会や数百万人の署名運動などを行った。[25] 保守系論壇では「日本の戦争は自存自衛の戦争であって侵略戦争ではない」「日本はアジアを欧米の植民地支配から解放した」といった主張が『諸君！』『正論』などを中心に活発に展開されるようになり、これを批判する林健太郎と小堀圭一郎、中村粲、田中正明など保守派の論客同士による激しい論争が数年以上にわたって続いた（歴史認識論争）。[26] さらに、歴史教科書に「従軍慰安婦」や南京事件などに関する記述が登場するようになると、これに危機感を抱いた勢力が「自由主義史観研究会」を発足させ（一九九五年）、植民地支配や侵略戦争、愛国主義を肯定する歴史像を提示する運動が展開された。そして九七年には、藤岡信勝や西尾幹二、小林よしのりらが「新しい歴史教科書をつくる会」を結成、「自虐史観」を否定する歴史修正主義的な内容の独自の教科書を刊行するとともに、全国でこの教科書を採択させるための取り組みが展開されていった。

戦争観や歴史認識をめぐるこうしたせめぎあいは、国民世論のレベルにおいても見てとることができる。NHKが一九九四年一二月に実施した「戦後50年調査」では、「太平洋戦争は、アジアの国々に対する侵略戦争だった」という見方について、「そう思う」が五二・一％と過半数を占めていたが（「そうは思わない」は一五・七％）、他方で「太平洋戦争は、資源の少ない日本が生きるために、やむをえないものだった」という見方について「そう思う」が三一・八％、「そうは思わない」が三七・五％と、評価は大きく割れていた（「どちらともいえない」「分からない・無回答」は合わせて三〇・七％）。また、同調査では戦後補償についても質問している。それによると「日本が被害を与えたアジアの国々に対し、日本はこれまで補償をどの程度してきたか」という質問に対して、「十分／ある程度、している」が四四・一％、「あまり／まったくしていない」が四五・一％と拮抗していた。さらに「従軍慰安婦」などの「アジア各国の戦争被害者に対して日本政府はどうするべきか」という質問に対して、「被害者個人に補償すべきだ」が三九・七％、「反省は必要だが個人への補償までは必要ない」が三七・七％と、ここでも意見は大きく分かれていた。

原爆観をめぐる相克

戦後五〇年の前後には、広島・長崎への原爆投下の是非についても内外で大きな論争となった。一九九四年、アメリカではスミソニアン航空宇宙博物館が翌年の原爆投下五〇周年に向けて準備していた特別展の企画をめぐって大きな論争（エノラ・ゲイ展論争）が起きた。広島に原爆を投下した爆撃機、エノラ・ゲイや広島・長崎の被爆関連資料などを中心にした展示企画は「原爆の惨状を強調しすぎ、投下の正当性に疑問を抱かせる」などとして元軍人団体やマスコミから猛反発を受けた。博物館側は展示の内容を大幅に縮小する形に改定し、館長は騒動の責任を取って辞任した。[27]「論争」は日本でも注目の的となり、新聞やテレビで大きく報道された。「論争」を通じて浮き彫りになったのは、「原爆投下は大戦終結を早め、多くの米兵らの命を救ったもので、トルーマン大統領による投下の決定は正しかった」とするアメリカ側の一般的な原爆観と日本のそれとのあいだの隔たりの大きさであった。放送日が六月であるため「八月ジャーナリズム」ではないが、この「論争」の経過と波紋を追った『NHKスペシャル アメリカの中の原爆論争～スミソニアン展示の波紋～』（NHK、一九九五年六月一一日）では、スミソニアン博物館に寄せられた多くの手紙の中から、長崎の原爆資料館を訪れたことのあるアメリカ人女性の次のような一節を紹介している。

私は長崎の原爆資料館を訪れたとき、日本人の冷たい視線を受けた上に、真珠湾のことに何一つふれていないのに強い怒りを感じました。……アメリカは原爆を開発し、慎重な検討のすえに使ったのです。その後、日本の復興を助けました。こんな国がどこにあるでしょう。アメリカの原爆投下はアメリカ兵のためだけでなく日本人のことも考えて落としたのです。戦争が続けば両国の死傷者はもっとたくさん出たはずでした。[28]

「論争」は、日本の原爆観を相対化させるきっかけのひとつになった。注目されるのは、原爆投下による「被害性」を強調する日本の原爆観への反省や自己批判がなされるようになったことである。

例えば毎日新聞は、九五年の「広島・原爆の日（八月六日）」の社説「戦後50年・日本はどこへ　非難と憎しみ超えて　核兵器廃絶へ市民の連帯を」において、「長年訴えてきた核兵器の残虐性や、今も続く被爆者の苦しみが世界に伝わっていなかった」という「無念さは被爆者に共通する思いだろう」としつつ、次のように書いている。

『NHK スペシャル　アメリカの中の原爆論争～スミソニアン展示の波紋～』（NHK、1995 年 6 月 11 日）

核兵器廃絶を願う「ヒロシマ・ナガサキの心」が、なぜ世界共通の認識とならなかったのか。日本は被爆国として被害者の立場を強調するあまり、自国の戦争責任の十分な総括を怠ってきたのではないか。日本が被害を語れば語るほど米国は真珠湾攻撃を持ち出し、『原爆は戦争の終結を早め、多くの人命を救った』と主張する。アジア・太平洋諸国もまた、旧日本軍の残虐行為はどうなのか、従軍慰安婦や強制連行への戦後処理はどうか、と厳しく問いかける。

こうした日本と諸外国とのあいだの原爆観の懸隔をどう埋めていくべきかというテーマを扱った番組が「八月ジャーナリズム」で放送されている。『戦後50年特別企画「核」時代

の正義とは　若者は国籍を超えられるか』（テレビ朝日、一九九五年八月五日）である。番組は、日本人と日本に住む外国人の若者たちが、国籍や立場の違いを超えて被爆体験や被爆者の悲しみを伝える朗読劇の上映に取り組む姿を描いたものである。主催者の呼びかけに応じて集まったのは、アメリカ、ドイツ、スペイン、中国、韓国、フィリピン、そして日本の計八か国の若者たちであった。彼らは、広島を訪問して原爆資料館の見学や被爆者からの聞き取りを行ったり、各国の教科書の戦争に関する記述の読み比べをするなどして原爆についての理解を深めていく。しかしその過程で、彼らは原爆をめぐる相互の意見や立場の違いという壁にぶつかる。中国人の参加者は、朗読劇のなかに日本による中国侵略の話を盛り込むべきだと主張し、韓国からの留学生は、原爆が日本の植民地支配から祖国を解放したという韓国の原爆観を踏まえながらも、原爆のことを「良き爆弾」だとする台詞を日本の観客の前で読むことはできないと訴える。番組ではさらに、米スミソニアン博物館を訪れるアメリカ市民が原爆投下の正当性を今も信じて疑わない様子や、日本の国会が「戦後五〇年決議」における侵略や謝罪の文言を巡って揺れる状況、日本政府が唯一の被爆国として核廃絶や非核政策を唱えながらも国連では反核決議に反対票を投じたり、アメリカの核搭載艦の寄港を黙認したりしてきたことなどが紹介される。この番組は、各国における原爆観の懸隔の大きさや、それを乗り越えていくことの困難さを描くと同時に、戦争や歴史認識をめぐる和解への可能性は、そうした現実を直視し相互に理解し合うことによって見出し得ることを示す内容であった。

原爆関連番組における「被害」「加害」

実は、「ヒロシマ・ナガサキの声」が届かないという問題意識や、原爆投下による「被害性」を強調する日本の原爆観に対する反省や自己批判は、スミソニアン博物館の展示をめぐる「論争」以前から存在していた。長崎では、一九八九年の長崎・原爆の日（八月九日）の「平和宣言」において当時の本島等市長が初めて「日本の戦争加害」に触れた。そして、一九九〇年の「平和宣言」では、長崎で被爆した中国人や朝鮮人被爆者の問題に触れた。[29] これらの「平和宣言」は、長崎への原爆投下を日本によるアジア侵略や植民地支配のある種の帰結として位置づけるものであった。[30] 広島でも、一九九〇年の原水禁・広島大会で「戦争責任とアジア」という分科会が設けられ、被爆地が「被害者」の立場のみから平和を訴え続けることに対する批判的議論が展開された。また、一九九一年二月に広島市長になったジャーナリスト出身の平岡敬・広島市長は、同年の「平和記念式典」において日本のアジア・太平洋地域に対する加害に触れた。平岡はこれ以降の年の「平和宣言」で日本の加害に触れ続けており、九三年の「平和宣言」では次のように言っている。

> 日本がかつての植民地支配や戦争でアジア・太平洋地域の人々に苦難を与え、その心に今も深い傷を残していることを私たちは知っており、率直に反省する。特に、隣国の朝鮮半島に住む多くの原爆被爆者がたどった戦後の足跡を思うとき、私たちの心は痛む。これらアジア・太平洋地域の人々との末永い友好を築くためには、いまだに清算されていない、いわゆる戦後処理問題に速やかな決着をつける日本政府の決断が不可欠である。[31]

この時期、広島・長崎では、原爆関連の資料館においても展示に加害の要素を加えようという動きが相次いだ。広島平和記念資料館（原爆資料館）では、九四年六月の東館オープンにあたって、広島が日本のアジア侵略の軍事的拠点としての性格を持つ都市であった歴史を伝える「被爆までの広島」コーナーを設置した。また、一九九六年四月にオープンした長崎原爆資料館でも、日本の「戦争加害」を展示する「日中戦争と太平洋戦争」のコーナーが設置された。この展示をめぐっては地元の保守系政治家や市民団体などから多くの抗議が寄せられ、展示内容が二転三転するなど大きく揺れた。長崎では伊藤市長による「平和宣言」に対しても抗議が寄せられ、一九九七年からは「加害」の歴史を謝罪する文言が削除されている。

さらに、広島・長崎の両市や諸団体が原爆展を海外で積極的に開催するようになっていたことも注目される。海外の原爆展は、アメリカ、イタリア、スペインなど欧米諸国のほか、韓国、マレーシア、インドなどアジア諸国でも開催された。そして開催の過程で現地からの反発や原爆観の違いが浮き彫りになるケースもあった。予定していた会場の提供がキャンセルされるなどの反発を受けた韓国、原爆の「被害」を中心とした展示内容が批判されたため日本の「加害」展示を追加して開催されたマレーシアなどである[32]。

このように九〇年代、原爆観をめぐって多様な議論が展開され、様々な動きがあった。しかし、テレビの「八月ジャーナリズム」では、そうした動向を正面から取り上げた番組は必ずしも多くない。

表5‐5は、九〇年代前半の八月六日（広島・原爆の日）およびその前後にＮＨＫ・民放が放送した主

表5－5　各年の8月6日前後に放送された主な原爆関連のドキュメンタリー（1990～95年）

局	放送年	放送時間量	タイトル
NHK	1990年8月5日	75	NHKスペシャル「汚染地帯に何が起きているか～チェルノブイリ事故から4年」
NHK	1990年8月6日	75	NHKスペシャル「ドキュメンタリードラマ・マミーの顔がぼくは好きだ・母と子のヒロシマ」
NHK	1991年8月4日	60	NHKスペシャル「チェルノブイリ小児病棟・5年目の報告」
NHK	1991日8月6日	55	NHKスペシャル「ドラマ 空白の絵本」
テレビ朝日	1991日8月6日	60	チェルノブイリの子どもたち「46年目のヒロシマいま世界へ」
NHK	1992年8月6日	45	NHKスペシャル「紙の碑・被爆老人たちの手記」
NHK	1993年8月6日	60	NHKスペシャル「ヒロシマに一番電車が走った 300通の被爆体験手記から」
NHK	1993年8月7日	55	NHKスペシャル「核実験・戦りつの記録・旧ソ連・秘密都市の40年」
NHK	1994年8月5日	50	NHKスペシャル「永遠の祈り・ヒロシマ・語り継ぐ一族」
NHK	1994年8月6日	75	NHKスペシャル「新・核の時代①・旧ソ連・迷走する核大国」
テレビ朝日	1995年8月5日	115	ANN報道特別番組 戦後50年特別企「「核」時代の正義とは 若者は国籍を超えられるか」
テレビ朝日	1995年8月5日	90	ザ・スクープスペシャル 戦後70年特別企画「核の50年！核は人類に何を残したのか　核戦争で生じた負の遺産」
日本テレビ	1995年8月5日	90	私たちの声が聞こえますか？ 女たちのヒロシマ
NHK	1995年8月6日	90	NHKスペシャル「調査報告・地球核汚染 ヒロシマからの警告」
TBS	1995年8月7日	120	「関口宏が迫るヒロシマ長崎50年目の真実」
テレビ朝日	1995年8月8日	115	戦後50年特別企画「ヒロシマ」原爆投下をめぐる新事実
	1995年8月6日	85	戦後50年特別企画「はだしのゲン ヒロシマからアメリカへ」
フジテレビ	1995年8月7日	55	被爆50年報道特別番組 揺らぐ太陽

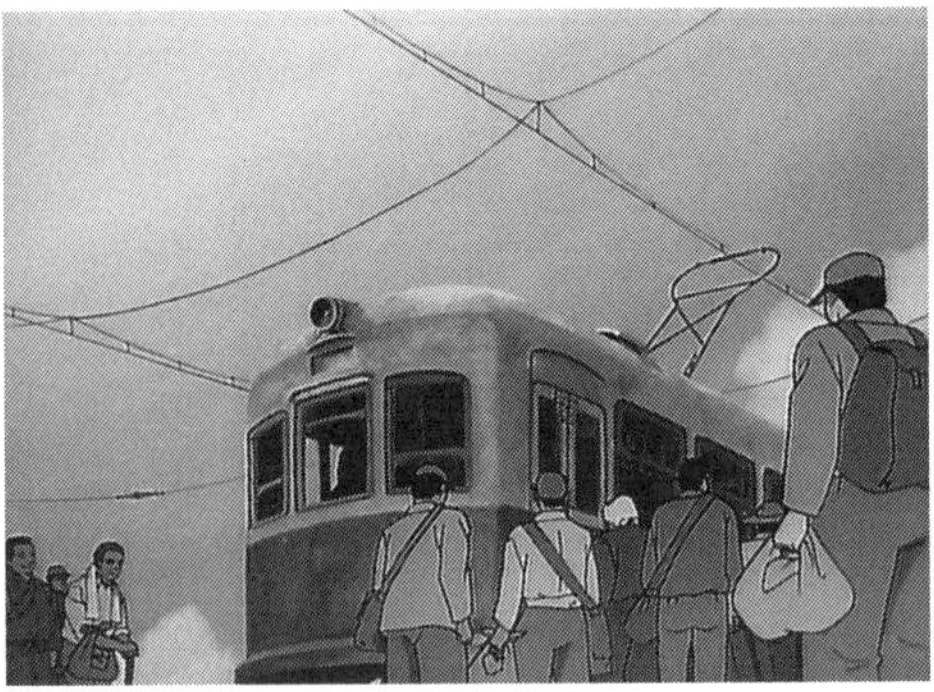
『NHK スペシャル ヒロシマに一番電車が走った 300 通の被爆体験手記から』（NHK、1993年8月6日）

な原爆関連のドキュメンタリー番組である。確かに米・スミソニアンでの論争を受けて、一九九五年に何本かの番組が放送されている。『ヒロシマ 原爆はなぜ投下されたか？～50年目の検証』（テレビ朝日系列、八月六日）、『はだしのゲン ヒロシマからアメリカへ～ぼくらの遊び場は原爆ドームだった』（テレビ朝日系列、八月六日）、『揺らぐ太陽』（フジテレビ系列、八月七日）などである。しかし、八〇年代末から九〇年代前半にかけて広島・長崎において被爆地としての「被害性」だけでなく「加害」についても問い直す形で原爆観が相対化されていったこと、そしてそれを巡って様々な対立や相克が生じたことを正面から扱うような番組は殆どなかった。先に触れた、アジアを含めた各国の原爆観の違いとそれをどう乗り越えられるかをテーマとした『戦後50年特別企画「核」時代の正義とは 若者は国籍を超えられるか』（テレビ朝日、一九九五年八月五日）と、長崎の爆心地至近にあった旧長崎刑務所浦上刑務支所で爆死した朝鮮人収容者の遺骨返還問題を追った『NNNドキュメント'98埋められた刑務所～爆死した朝鮮の人びと』（日本テレビ系列、一九九八年八月一〇日）の二本の番組が数少ない例外として挙げられる程度である。こうしたことにも、先の戦争をアメリカとの戦争として理解しようとする「太平洋戦争史観」が反映されていると言えるかもしれない。

いずれにせよ、テレビの「八月ジャーナリズム」は、当時、被爆地広島・長崎で提起されていた重要な問いを見過ごしていた、あるいはその意味を十分に認識できていなかったのではないか、という批判は免れないであろう。

実際、テレビの「八月ジャーナリズム」の原爆関連番組では、九〇年代においても「受難の語り」が主流を占めていた。例えば、NHKは毎年八月六日（広島・原爆の日）前後には『NHK特集』『NHKスペシャル』で原爆関連のテーマを扱うことが八〇年代から定着していたが、平岡敬・広島市長の「平和宣言」で「加害」への言及が話題となった九一年八月六日に放送した『NHKスペシャル』は「空白の絵本」というドラマであった。原爆で死亡したのに死亡届が出されていないために戸籍上は生存していることになっている「幽霊戸籍」をテーマとしたドラマである。そして、翌九二年の八月六日に放送されたのは、被爆して身寄りのない高齢者を対象とした養護ホーム「むつみ園」を舞台に、彼らの手記に記された「被爆後の苦悩に満ちた個人史」[33]を描いた『NHKスペシャル 紙の碑・被爆老人たちの手記』という番組であった。そして九三年の『NHKスペシャル ヒロシマに一番電車が走った 300通の被爆体験手記から』、九四年の『NHKスペシャル 永遠の祈り・ヒロシマ・語り継ぐ一族』も、それぞれ被爆による被害や被爆者たちの戦後を描いた番組であった。これらの番組はすべて「受難の語り」に該当するものであった。

他方で、九〇年代の原爆関連番組のもう一つの特徴として、チェルノブイリ原発事故による放射能汚染の問題を取り上げたり、核兵器開発や核拡散に警鐘を鳴らすなど、原発や核兵器に関連する多様なテーマが扱われたことも挙げられる。チェルノブイリ原発事故関連のテーマでは、ウクライナや白ロシア共和国で甲状腺がんや白血病の子供たちが急増している状況を取材した『NHKスペシャル　チェルノブイリ小児病棟・5年目の報告』（NHK、一九九一年八月四日）、広島で蓄積されてきた被爆者医療の経験をチェルノブイリの子供たちの治療にどう活かせるかをテーマとした『チェルノブイリの子供たち』（テレビ朝日、一九九一年八月六日）、原発事故や各国で繰り返されてきた核実験による放射能汚染の実態を追った『NHKスペシャル　調査報告　地球核汚染～ヒロシマからの警告～』（NHK、一九九五年八月六日）などがある。また、核兵器開発や核拡散に関するテーマでは、核爆発を伴わない臨界前核実験などによって核兵器開発を進めるアメリカの現状を追った『NHKスペシャル　姿なき核開発』（一九九七年八月六日）や、インドとパキスタンによる相次ぐ核実験によって核拡散が進む世界の現状を取材した『核・連鎖の時代へ～インド・パキスタン　核実験後の世界～』（NHK、一九九八年八月九日）などがある。

しかし、これらの番組もいくつかの点で限界やある種の矛盾を抱えていた。放射能汚染をテーマとした一連の番組は、被爆地としての広島の経験を踏まえて諸外国における原発事故や核実験による放射能汚染の危険性を問題にしつつも、原発に依存する日本のエネルギー政策を問題化したり、脱・原発を強く主張したりすることはなかった。また、海外における核兵器開発や核拡散の問題に警鐘を鳴らした一連の番組は、アメリカの核の傘（＝核抑止力）に依存しながら核軍縮を唱えるという日本の矛盾した立場を明確に指摘したり、国連での核軍縮の動きに対して及び腰な日本政府の姿勢を強く批判したりすることは殆どなかった。従って、これらの番組は一見、諸外国で起きている問題をテーマとして幅広く扱う、グローバルで「外向き」のジャーナリズムに見えながら、実際には、国内的な認識や価値観、諸政策が前提とする枠組みのうちにとどまるものであり、その意味では「内向き」のジャーナリズムだった。

減少する「加害の語り」

以上見てきたように、戦後長く「受難の語り」を基調としてきた「八月ジャーナリズム」は、九〇年代にはそのあり方に大きな変化が生じ、「戦争加害」を焦点化する「加害の語り」が活発化した。それは「言説空間の変容」と言うべき大きな変化でもあった。こうした変化を生み出した九〇年代は、「八月ジャーナリズム」の七〇年以上の長い歴史のなかでも特異な一時代であった。また、そのような特異な一時代を生み出した変化は、「八月ジャーナリズム」のなかで内在的に生じたのではなく、戦後日本が「戦後五〇年」という節目を迎える中で、内外から戦後責任や戦後補償を巡って問い直される時代状況との緊張関係のなかから生まれたものであった。従って、形骸化・儀礼化して「年中行事」のようなものと化しているという、しばしば「八月ジャーナリズム」に対して投げかけられる批判は、少なくとも九〇年代に関する限り当たらない。むしろこの時期の「八月ジャーナリズム」は、「戦後日本」の戦後責任や戦後補償をめぐる様々な動向や議論を反映し、多様な声を伝えたアクチュアルで問題提起型のジャーナリズムだったと言うべきである。

しかし、そうした状況が長く続くことはなかった。九〇年代は、戦争観や歴史認識をめぐって様々な政治的・思想的立場が激しくせめぎ合う「記憶の戦争」の時代でもあった。そしてその「記憶の戦争」の帰趨は、「八月ジャーナリズム」にも影響を及ぼしていった。小熊英二は、九〇年代以降の

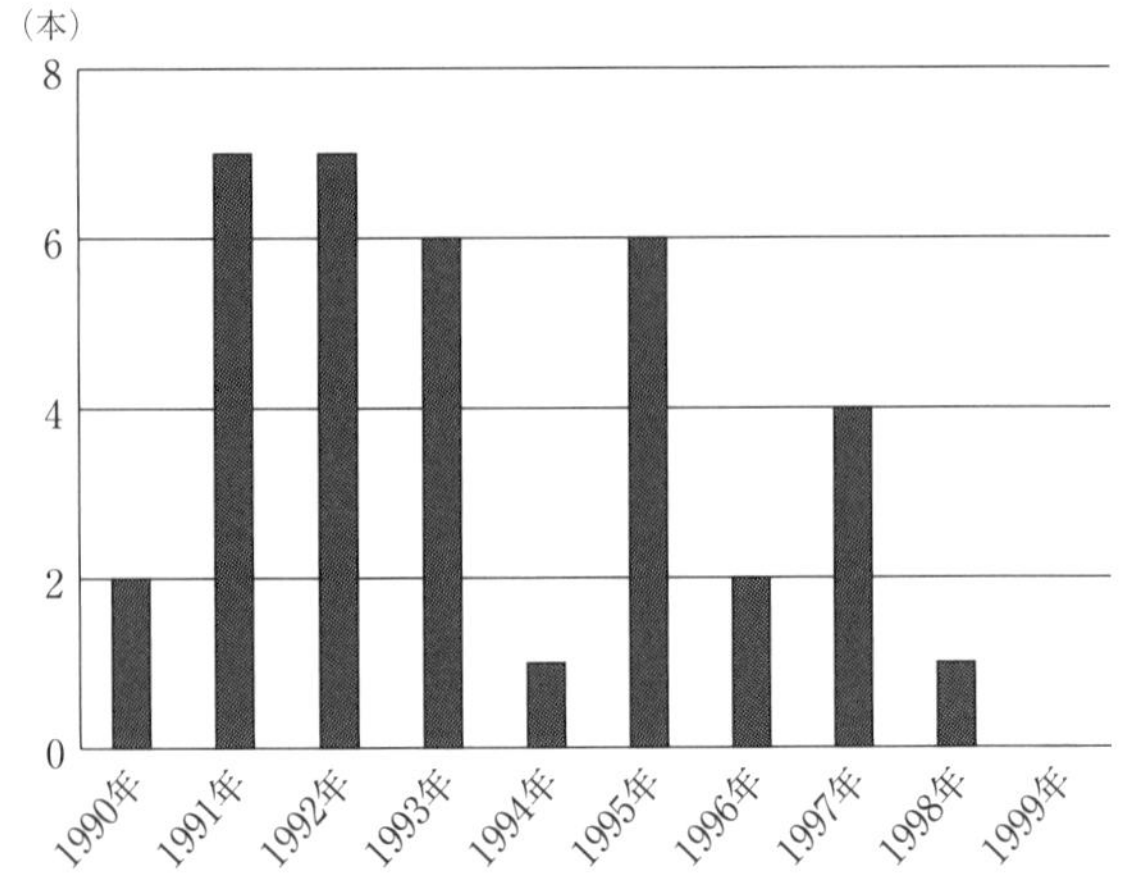

図５－２　「加害」関連テーマを取り上げたドキュメンタリー番組の数

時代を「第三の戦後」と名付けている。小熊によれば、「第一の戦後」は、一九四五年からの約一〇年間を指し、朝鮮戦争など国内外が流動的であった時期である。一九六〇年代以降の「第二の戦後」は、国際的には冷戦体制、国内的には五五年体制によってもたらされた相対的な安定期であったとされる。そうした戦後秩序の終焉とともに九〇年前後に始まったのが「第三の戦後」である。「第三の戦後」は、アジアに対する戦争責任論議と保守ナショナリズムとが台頭し、せめぎあいが生じた時期とされる。そのせめぎあいの結果、特に一九九〇年代後半になると改憲論議や自衛隊増強論、「新しい歴史教科書をつくる会」のような歴史修正主義などが高まり、一九九九年には「国旗国歌法」が成立するなど、いわゆる「バックラッシュ」の傾向が決定的となっていった。

そうした傾向と軌を一にするようにして、「八月ジャーナリズム」における「加害の語り」は減少していった。**図５－２**は、日本の「加害」に関連するテーマを取り上げたドキュメンタリーの数を示したものである。もとより、年によるバラつきはあるが、九〇年代前半〜九五年までに比べて、九〇年代後半には明らかに本数が減っている。そして九八年は一本、九九年にはゼロ本となっている。〇〇年代以降、「八月ジャーナリズム」は、再び戦争における日本・日本人の「被害」「犠牲」を焦点化する「受難の語り」が優勢を占める時代へと、いわば「回帰」していくのである。

【注】

1 戦後二〇年、三〇年などの各節目ごとの本数では、戦後五〇年にあたる一九九五年の本数は四七本で、一九六五年（戦後二〇年）の六六本に次いで二番目に多い。その他の年は、一九七五年（戦後三〇年）が三九本、一九八五年（戦後四〇年）が四三本、二〇〇五年（戦後五〇年）が三七本、二〇一五年（戦後七〇年）が四五本であった。

2 番組のキャスターを務めた作家・井出孫六による番組内での説明（『NHKスペシャル アジアと太平洋戦争② 独立・48時間の選択　自由タイの人々』一九九一年八月一三日）。

3 一つの番組の中に複数の「主要な舞台」や取材地・撮影地がある場合には、複数カウントしている。映像を視聴できない番組については、メタデータ（新聞の「ラ・テ欄」、テレビ雑誌の説明文・解説文、各放送局のウェブページ記載の情報など）から判断している。

4 本研究では、スタジオベースで進行するスタイルだった「女が語る戦争 戦争を生きた女たち」「戦争を知っていますか」は、「トーク・討論番組」に、VTRの比重の高まった「初めて戦争を知った」はドキュメンタリーに分類している。

5 朝日新聞取材班『「過去の克服」と愛国心 歴史と向き合う2』朝日新聞社、二〇〇七年、二九六頁。

6 同前、二九八頁。

7 『テレビドキュメンタリー 牛山純一の世界［3］』（NHK、一九九五年六月六日）の冒頭における牛山の証言から。

8 鈴木嘉一『テレビは男子一生の仕事 ドキュメンタリスト牛山純一』平凡社、二〇一六年、三〇七頁。

9 歩兵一〇二連隊に所属していた豊谷秀光の番組内での証言。なお、豊谷は自らの体験を書物にまとめて刊行している。豊谷秀光『破倫吾れ戦友を食う――東部ニューギニア敗残兵の告白』新世紀書房、一九七九年。

10 朝日新聞取材班、前掲書、二九九頁。

11 ダニエル・ダヤーン／エリユ・カッツ『メディア・イベント 歴史をつくるメディア・セレモニー』浅見克彦訳、青弓社、一九九六年。

12 内海愛子「戦後補償とマスコミ報道」『マス・コミュニケーション研究』四七巻、一九九五年、八〇頁。

13 『終戦記念特別ドキュメンタリー 日独戦後補償四七年 徹底比較』（フジテレビ、一九九二年八月八日）、『ＮＨＫスペシャル 調査報告・アジアからの訴え～問われる日本の戦後処理～』（ＮＨＫ、一九九二年八月一四日）のように、一つの番組で複数のテーマを扱っている番組もある。

14 桜井均『テレビは戦争をどう描いてきたか 映像と記憶のアーカイブス』岩波書店、二〇〇五年、三九〇～三九四頁。

15 『ＮＨＫウィークリーステラ』一九九五年七月二九-八月四日号、五八頁。

16 『ＮＨＫウィークリーステラ』一九九六年八月一〇-一六日号、五四頁。

17 外村大「強制連行・強制労働」東郷和彦・波多野澄雄編『歴史問題ハンドブック』岩波書店、二〇一五年、一七二頁。

18 丹羽美之編『ＮＮＮドキュメント・クロニクル 1970-2019』東京大学出版会、二〇二〇年、八二五頁。

19 丹羽美之編、同前、六六二頁。

20 『ＮＨＫウィークリーステラ』一九九三年八月七-一三日号、七二頁。

21 『ＮＨＫウィークリーステラ』一九九六年八月一〇-一六日号、二二頁。

22 朝日新聞取材班、前掲書、六五頁。

23 ほかにも島村文相が「侵略戦争ではないかというのは考え方の問題」と述べて中国などから批判を受け発言を撤回（九五年八月）、江藤隆美総務庁長官が「日本は植民地時代に韓国に良いこともした」という記者懇談でのオフレコ発言が報道され辞任に追い込まれるなどした（九五年一〇月）。

24 「歴史を教訓に平和への決意を新たにする決議」（＝戦後五〇年国会決議）は、「世界の近代史上における数々の植民地支配や侵略的行為に思いをいたし、我が国が過去に行ったこうした行為や他国民とくにアジアの諸国民に与えた苦痛を認識し、深い反省の念を表明する」としており、欧米列強の植民地支配や侵略行為と日本のそれとを同列に位置付けるものであった。

25 具裕珍「日本における政治的脅威と保守運動：１９９０年代の不戦決議反対運動を中心に」『アジア地域文化研究』14号、二〇一七年。

26 中島岳志『保守と大東亜戦争』集英社、二〇一八年、二一六～二五八頁。林健太郎『歴史からの警告 戦後五十年の日本と世界』中央公論社、一九九五年、参照。

27 「エノラ・ゲイ展論争」については、トム・エンゲルハート、エドワード・T・リネンソール『戦争と正義 エノラ・ゲイ展論争から』島田三蔵訳、朝日新聞社、一九九八年、マーティン・ハーウィット『拒絶された原爆展――歴史のなかの「エノラ・ゲイ」』山岡清二ほか訳、みすず書房、一九九七年参照。

28 桜井均、前掲書、一五六頁。

29 本島市長は九〇年の「平和宣言」で「戦後45年間、外国人被爆者は、実態さえ不明のまま放置されてきました。私たちの人道上の責任はきわめて大きいといわなければなりません。特に、当時の朝鮮や中国の人たちが残酷な植民地支配のもとに、強制連行され、非人道的扱いをうけ、異境の地で被爆して世を去り、あるいは年老いて、原爆症によって心身ともに破壊されています。私たちは速やかに謝罪し、実態を調査し、援護をしなければなりません」と言っている。長崎原爆資料館ホームページ：https://nagasakipeace.jp/japanese/appeal/history/1990.html（二〇二〇年七月一八日）

30 本島市長の「天皇の戦争責任」発言（一九八八年一二月八日）は大きな物議を醸し、右翼による銃撃事件にまで発展したが、この発言も昭和天皇が一九四五年二月に近衛文麿が戦争中止を進言した際に受け入れなかったことが広島・原爆投下を招いたのではないか、という市議会での質問に対する応答であった。

31 広島市ホームページ参照：https://www.city.hiroshima.lg.jp/site/heiwasengen/9424.html（二〇二〇年七月一八日）

32 毎日新聞「韓国の原爆展 埋まらぬ意識の溝」一九九五年八月七日朝刊、朝日新聞「激論乗り越え反核共有 被爆2世とマレーシア住民が戦争展」一九九七年七月三一日朝刊、参照。

33 『週刊ＴＶガイド』東京ニュース通信社、一九九二年八月一日号、一七八頁。

第6章　内向化する「八月ジャーナリズム」：〇〇年代〜一〇年代

二〇〇〇年の八月一五日、毎日新聞は「終戦記念日　閉塞状況を打破する気概を　求められる『戦時中』の清算」と題する社説を掲載している。この社説は、当時「失われた一〇年」と言われた経済的、社会的な停滞状況を「第二の敗戦」と性格づけ、日本の戦後システムが多方面で崩壊・行き詰まりを見せていると指摘した。そして、日本はふたたび「危機に対する認識と改革する意思」を持つべきであると主張していた。しかし実際には、「失われた一〇年」は「失われた二〇年」に、さらには「失われた三〇年」となった。二一世紀に入ってからの日本は、少子高齢化や人口減少が急速に進み、低成長から衰退に向かっていることが誰の目にも明らかになった。急激な経済成長を遂げた中国に「世界第二の経済大国」の地位を奪われ、一人当たりＧＤＰで韓国と同水準に並ばれた。そうしたなか、九〇年代後半から台頭した新保守主義や歴史修正主義が一層活発化し、在日韓国人・中国人へのヘイトスピーチに見られるような排他的で偏狭なナショナリズムが高まった。そして中国や韓国をはじめとするアジア諸国とのあいだでは、歴史認識、「従軍慰安婦」、徴用工、それに領土問題などをめぐる緊張関係が断続的に続いてきた。

「八月ジャーナリズム」では、「加害の語り」が減少して「受難の語り」が再び優勢を占めるという傾向が定着した。しかし同時に、テレビの「八月ジャーナリズム」においては幾つかの変化も生じた。メディア環境の変化やデジタル技術の発達を受けて、番組のスタイルや制作のフォーマットが多様化したこと、戦争終結から時間が経過して戦争体験者が減少するなかで、「戦争」について次世代にどのように「継承」するのかということが大きな社会的アジェンダとなったことなどである。

1　「受難の語り」の再前景化——〇〇年代の「八月ジャーナリズム」

本数の減少

〇〇年代（二〇〇〇～〇九年）におけるテレビの「八月ジャーナリズム」を一九九〇年代と比較すると二つの大きな特徴が見えてくる。第一は放送本数の減少である。〇〇年代の一〇年間に放送された関連番組の本数は二三〇本で、九〇年代の二九四本からは六〇本以上の減少である（**図6-1**）。テレビの「八月ジャーナリズム」が本格化する前の一九五〇年代を例外として、六〇年代以降はすべて二七〇本以上で推移していたことからすると大幅な減少である（二〇一〇年代は二三七本）。「八月ジャーナリズム」における主要ジャンルであるドキュメンタリーに限定しても、本数の減少は顕著である。**図6-2**は、各年代に放送されたドキュメンタリーの本数をＮＨＫ・民放別に示したものである。一九九〇年代に放送されたドキュメンタリーがＮＨＫ・民放合わせて一八一本であったのに対して、〇〇年代は一三四本に減少している（一〇年代は一四六本）。特に減少が顕著なのは民放である。九〇年代に六〇本放送された民放のドキュメンタリーは、〇〇年代は二一本と約三分の一まで減少し

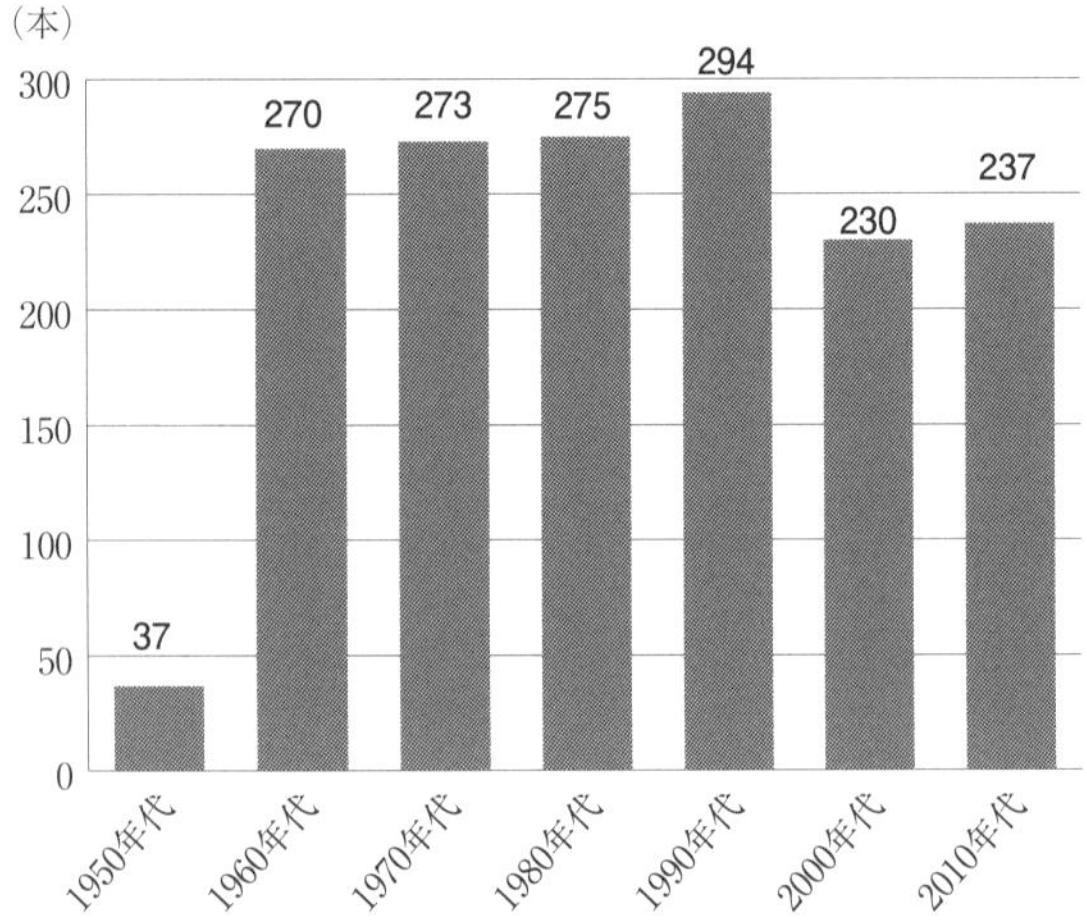

図6－1　各年代の関連番組の本数

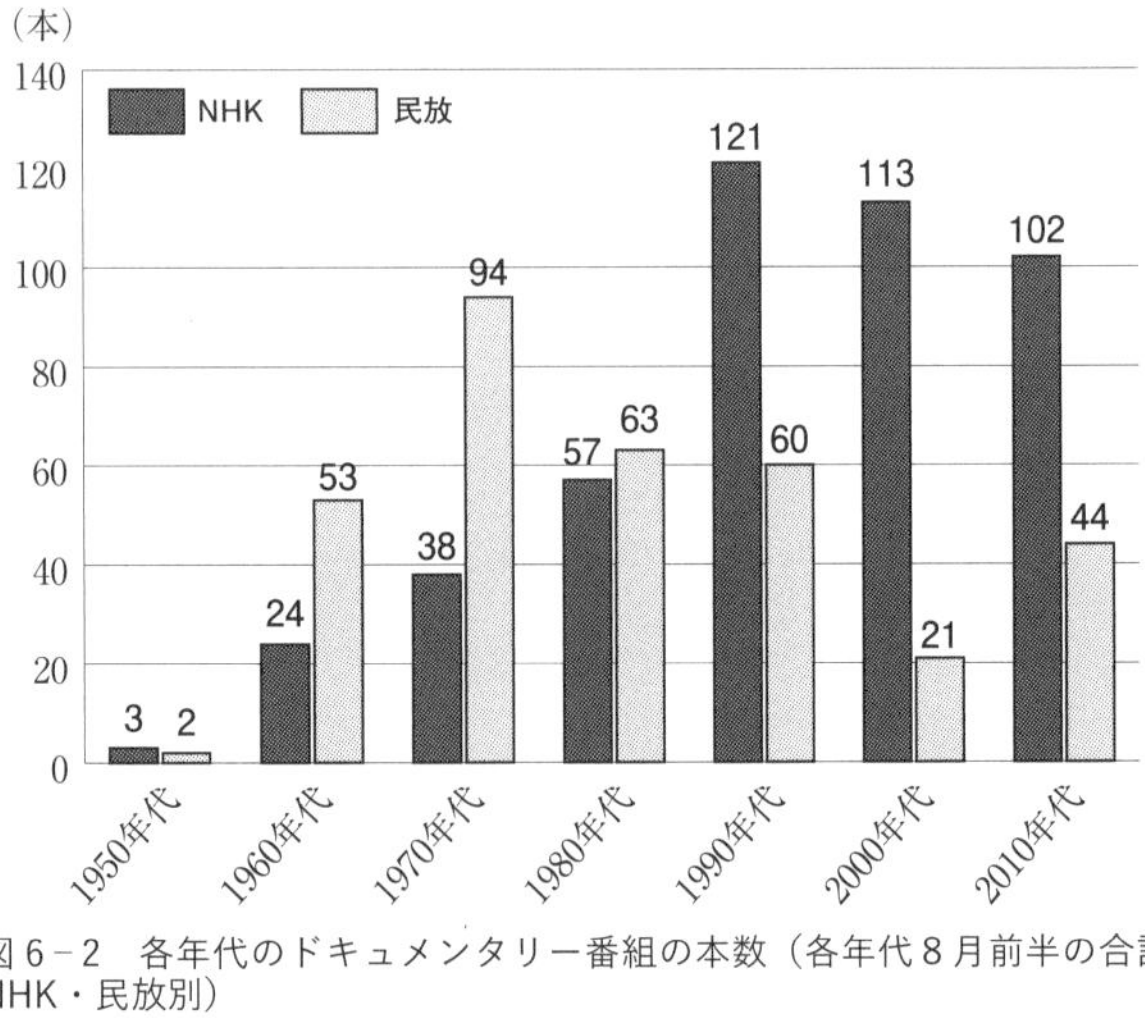

図6－2　各年代のドキュメンタリー番組の本数（各年代8月前半の合計、NHK・民放別）

ている。また、データは示していないが、年別にみると二〇〇九年を除いて民放で五本以上放送された年はなく、「戦後六〇年」の節目の年であった二〇〇五年でも四本に留まっていた。そして二〇〇三年には一本も放送されていない。民放のドキュメンタリー番組の本数はその後、二〇一〇年代には若干増加しているものの、従来から見られた「周年報道」の傾向が一層顕著となっている。例えば、「戦後七〇年」の二〇一五年には一四本のドキュメンタリーが放送されたが、それ以外の年ではいずれも一～五本のあいだに留まっている。

　このような放送本数の減少の背景として考えられるのが、社会全体での戦争に対する関心の低下である。朝日新聞が二〇〇五年に実施した世論調査では[1]、太平洋戦争のことを「知っている」と答えた人が「よく」と「ある程度」を合わせて六二％いる一方で、「知らない」という人が「全く」と「あまり」を合わせて三八％いた。調査では戦争についてまわりの人と話をするかについても尋ねているが、「話をしない」という人が五八％であった。この結果は、戦争について知識や関心のない層が相当の割合で存在することを示すものである。朝日新聞は、同年五月三日の「社説 改憲論議を考える 世直し気分と歴史の重さ」において、憲法をテーマとした別の世論調査の結果に触れながら「憲法の出発点でもあった戦争の記憶は薄れつつある」と指摘している。そしてその背景として、終戦から六〇年という単純な時間の経過はもとより、「戦争といえばイラクであり、北朝鮮の核・ミサイル問題や拉致問題も頭に浮かぶ。潜水艦が石垣島沖を横切ったりする中国の大国化も気にかかる」といった時代状況があると説明している。つまり、六〇年前の戦争（アジア太平洋戦争）よりも、イラク戦争のような現在進行形の戦争や、朝鮮半島や東シナ海などで緊張感が高まる安全保障問題に、より多くの関心が向けられる傾向が強まっていたのである。

戦争への関心低下という傾向は、ＮＨＫの世論調査からも読み取ることができる。ＮＨＫは二〇〇〇年五月、同年の「終戦記念日」に放送した『ＮＨＫスペシャル　２０００年　あなたにとって戦争とは』（ＮＨＫ、二〇〇〇年八月一五日）で使用するデータを収集する目的で「日本人の戦争観」という世論調査を実施している。[2] この調査では「先の戦争」は「アジア近隣諸国に対する侵略戦争であった」という認識について「そう思う」という割合が五一％であった。ＮＨＫは、ほぼ同じ趣旨の質問を一九八二年の調査でも行っているが、そこでも「そう思う」は五一％と同じ割合であった。しかし一九八二年と二〇〇〇年とを比べると、「わからない、無回答」の割合が一六％から二八％と増加していた。同様に「先の戦争」について「資源の少ない日本が生きるためのやむを得ないものだった」という認識について「そうは思わない」という割合は、三九％（一九八二年）→三五％（二〇〇〇年）とあまり変化がないものの、「わからない、無回答」の割合は一二％（一九八二年）→三一％（二〇〇〇年）と大幅に増えている。

関心の低下と知識の低下は言うまでもなく相関している。ＮＨＫは、〇五年、一〇年、一五年と五年おきに原爆についての意識調査を実施しているが、注目されるのが広島に原爆が投下された年月日についての質問の結果である。[3] 正解（＝一九四五年八月六日）を答えられた人の割合は、〇五年は三七・五％、一〇年は二六・八％、一五年は二九・五％であった。つまり、日本における戦争（被害）体験の原点のひとつともいえる広島の原爆についても、六〜七割の人々にとってはすでに記憶が曖昧な、遠い歴史上の出来事になっていたのである。こうした状態であれば、八月だからといって戦争をテーマとした番組を放送しても高い視聴率は望めない。したがって放送局が関連番組の放送を抑制しようとしたとしても不思議はない。そして本数が減少することによって、戦争に対する人々の関心や知識のレベルがさらに低下する、といったある種の悪循環が起き始めていたと考えられる。

「受難の語り」への自閉

〇〇年代におけるテレビの「八月ジャーナリズム」のもうひとつの大きな特徴は、九〇年代に多く見られた「加害の語り」が影をひそめ、八〇年代以前と同様に「受難の語り」が再前景化したことである。この傾向は、〇〇年代を通して、そして一〇年代以降現在にまで続いていくことになる。

「戦後六〇年」の節目の年にあたった二〇〇五年を例に見てみたい。この年の八月（前半）に放送された戦争・終戦関連番組は計三七本、そのうちドキュメンタリーは一九本である。そしてその殆どは、日本・日本人が戦争で受けた被害・犠牲を扱った「受難の語り」に該当する番組である（表6-1）。なかでも本数が最も多いのは原爆関連のテーマを扱った番組である。原爆関連番組は九本と全体の半数近くを占めており、そのすべてが「受難の語り」に該当する。例えば、ＮＨＫは毎年八月六日に原爆関連の『ＮＨＫスペシャル』を放送することが恒例化しているが、この年の『ＮＨＫスペシャル』は「被爆者 命の記録～放射線と闘う人々の60年」という番組で、「八割以上の人が亡くなった爆心から一キロ以内の地帯。奇跡的に生き残った人々に、いま放射線の影響と考えられるがんが多発している」ことに注目し、「放射線によって傷付いた人々の体と心を見つめ、核兵器が人間をどこまで冒し続けるのか、その恐ろしさ」を描いたものであった。[4]『ＮＨＫスペシャル』は「長崎・原爆

表6－1　2005年8月前半（1日～16日）に放送された戦争関連ドキュメンタリー番組

局	月日	放送時間量（分）	タイトル
NHK	8月3日	43	その時歴史が動いた「ソ連参戦の衝撃・満蒙開拓民はなぜ取り残された」
NHK	8月4日	45	その時歴史が動いた「戦艦大和の悲劇～大鑑巨砲主義、時代に敗れる」
TBS	8月5日	173	TBSテレビ放送50周年～戦後60年特別企画 ヒロシマ…あの時原爆投下は止められた…いま明らかになる悲劇の真実
NHK	8月6日	75	NHKスペシャル「被爆者 命の記録～放射能と闘う人々の60年」
NHK教育	8月6日	90	ETV特集「最後の慰霊の旅／俳句が詠んだ太平洋戦争」
NHK	8月7日	75	NHKスペシャル「ZONE・核と人間」
テレビ朝日	8月7日	90	スクープスペシャル「原爆投下60年特別企画　恐怖の放射能人体実験　封印されたヒバクシャの全真相」
NHK	8月7日	80	特集・平和アーカイブス～語り伝えるヒロシマ・ナガサキ～
日本テレビ	8月7日	30	NNNドキュメント'05「ヒロシマ・グラウンド・ゼロ…CGでよみがえる8月6日」
NHK	8月8日	120	特集・平和アーカイブス～語り伝えるヒロシマ・ナガサキ～「被爆者たちの60年」
NHK	8月9日	53	NHKスペシャル「赤い背中～原爆を背負い続けた60年」
NHK	8月9日	80	特集・平和アーカイブス～語り伝えるヒロシマ・ナガサキ～
フジテレビ	8月9日	55	NONFIX「アロハ桜・ハワイ日系二世兵士からの贈り物」
NHK	8月10日	45	九州沖縄スペシャル「火の雨が降った日」
NHK	8月10日	25	北海道クローズアップ「町に砲弾が撃ち込まれた」
NHK	8月11日	58	NHKスペシャル「そして日本は焦土となった～都市爆撃の真実～」
NHK	8月11日	45	やまなし特集「甲府空襲・60年目の記録」
NHK	8月12日	45	にんげんドキュメント「最後の一枚～戦没画家生・命の軌跡～」
NHK	8月13日	60	NHKスペシャル「靖国神社～占領下の知られざる攻防」

『NHKスペシャル 赤い背中～原爆を背負い続けた60年』（NHK、2005年8月9日）

の日」の八月九日にも放送されている。「赤い背中～原爆を背負い続けた60年」という番組で、原爆の熱線で背中を真っ赤に焼かれ、戦後も癒えることのない傷を背負いながら、「語り部」として国の内外でその体験を語り続けてきた人物（谷口稜曄）に焦点を当てたものであった。またＮＨＫはこの年、『特集・平和アーカイブス～語り伝えるヒロシマ・ナガサキ』と題した三夜連続の番組を放送している。このシリーズは、ＮＨＫがそれまでに放送した数多くの原爆関連のドキュメンタリー番組を再編集したもので（「第1夜 原爆投下 その時何が」「第2夜 被爆者たちの60年」「第3夜 伝えたし、されど」）、原爆がもたらした被害と惨状を改めて伝えるとともに「被爆者の現在の思いなどを新たに取材し、平和を語り継ぐことの大切さについて考える」というコンセプトであった。[5]

この年には空襲の被害を取り上げた番組も三本放送されている。福岡大空襲（一九四五年六月）の惨禍の模様を取り上げた『九州沖縄スペシャル 火の雨が降った日』（ＮＨＫ、八月一〇日）、甲府空襲（一九四五年七月）の被害について扱った『やまなし特集 甲府空襲・60年目の記録』（ＮＨＫ、八月一一日）、国際法が禁じていた都市・一般市民を対象とした攻撃（空襲）がなぜ・どのようにして行われるようになったのか、世界各国の事例にも触れながら米軍による日本への空襲の全体像に迫った『NHKスペシャル そして日本は焦土となった〜都市爆撃の真実』（NHK、八月一一日）である。また、『北海道クローズアップ 町に砲弾が撃ち込まれた』（NHK、八月一〇日）は、米海軍が室蘭一帯に行った室蘭艦砲射撃（一九四五年七月）の被害を取り上げた番組であった。

他方で、日本による「戦争加害」をテーマとしたドキュメンタリー番組は皆無に等しい。テーマや内容に関する限り、まるで一九七〇年代以前に先祖返りしてしまったかのような印象が否めない。しかもこれは二〇〇五年に限ったことではなく、実は〇〇年代を通してほぼ同じような傾向が続いている。〇〇年代の「八月ジャーナリズム」において「加害」を明示的に主題として扱ったドキュメンタリーは、確認し得る限りでは一本もない（後述するように討論番組などで「加害」や「歴史認識問題」を扱ったものは数本、放送されている）。前章でみたように、一九九〇年代の「八月ジャーナリズム」は、日本によるアジア諸国への侵略、植民地支配、虐殺や虐待などの残虐行為、強制連行や「従軍慰安婦」など日本による「戦争加害」に関わるテーマを活発かつ多角的に取り上げ、「加害の語り」の時代として特徴づけることができた。そこからわずかの時間で状況が一変したことになる。

日中関係、日韓関係の先鋭化

しかし、テレビの「八月ジャーナリズム」が再び「受難の語り」へと自閉してしまったかに見える〇〇年代は、国内外において戦争責任や歴史認識などをめぐる問題が何も起きなかった凪のような時代だったわけでは決してない。逆に、幾つかの問題に関連して日中関係、日韓関係が先鋭化したり緊張が高まったりする局面が何度も生じていた。

第一は、歴史教科書問題である。二〇〇一年四月、「新しい歴史教科書をつくる会」主導で作られた扶桑社の歴史教科書が文科省の検定に合格した。この教科書が、日本の侵略や加害行為をわい曲して記述しているとして韓国と中国が相次いで抗議し、記述の修正を要求した。[6] そして、日本側が事実上これを拒否すると、翌年(〇二年)にサッカーW杯共催を控えた日韓関係は急速に冷え込んだ。第二は、〇一年に首相となった小泉純一郎による靖国神社参拝問題である。小泉は首相就任以前から靖国神社参拝の意向を表明していたため、中国・韓国は早くから警戒していた。結局小泉は、当初予定していた八月一五日ではなく、二日前倒しの一三日に参拝した。現職首相の参拝は一九九六年の橋本龍太郎以来であった。これに対しても中国、韓国は強く反発した。そして第三に、〇〇年代の半ば以降、中国とのあいだでは尖閣諸島、韓国とのあいだでは竹島をめぐって、それぞれ領土問題も先鋭化した。

こうした一連の動向に加え、日本がこの時期に国連の常任理事国入りを目指す動きを活発化させたことへの反発も相まって、日中・日韓関係は急速に悪化した。中国では二〇〇四年から〇五年にかけて、歴史教科書問題や日本の国連安保理常任理事国入りに反対する抗議デモが各地で頻発、日中関係は一九七二年の国交正常化以来、最悪といわれる状況となった。また韓国でも、〇五年二月に島根県が県の条例で「竹島の日」を定め竹島の領有を主張したことをきっかけに反日世論が高まり、各地で抗議デモや集会が開かれた。盧武鉉政権は日本との対決姿勢を鮮明にし、歴史教科書問題や領土問題、戦後補償問題に強硬に臨むことを骨子とする「対日外交戦争（新韓日ドクトリン）」を発表した。〇五年三月、日中韓三か国で行われた共同世論調査では、韓国、中国で「日本を嫌い」とする割合が六割以上に上り、小泉首相の靖国神社参拝や日本の国連安保・常任理事国入りに対して圧倒的多数（八～九割）が「反対」という結果であった。[7] 朝日新聞は同年八月一五日の「社説 戦後六〇年 元気と思慮ある国に」において、小泉政権下の対東アジア外交の「失敗」を厳しく批判しながら次のように書いている。

さすがの小泉氏にもアジア村では人事権も解散権もなく、ダメならぶっ壊すというわけにはいかない。もとより戦前のように、力ずくという道もない。揚げ句は国連安保理の常任理事国入りに、両国からあれほど強く反対されようとは。アジアでの和解を目指してきたはずの日本にして、戦後六〇年の大失態だった。……日中には密接な経済関係が育ち、日韓には前代未聞の韓流ブーム。そんな貴重な財産もつくったというのに、無用な元気で彼らの神経を逆なでし、「反日連合」をつくらせるほど愚かなことはない。

〇〇年代に日中・日韓関係が混迷し緊張関係が高まった背景には様々な要素が関わっていたが、根本的にはそれらは戦後処理や戦後責任のあり方に起因する問題ばかりであった。また〇〇年代は、一九九〇年代に中国や韓国の元徴用工が日本政府や日本企業を提訴した裁判の判決が相次いで出された時期でもあった。[8] その殆どは最高裁判決までの過程で原告敗訴となったものの、一部では、日本の加害企業が歴史的事実を認め、それを被害者側が受け入れることで「和解」にいたったケースもあった。中国人強制連行・強制労働の被害者と日本企業とのあいだで成立した「花岡事件訴訟和解」（二〇〇〇年九月）や「西松建設和解」（二〇〇八年一〇月）、三菱マテリアル社の和解（二〇一六年三月）などである。以上のような日中・日韓関係の動向や、戦後補償に関連する一連の訴訟などは、いずれも揺れ動く同時代の問題であると同時に、本来は「八月ジャーナリズム」によって正面から取り上げられ、広く社会的に共有されるべき問題だった。

もちろん、新聞もテレビも日々の「ニュース」としては頻繁に関連の動向を報道していた。特に新聞では、「八月ジャーナリズム」の枠内においても、上記の終戦の日の社説などのように同時代の状況について触れ、時として踏み込んだ論評を加える記事も多く見られた。また、テレビの「八月ジャーナリズム」でも、数は少ないながら、それらを正面から取り上げる番組が放送されていた。

その代表例として、NHKが放送した二本の討論番組が挙げられる。『NHKスペシャル 2000年 あなたにとって戦争とは』（NHK、二〇〇〇年八月一五日）と『日本の、これから 戦後60年 じっくり話そう アジアの中の日本』（NHK、二〇〇五年八月一五日）である。『NHKスペシャル 2000年 あなたにとって戦争とは』は、日本人は「過去の戦争とどう向き合い、二一世紀の平和をどう作り出していくのか」をテーマとした討論番組であった。戦中世代の中坊公平（弁護士）、外交評論家の岡本行夫、国境なき医師団で活動する貫戸朋子（医師）という三人のパネリストに加え、一〇〇人の若者たちが集まり、先述の「日本人の戦争観」についての世論調査結果を踏まえながら討論を展開した。討論では、先の戦争が「侵略戦争」だったかどうかという戦争観や、戦争中の日本軍によ

『日本の、これから 戦後60年 じっくり話そう アジアの中の日本』
（NHK、2005年8月15日）

る残虐行為などについての認識、戦後責任のあり方などが議題となった。「戦後六〇年」の年の「終戦記念日」に放送された『日本の、これから 戦後60年 じっくり話そう アジアの中の日本』は、より踏み込んだ内容の討論番組であった。三部構成で合計四時間四〇分に及んだ同番組では、中国や韓国における対日感情の悪化、その背景にある歴史認識問題、教科書問題、靖国神社参拝問題、領土問題などについて、現地からの報告や世論調査結果も交えながら、多様な立場の専門家、市民らが討論した。[9]

しかしこれらの番組はあくまでもごく少数の例外であった。テレビでは、〇〇年代に入ってから急速に悪化した日中関係、日韓関係およびそれらに関連する諸問題について、「八月ジャーナリズム」の枠内で扱おうという姿勢に総じて乏しかった。そしてその結果、先にも見たようにテレビの「八月ジャーナリズム」は、日本・日本人の「被害」「犠牲」を焦点化する「受難の語り」が大勢を占める、内向きで自閉的なジャーナリズムに変容していた。

「加害の語り」への圧力

　ではなぜ、九〇年代に活性化した「加害の語り」が急減し、「受難の語り」が再前景化することになったのだろうか。背景的な要因のひとつとして考えられるのは、九〇年代後半から特に顕著になった日本社会の保守化・右傾化である。日本では「戦後五〇年」の一九九五年前後を境に、新保守主義、歴史修正主義といわれるような思想が伸長し、〇〇年代に入ると「在日特権を許さない市民の会」（〇六年〜）に代表されるような排外主義的・差別主義的なナショナリズムが台頭した。『SAPIO』（小学館）、『諸君！』（文藝春秋）、『正論』（産経新聞）といったいわゆる「保守論壇誌」がそうした言説の主たる舞台となり、九〇年代後半以降に普及したインターネット上でも、掲示板サイト「2ちゃんねる」（現在は「5ちゃんねる」）などで「ネトウヨ（ネット上の右派）」と呼ばれるユーザー達による活発な言論が展開された。一〇年代には在日韓国・朝鮮人などを対象とした「ヘイトスピーチ」「ヘイトクライム」が大きな問題となった。これらの保守派・右派の言説においては、「嫌韓」「反中」「反リベラル」「反マスメディア」などが主要なアジェンダであった[10]。つまり、中国や韓国、そしてリベラルな立場の市民、そしてリベラルな論調の新聞・テレビが、その主要な批判・攻撃対象となっていた。

　こうした日本社会の保守化・右傾化傾向に関連して、テレビに深刻な影響を及ぼした事件が起きている。第一は、『ETV2001 問われる戦時性暴力』（NHK教育、二〇〇一年一月三〇日）の番組改変問題である[11]。この番組は、〇一年一月二九日から二月一日までの四夜連続のシリーズ「戦争をどう裁くか」の第二回として放送されたもので、戦時中の日本軍の「従軍慰安婦」問題の責任を問う市民団体による民間法廷「女性国際戦犯法廷」を取り上げたものである。この番組は、NHK幹部の指示によって放送直前に改変されていた。改変では、被害者である「従軍慰安婦」たちの証言や、加害者にあたる元日本兵の証言などが大幅にカットされたうえ、同市民法廷に批判的な有識者の長時間のコメントが加えられた。この改変について、番組の取材に協力した市民団体「戦争と女性への暴力」日本ネットワーク（バウネット・ジャパン）が、当初説明された趣旨とは異なる番組が放送されたことによって「期待権」が侵害されたとしてNHKを提訴した。また〇五年には朝日新聞が、改変は中川昭一（経産相・当時）や安倍晋三（官房副長官・当時）といった有力政治家からの政治的圧力の結果だとする記事を掲載、NHK側がこれを否定するといった騒動にも発展し、大きな社会的関心を集めた。

NHKや制作会社が被告となって最高裁まで争われた裁判は、被取材者側の「期待権」の保護の可否が最大の争点となったために、NHKに対する政治的圧力が実際にあったのか、あったとしてそれはどのようなものだったのか等の詳細が十分に解明されないまま、NHK側の勝訴で決着した[12]。しかし事件は、その後のNHKに大きな影響をもたらした。NHKはこれ以降、韓国・朝鮮の「従軍慰安婦」問題をほとんど扱わなくなったのである。ドキュメンタリーに限定するならば、この問題を直接的なテーマとして扱う番組は、二〇二一年現在にいたるまで一本も放送されていない[13]。日本の戦争加害が多様な形で焦点化された九〇年代には、「従軍慰安婦」問題がテレビでも活発に取り上げられていたこと、またこの問題は〇〇年代以後も日韓関係において焦眉の課題であり続けてきたこと、そして二〇一五年には日韓両政府のあいだで「最終的かつ不可逆的な解決」を確認するとした合意が結ばれたものの、それ以降もその評価や履行のあり方をめぐって内外で議論が絶えないことなどに鑑みれば、〇〇年代以降、NHK・民放を含めて「従軍慰安婦」問題を扱う番組が皆無に近い状況が続いてきたことは異常と言うべきである。テレビジャーナリズムが視聴者の知る権利に応えるという基本的役割を自ら放棄しているという批判を免れないであろう。

もう一本、やはり「戦争加害」との関係で大きな社会的問題となった番組がある。『NHKスペシャル シリーズ JAPANデビュー』の「第1回 アジアの〝一等国〟」（NHK、二〇〇九年四月五日）である。この番組は、イギリスによるインド統治やフランスのアルジェリア統治などに倣い、植民地を持つことによって〝一等国〟たらんとした日本による台湾統治（一八九五年〜）を取り上げた。番組では、日英博覧会（一九一〇年）で台湾の少数民族（パイワン族）を「展示」したことや、皇民化運動によって台湾で日本文化が強制されていった過程が描かれた。同番組に対しては放送後、日本の台湾統治を批判するために、やらせや事実の歪曲、ねつ造が含まれ、台湾人の名誉を棄損する内容があったとして右派・保守系の市民団体や政治家、メディア、番組出演者など約一万人が原告となる裁判に発展した。結局、この裁判はNHK側の勝訴で決着した。しかし、これらの事案に象徴されるように、〇〇年代以降、戦時中の日本の「加害」をテーマとして扱うテレビ番組は、右派的な勢力を中心とした人々による激しい批判や攻撃の対象とされることが珍しくなくなった。こうした傾向から現場の番組制作者や編集責任者たちのあいだに委縮効果が生じたことも、〇〇年代以降の「八月ジャーナリズム」において「加害」を扱う番組が極端に減少した一因ではないかと考えられる。

2　多様化するフォーマットと方法

アーカイブ化される「戦争記憶」

ところで〇〇年代〜一〇年代は、インターネットの急速な普及、デジタル技術やアーカイブ技術の進歩などによってメディアの世界が大きく変化した時代であった。テレビの「八月ジャーナリズム」においても、幾つかの注目すべき変化が生まれた。

第一は、アーカイブ技術を利用した新たなフォーマットの登場である。アーカイブ技術によって、「八月ジャーナリズム」のようなメディアを通じた「戦争記憶」の継承のあり方は大きく変わる可能性も出てきている。従来の放送は、番組を電波に乗せて送り出せばそれで終わりというものであった。文字通り「送りっ放し」だったのである。しかし、映像保存の技術的な進歩とともに放送番組がある種の資産として捉えられるようになり、一九八〇年代以降、放送済みの番組やニュース映像の保存が各放送局で始まった。そして、保存された映像は、次の番組制作などのために業務利用（二次利用）されるだけでなく、徐々に研究や教育などでの利用にも供されるようになった。二〇〇三年、NHKは埼玉県川口市に「NHKアーカイブス」を設立、日々放送されている番組やニュース映像、音声や関連資料をすべて保存・管理する体制を整えた。NHKの各放送局などに設置された専用の端末（＝NHK番組公開ライブラリー）では、この「NHKアーカイブス」に保存され著作権処理が終わった番組を視聴することができる。[14]またNHKは、二〇一〇年から「NHK番組アーカイブス　学術利用トライアル」をスタートさせ、NHKアーカイブスに保存された番組の研究利用が行われるようになった。番組アーカイブの整備は、NHKと民放が共同で設立した放送番組センターでも行われており、二万本を超える放送番組が視聴できるようになっている。

こうしてアーカイブとして保存・蓄積された放送番組は、さらにデジタルデータ化されることによって、インターネットのウェブサイト上でも視聴することが可能となる。〇九年、NHKは「NHK戦争証言アーカイブス」をスタートさせた。[15] その大きな特徴は、放送番組の制作と連動する形でアーカイブ整備が進められたことである。NHKは、戦争体験者の証言を紹介する『証言記録 兵士たちの戦争』というシリーズ番組（BSハイビジョンチャンネル・当時）を〇七年に開始した。[16]「戦争証言アーカイブス」では、その取材の過程で収集したインタビュー映像から、番組で放送したものとは別に長時間の動画を作成、それらをアーカイブ化してインターネット上で閲覧できるようにした。

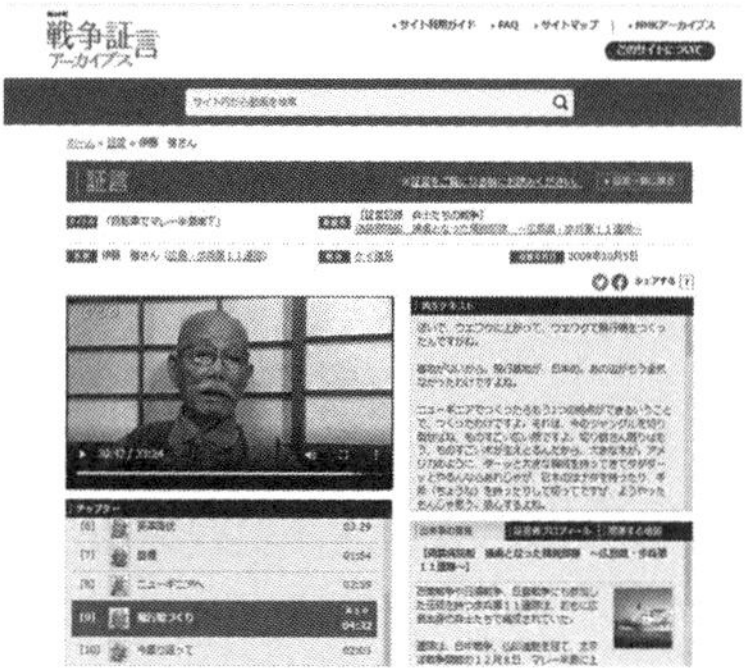

NHK「戦争証言アーカイブス」（https://www.nhk.or.jp/archives/shogenarchives/）

こうしたアーカイブには幾つかのメリットがある。第一は、従来の放送番組における「時間」という制約を超えられるという点である。通常、番組の制作においては放送時間の数倍から数十倍におよぶ映像が撮影される。番組で使用されるのはそのうちのごく一部に過ぎない。例えば、一本の放送時間が四三分である『証言記録 兵士たちの戦争』の場合、番組内で複数の体験者の証言が紹介されるため、一人のインタビューは長くても四~五分程度である。しかし実際には、一人のインタビューは数時間から長い場合には五~六時間行われている。放送番組では、これらの証言はわずか数分間使用されて終わってしまうが、デジタルアーカイブでは、番組とは異なる長時間の証言動画として利用者が視聴できる。[17]そして長時間の証言動画であることによって、一人の戦争体験者の証言内容について、特定の箇所に限定されることなく、多岐にわたって知ることができるのである。

第二のメリットとして、デジタルアーカイブの特性としての双方向性が挙げられる。「戦争証言アーカイブス」には約一四〇〇人分の戦争証言に加え、関連番組や資料などが多数収録されている。証言は、年表（時間軸）や地図（空間軸）のほか、フィリピンやニューギニアといった戦場名、所属部隊名など、様々な軸から検索できるようになっている。利用者はある体験者の証言から別の体験者の証言を探したり、証言の内容やテーマに関連する番組や資料を閲覧したりできる。これによって送り手側（放送局）が一方的に切り取った情報だけでなく、利用者の関心に応じて、番組では示されないコンテクストにおいて様々な情報を把握することが可能となる。このように、「戦争証言」を公共的な記憶として次世代に継承するうえでは、証言のごく一部を切り取ったダイジェストに過ぎない放送番組よりもアーカイブのほうが、メディアとして優れている面が少なくない。

表現手法の革新~カラー化、CG、データジャーナリズム

その後、二〇一〇年代になると、デジタルアーカイブ以外にも最新のデジタル技術を用いて新たな

表現の可能性を模索する試みが相次いで出てきている。具体的には「モノクロ映像のカラー化」「CG」「データジャーナリズム」などがある。いずれもNHKが特に積極的に取り入れてきた。「モノクロ映像のカラー化」は、モノクロで撮影された古い映像を、デジタル技術を使ってカラー映像化するというものである。二〇世紀は「映像の世紀」といわれ、二〇世紀前半の二つの世界大戦についても膨大な映像が遺されている。しかしその殆どはモノクロ映像である。モノクロ映像は「見る人に、出来事が『過去』のもので、『自分と関わりがない』と感じさせやすい」とも言われる。[18] 従来は手作業で行っていたモノクロ映像のカラー化をデジタル技術によって効率的に行うことが可能となり、近年はAIを用いることによってその精度もスピードも一層向上している。

テレビの「八月ジャーナリズム」においても、このカラー化技術を使った番組が放送されるようになっている。その代表的なものが『NHKスペシャル　カラーでみる太平洋戦争~3年8か月・日本人の記録』（NHK、二〇一五年八月一五日）である。番組では、太平洋戦争を記録した映像を国内外から収集し、それらをカラー化して編集した。そこには「雪のアリューシャン列島での行軍から、熱帯の島々での激戦、戦時下の日常や庶民の表情、そして、終戦の日の鮮やかな青空、次の時代に向かってたくましく動き出した人々の姿など」がフルカラーで映し出されている。[19] また、『NHKスペシャル　ノモンハン　責任なき戦い』（NHK、二〇一八年八月一五日）では、旧ソ連軍が撮影したノモンハン事件の記録映像をAIによる自動カラー化技術によってカラー化、二万人に及ぶ死傷者を出した日本軍の「失敗」の要因や背景について詳細に検証した。一方、『NHKスペシャル　きのこ雲の下で何が起きていたのか』（NHK、二〇一五年八月六日）は、原爆投下直後の広島で撮影された写真のC

『NHK スペシャル きのこ雲の下で何が起きていたのか』（NHK、2015 年 8 月 6 日）

G映像化を行った。番組では、五〇人あまりの被爆者が写った写真を、そこに居合わせた人の証言、医師などの科学的知見等を踏まえながら、デジタル技術を用いて鮮明な立体映像にした。このCG映像は、ぼやけた箇所の解像度を上げたり、角度を変えたり、拡大したり、動きをつけたりすることが可能で、番組ではこのCG映像を詳しく分析することによって、それまで分かっていなかった被爆の実相に関わる幾つかの新事実を明らかにした。

また、大量で複雑なデジタルデータ（ビッグデータ）の解析と調査報道を組み合わせる「データジャーナリズム」の手法も採り入れられるようになってきた。データジャーナリズムの手法は、東日本大震災など災害報道の分野で用いられるようになり、戦争関連では「八月ジャーナリズム」には該当しないが、『NHKスペシャル　沖縄戦全記録』（NHK、二〇一五年六月一四日）において初めて本格的に取り入れられた。同番組は、新たに発見された軍関係の資料や八万二千人の死亡者の記録などをデータ化して、沖縄戦における被害が日ごとにどのように発生していったのか、その全体像を詳細かつ分かりやすく可視化

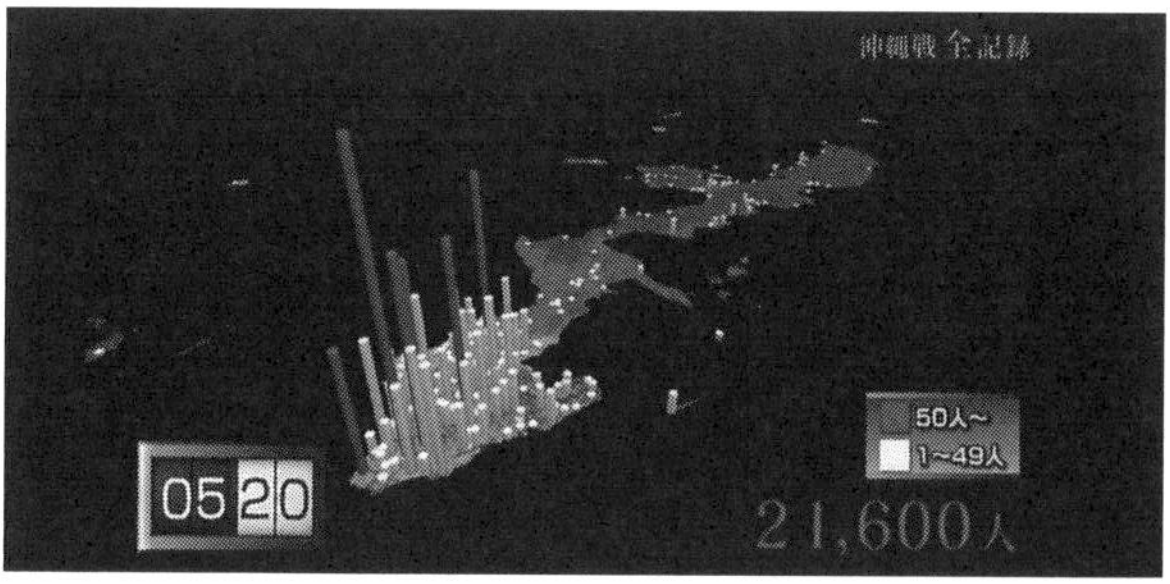

『NHKスペシャル 沖縄戦全記録』（NHK、2015年6月14日）

した。[20]「八月ジャーナリズム」でも、同様の試みが続いた。広島市が蓄積してきた被爆者五六万人分の記録である「原爆被爆者動態調査」をデジタルデータ化し、ビッグデータ解析技術を使って原爆による死亡（原爆死）の実態解明を試みた『NHKスペシャル 原爆死〜ヒロシマ72年目の真実〜』（NHK、二〇一七年八月六日）や、日本の本土空襲の模様を撮影したアメリカ軍の映像や関連の資料を分析し、データ化して地図に落とし込むことによって「本土空襲」の全体像と詳細を可視化した『NHKスペシャル 本土空襲 全記録』（NHK、二〇一七年八月一二日）などである。

以上のような、最新のデジタル技術を使った新たな表現や分析の手法は、今後も「八月ジャーナリズム」のなかで様々な形で取り入れられていくと考えられる。カラー化やCGなどの技術は、基本的に戦争をよりリアルに表現したり把握したりしようとする試みであると言える。モノクロ映像では「どこか遠い過去の出来事」として感じられた戦争が、カラー映像で見ることによって、より身近で現実味をもって感じられる。たった一枚だけ残された古いモノクロ写真がCGによって立体映像化されることによって、そこに写っている人達が「現実」を生きていた血の通った人間として立ち現れてくる。また、データジャーナリズムの手法を用いることによって、現代の視聴者は、当時の人々が現場で認識できた範囲をはるかに超える形で、戦争・戦場において何が起きていたのかを俯瞰的かつ詳細に把握することが可能になる。これらの技術・手法は、戦争という「過去」と「現在」とのあいだの分断を架橋し、両者を連続的なものにする。それらは「戦争記憶」のあり方を刷新する大きな可能性を秘めていると言える。

しかし他方で、同時に問われる必要があるのは、これらの番組が扱っているテーマ・内容が、基本的に従来の「八月ジャーナリズム」と変わっていないということである。つまり、番組のテーマや内容の殆どは、原爆や空襲といった日本・日本人の「被害」「犠牲」に関わるものとなっているのである。従って、これらの番組はメディアを通じた「戦争記憶」のあり方を大きく変化させる可能性はあっても、日本人の歴史認識の枠組み自体を転換することはなく、むしろ既存の枠組みを強化または固定化する可能性がある。つまり、少なくとも現状においては、「新しい革袋に古い酒を入れる」ような形で新しいデジタル技術が使われている状態となっているのである。新しいメディア技術やデジタル技術を駆使することで、旧来の戦争観や歴史認識の枠組み自体を相対化したり反省的に検証したりするような新しい発想や企画が、「八月ジャーナリズム」の現場に求められている。

3 「継承」をめぐるポリティクス——「戦後七〇年（二〇一五年）」

「継承」というアジェンダ

二〇一五年は「戦後七〇年」という大きな節目の年にあたっていた。この年の八月に大きな政治社会的議論と関心の対象となったのは、集団的自衛権による武力行使を憲法上可能とする「安保法制」の国会審議と、安倍晋三首相のいわゆる「安倍談話」だった。「安保法制」は、事実上の「解釈改憲」であったことから「戦後日本」にとって大きな曲がり角としての意味を持っていた。「安保法制」をめぐっては、同年六月の衆院憲法審査会で三人の憲法学者が「違憲である」と表明したこともあって[21]、国会内外で違憲批判が広がった。SEALDsなど若者の団体を含む市民の反対デモが各地で盛り上がり、世論調査でも「反対」が多数を占めるなか[22]、九月一九日、関連法案が可決・成立した。

「安倍談話」については、二〇一二年の第二次政権発足当初から、安倍首相が（九五年の村山談話を）「内閣として、そのまま継承しているわけではない」と国会答弁したり（一三年四月）、侵略についても「侵略の定義は定まっていない」と発言するなどしてきたことから、早くからその内容について内外の注目が集まり、中国や韓国などでは警戒感が広がった。結局、八月一四日に出された談話は、戦後五〇年の村山談話、六〇年の小泉談話に盛り込まれた「植民地支配」「侵略」「痛切な反省」「心からのお詫び」といったキーワードが盛り込まれ、比較的穏当なものとなった。ただし他方で、「侵略」や「植民地支配」の主体や対象が明確にされず、「おわび」の表明も首相個人を主語にしていないなど曖昧で抽象的な表現が目立つ奇妙な文章が特徴的であった。中国、韓国両政府からは表立った批判こそなかったものの、両国のメディアでは「言葉遊びによって『侵略』や『おわび』などのキーワードを有名無実にした」(中国・新華社通信)、「他人の口を借りて反省・謝罪している印象を与える」(韓国・朝鮮日報)、「真心に欠けた態度では、パートナーとして一緒に歩むことはできない」(韓国・東亜日報)といった批判的な論調が目立った。また、日本のメディアでは、「先の大戦への反省を踏まえつつ、新たな日本の針路を明確に示した」(読売新聞)、「概ね常識的な内容に落ち着いたことを評価したい」(日経新聞)などと前向きな受け止めがある一方で、「自らや支持者の歴史観と、事実の重みとの折り合いに苦心した妥協の産物」(朝日新聞)、「誰に向けて、何を目指して出されたのか、その性格が不明確になった」(毎日新聞)のような批判も多くみられ、評価が完全に分かれる形になった。

このように「安保法制」と「安倍談話」が注目を集めるなか、この年の「八月ジャーナリズム」においてとくにクローズアップされたのは「戦争体験・記憶」の「継承」というテーマであった。戦後生まれ世代の割合が前年の二〇一四年に初めて人口の八割を超え、逆に敗戦時に一〇歳以上だった人の割合は人口の八%以下になっていた。広島・長崎の原爆による被爆者の平均年齢も八〇歳を超え、その数が急激に減少していた。被爆者健康手帳を持つ人の数は、最も多かった約三七万人(一九八一年)から一八万三五〇〇人(二〇一五年三月現在)と四半世紀のあいだに半減していた。そうしたなかで迎えた「戦後七〇年」であったがゆえに、「八月ジャーナリズム」において戦争体験・記憶の「継承」が大きなテーマとして設定されたことは、ある意味で当然であった。新聞、テレビ各社は「継承」をコンセプトに掲げた大型連載記事や特集番組を競うようにして企画・制作した。例えば、毎日新聞とTBSが前年から一年がかりで展開した共同キャンペーン「千の証言」はその代表的なものである。「千の証言」は、はがきやインターネットの投稿フォームで戦争体験者から証言を募り、新聞記事や番組として残すことを目指したキャンペーン報道であった。寄せられた投稿は一六〇〇通を超え、二〇一四年八月から一五年一二月までの約一年半のあいだで、毎日新聞の全国版に約一八〇本、地域面に約一五〇本の単発記事を掲載したほか、「戦時下の暮らし」「兵士たちの体験」などテーマごとの特集面を一五本掲載した。また、記事化に至らなかった約二六〇の投稿は、同社のホームページ上に掲載するなどした。TBSも「千の証言」のタイトルを冠した特番・特集を約四〇本放送した[23]。このキャンペーンの意図について、毎日新聞の砂間裕之は次のように説明している。

戦後世代は、今や国民の八割を占め、戦争体験者は高齢化とともに年々少なくなっている。戦後八〇年の節目に体験者のまとまった証言を聞くのは難しく、おそらく今回が最後の機会になるだろう。だからこそ、戦争体験者の見た「リアルな戦争」を伝え、想像する材料にしてほしいと願ってキャンペーンを始めた[24]。

この年のテレビの「八月ジャーナリズム」では、計四五本の戦争・終戦関連番組が放送されている（図6-3）。この四五本という数は、戦後一〇年、二〇年……といった一〇年毎の節目の年のなかでも、テレビの「八月ジャーナリズム」が本格的に始まった一九六五年（戦後二〇年）の六六本、敗戦から

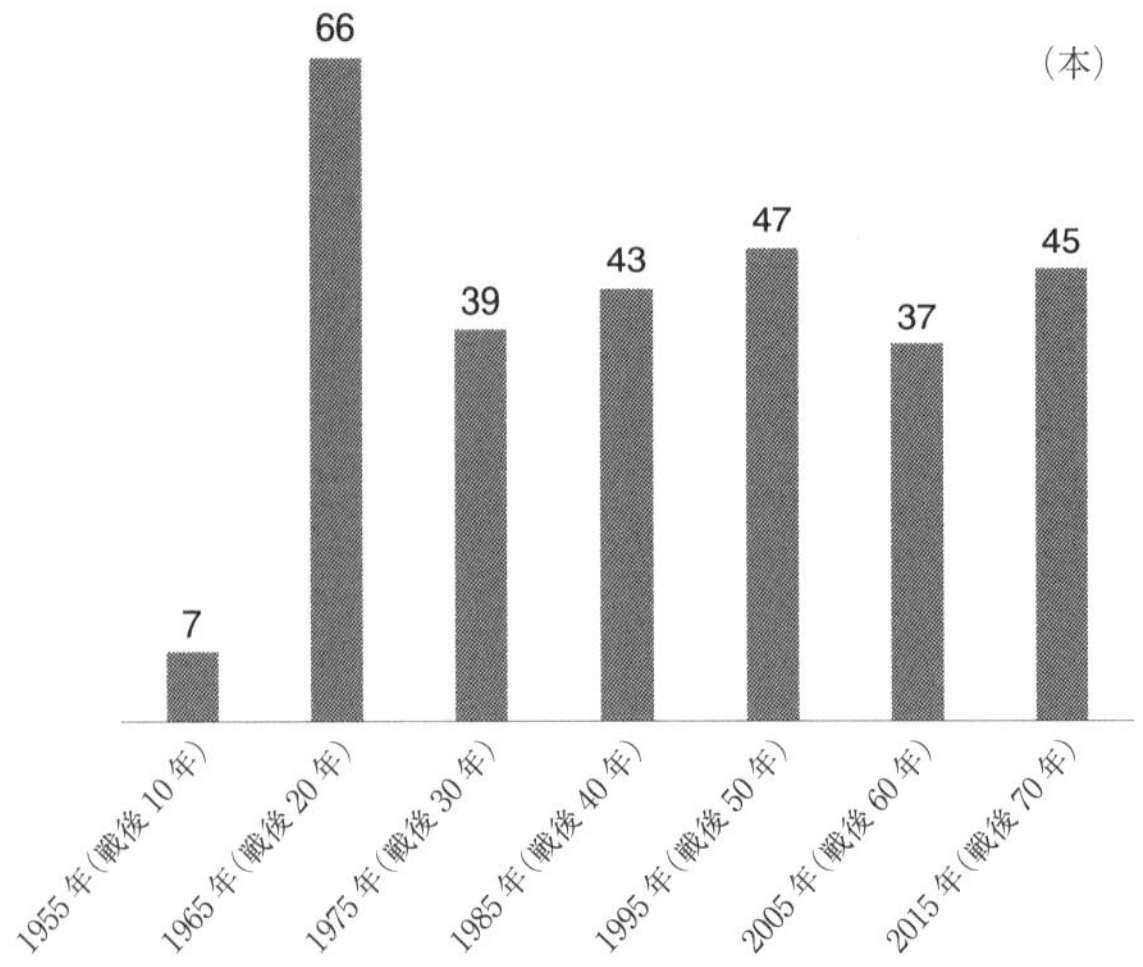

図6－3　10年毎の節目の年の戦争・終戦関連番組の本数（各年8月1日～16日）

表6－2 「継承」をコンセプト／テーマとした主な番組（2015年8月1日～16日）

局 （系列）	月日	タイトル
TBS	8月1日	戦後70年～千の証言「戦場写真が語る沖縄隠された真実」
TBS	8月2日	戦後70年～千の証言「女達の手紙」
日本テレビ	8月4日	戦後70年特別番組「櫻井翔＆池上彰 教科書で学べない戦争」
NHK	8月5日	クローズアップ現代「ヒバクシャの声が届かない～被爆70年語りの現場で何が」
NHK	8月6日	NEXT 未来のために「ヒロシマに生まれて～被爆者と高校生たち」
TBS	8月6日	被爆から70年～千の証言「広島平和記念式典中継～記憶の継承」
TBS	8月9日	サンデーモーニングスペシャル「終戦70年特別企画 原爆 70年目の真実」
テレビ朝日	8月14日	スーパーJチャンネルSP「終戦70年特別企画 いま、言い伝えるべきこと～70年目の証言～」
TBS	8月15日	戦後70年～千の証言「私の街も戦場だったII 今伝えたい家族の物語」
フジテレビ	8月15日	私たちに戦争を教えてください

半世紀という大きな節目にあたった一九九五年（戦後五〇年）の四七本に次ぐ多さであった。先述のように、〇〇年代以降、テレビの「八月ジャーナリズム」の本数が減少傾向にあり、特に民放の関連番組の本数が激減していたなかでは、異例ともいえる本数であった。そしてその中にも「継承」をコンセプトまたはテーマに掲げた番組が多く含まれていた（表6-2）。

その代表的なものとしてNHKでは、被爆者が高齢化するなかで次世代に被爆体験を語り継ぐことが困難になってきている状況を取り上げた『クローズアップ現代 ヒバクシャの声が届かない～被爆70年 語りの現場で何が』（八月五日）、被爆者の声を聞きラジオドキュメンタリーを制作している高校放送部の活動を取り上げた『NEXT 未来のために ヒロシマに生まれて～被爆者と高校生たち～』（八月六日）の二本が挙げられる。また、日本テレビの『戦後70年特別番組 いしぶみ～忘れない。あなたたちのことを～』（八月一日）は、建物疎開の作業中に被爆して三二一人全員が死亡した旧制広島二中の一年生達のその日に焦点を当て、遺族に残された彼らの最後の言葉を俳優・綾瀬はるかによる朗読で伝えた。そして同じく日本テレビの『戦後70年特別番組「櫻井翔&池上彰 教科書で学べない戦争」』（八月四日）は、近年、教科書から戦争関連の記述が減少していることを踏まえ、基本的な知識のない若者向けに戦争を分かりやすく解説した。テレビ朝日は、戦争体験者の

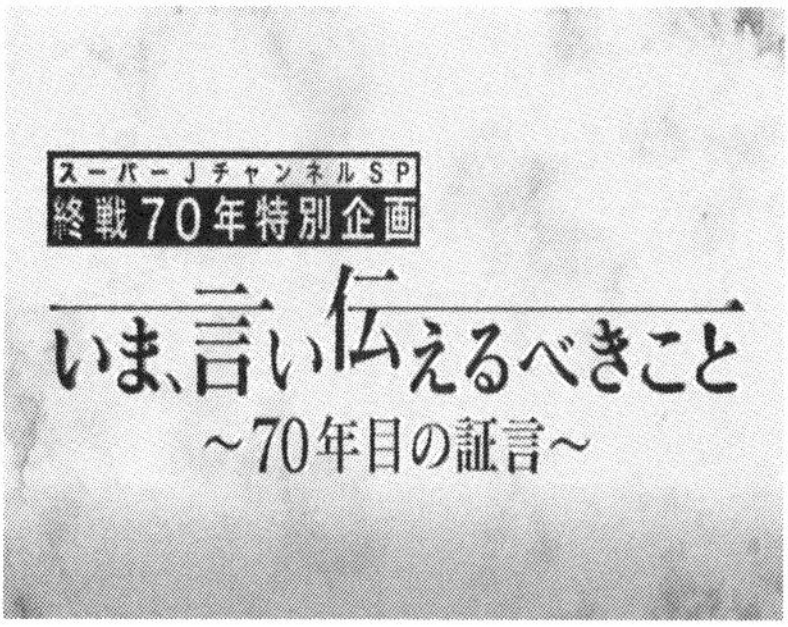

『スーパーJチャンネルSP 戦後70年特別企画 いま、言い伝えるべきこと～70年目の証言～』（テレビ朝日、2015年8月14日）

証言をもとに、戦争から「何を教訓として引き出し、学び、そしてどう生かしていくのか」[25]を考えるというコンセプトの『スーパーJチャンネルSP 終戦70年特別企画 いま、言い伝えるべきこと～70年目の証言～』（八月一四日）を放送した。そしてフジテレビの『私たちに戦争を教えてください』（八月一五日）は、若手俳優たちが戦争体験者を訪ね、証言を聞いていくというスタイルの番組であった。TBSは、先述の「千の証言」シリーズの関連番組として『戦後70年～千の証言「女達の手紙」』（八月二日）、『戦後70年～千の証言「私の街も戦場だったII 今伝えたい家族の物語』（八月一五日）など四本を放送した。

若者世代による「戦争体験・記憶」の「継承」

では、これらの「継承」を掲げた一連の番組は、具体的にどのような「戦争体験・記憶」を「継承」しようとしていたのだろうか。言うまでもなく、戦争に関わる体験や記憶は、特に激戦地における戦闘や原爆の被爆体験などがそうであるように、極限的で過酷なものであるとともに殆どの場合において固有で個人的なものであるがゆえに、それらを表象したり他者と共有したりすることの困難性（表象不可能性、理解不可能性、伝達不可能性）がかねてから指摘されてきた。[26]こうした困難性は、戦争を同時代のものとして何らかの形で体験した世代から、戦争を体験していない戦後生まれの世代へと世代を超えて継承しようとする際にはより大きなものとなるはずである。さらに戦争や終戦に関わる体験や記憶は多種多様であって、そのすべてを「継承」することは不可能である。従って「継承」を掲げた新聞やテレビの「八月ジャーナリズム」においても、「戦争体験・記憶」のある部分は「継承」されるが、別の部分は継承されることなく忘却されていくことになる。そこには必然的に「戦争体験・記憶」をめぐる選択と排除のプロセスが介在することになる。そしてこのプロセスにおいても、日本・日本人の「被害」「犠牲」を焦点化する「受難の語り」への傾斜と、その裏返しとしての「加害」の過小という従来からの「八月ジャーナリズム」の特徴が顕著な形で見出されるのである。

ここでは具体的事例として、「継承」をテーマとした番組群のなかでも代表的な二つの番組を取り上げる。『戦後70年特別番組「櫻井翔&池上彰 教科書で学べない戦争」』（日本テレビ、八月四日、以下、『教科書で学べない戦争』）と『終戦七〇年ドキュメンタリー「私たちに戦争を教えてください」』（フジテレビ、八月一五日、以下、『私たちに戦争を教えてください』）の二本である。『教科書で学べない戦争』は、櫻井翔と池上彰がナビゲーター役となった特別番組で、その後、『教科書で学べないSP』という形で不定期のシリーズとなったものの一作目にあたる。『私たちに戦争を教えてください』は、「終戦記念日」の八月一五日夜のゴールデンタイムに四時間一〇分という異例ともいえる長時間枠で編成された特別番組である。

この二本の番組には、二つの大きな共通点がある。第一は、「戦争体験・記憶」の「継承」が喫緊の社会的課題となっていることを強調している点である。『教科書で学べない戦争』は、番組公式HPにおいて次のように番組コンセプトを説明していた。[27]

ことし、日本は戦後七〇年を迎えます。「戦後七〇年」は、これまでの五〇年、六〇年とは全く違った重みを持ちます。終戦時に生れた方が七〇歳。戦争の記憶が確かな方々は八〇歳を超え

『教科書で学べない戦争』(日本テレビ、2015年8月4日)

『私たちに戦争を教えてください』の紹介記事(朝日新聞、2015年7月31日)

ています。〝戦争を知る世代〟が少なくなる中、〝戦争を知らない世代〟が「あの時、何が起きたのか?なぜ起きたのか?」ということを知ることはとても大切です。番組では、誰もが手にした教科書を入り口にして、「教科書では学べない戦争」の真実をお伝えします。

一方、『私たちに戦争を教えてください』は、サブタイトルとして「いま、会っておかなければならない人がいる 今日、聞いておかなければいけない声がある」という文言を掲げ、放送目的について次のように説明している。[28]

現代は親、子、孫、三世代に渡り戦争を知らない時代です。そして、一方で戦後七〇年ということは当時、二〇歳だった青年たちが九〇歳。戦争を目の当たりにした人々はまもなくこの日本からいなくなってしまいます。……本や資料映像で手に入る知識ももちろん大切なものではありますが。しかし、実際に体験した人々からお話を聞く機会は日一日と減っており、一方でそこから得られるものは計り知れません。だからこそ、この七〇年の節目にフジテレビはこの番組をお届けします。

第二の共通点は、戦争体験者の証言を聞く主体が戦争を知らない若者世代であるという構図が演出的に作り出されている点である。『教科書で学べない戦争』では、二人のナビゲーター役のうちの一人が人気タレントの櫻井翔である。櫻井は、もう一人のナビゲーターの池上彰とともに番組の進行役を務めると同時に、番組で取り上げられる戦争関連のテーマに関わる現場に自ら赴くリポーターでもある。そして現場では、戦跡や資料を見たり、当事者・関係者の証言を聞くなどの役割を演じている。

一方、『私たちに戦争を教えてください』では、この図式はより明瞭である。この番組は、戦争を「実際に体験した人々に会い、話を聞き、世の中に伝えること」が番組の使命であるとし、その使命の遂行のために「若手俳優たちが現代の若者の代表として、全国の戦争体験者の住まいを訪ね、その凄まじさを肌身で」感じる様子を描く。そして「現代の若者」を代表するのは、小栗旬、松坂桃李、福士蒼汰、有村架純、広瀬すず、という五人の人気若手俳優である。その起用理由について番組では、「今最も影響力のある若者」だからだと説明している。[29]

「継承」される「戦争体験・記憶」のバイアス

では、こうした「現代の若者たち」が「継承」するべきものとして番組の中で扱われる「戦争体験・記憶」とは、具体的にどのようなものだろうか。まず『教科書で学べない戦争』は、番組冒頭で、若者を対象とした街頭アンケートの結果から、八月一五日が「終戦記念日」であること、第二次大戦における日本の同盟国がドイツとイタリアであることなどを知らない現代の若者が多いことを伝える。そしてそのうえで、幾つかの戦争関連のテーマ・話題を扱っていく。A．特攻隊、B．戦時中の国民生活、C．日本の南方進出の戦略的意図、D．太平洋での激戦（ニューギニア、ガダルカナル、サイパン）、E．原爆開発などである。このうち、櫻井翔が現地取材・リポートを行ったのはAとDである。これらでは、主として特攻隊員や日本兵（零戦パイロット）らの壮絶で悲劇的な体験が紹介される。またBについては、貧しい食生活、ネオンやパーマを禁じられた窮乏生活、国民を鼓舞するための数々の軍歌などの話題が取り上げられる。Cでは日本の開戦の意図が石油資源の獲得にあったことが紹介され、Eでは池上彰が取材・リポートを担当して、日本でも原爆開発計画があったこと、アメリカでの人類初の核実験のこと等を扱った。それぞれのパートは、「教科書で学べない戦争」のタイトル通り、戦争に関する基礎知識の少ない子供や若者でも興味を持って見られるような演出的な工夫が凝らされており、現場での取材・リポート、関係者らの証言なども交えた充実した内容となってい

表6－3　フジテレビ『私たちに戦争を教えてください』の主要構成要素

主要テーマ	主要な取材地	主な出演者
①特攻隊	鹿児島（知覧）	福士蒼汰
	福島	広瀬すず
②真珠湾攻撃	ハワイ、長野	小栗旬
③インパール作戦	ビルマ、和歌山	有村架純
④ペリリュー島の戦い	パラオ、アメリカ	松坂桃李
⑤沖縄戦	沖縄	有村架純
⑥東京大空襲	東京	広瀬すず
⑦広島・原爆	広島	福士蒼汰

た。しかし他方で、この番組の言う「教科書で学べない戦争」とは、専ら日本人（兵士、民間人）が「被害」「犠牲」を強いられたり、過酷な戦闘に巻き込まれなければならなかった「体験」を意味していること、そしてそうした体験は、専らアメリカとの戦争（太平洋戦争）によってもたらされたものであるという認識が前提とされていることは明らかである。

一方、『私たちに戦争を教えてください』が扱った主要テーマは、①特攻隊、②真珠湾攻撃、③インパール作戦、④ペリリュー島の戦い、⑤沖縄戦、⑥東京大空襲、⑦広島・原爆投下である（**表6－3**）。①③④は、太平洋戦争において日本兵が過酷な戦場で「犠牲」となったことに関わるテーマ、⑤⑥⑦は、日本の民間人が戦闘や空襲、原爆投下等によって多大な「被害」を受けたことに関わるテーマである。そして番組では、それぞれの現場やゆかりの地を若手俳優たちが訪ねつつ、元日本兵や米兵、そして空襲、原爆、沖縄戦の経験者・目撃者らから当時の「証言」を聞いていく。証言者は高齢だが、彼らの証言の内容は具体的で生々しい。聞き手である若手俳優にとってはショッキングな内容も多く含まれており、彼らは時折涙を流しながらそれを聞いていく。番

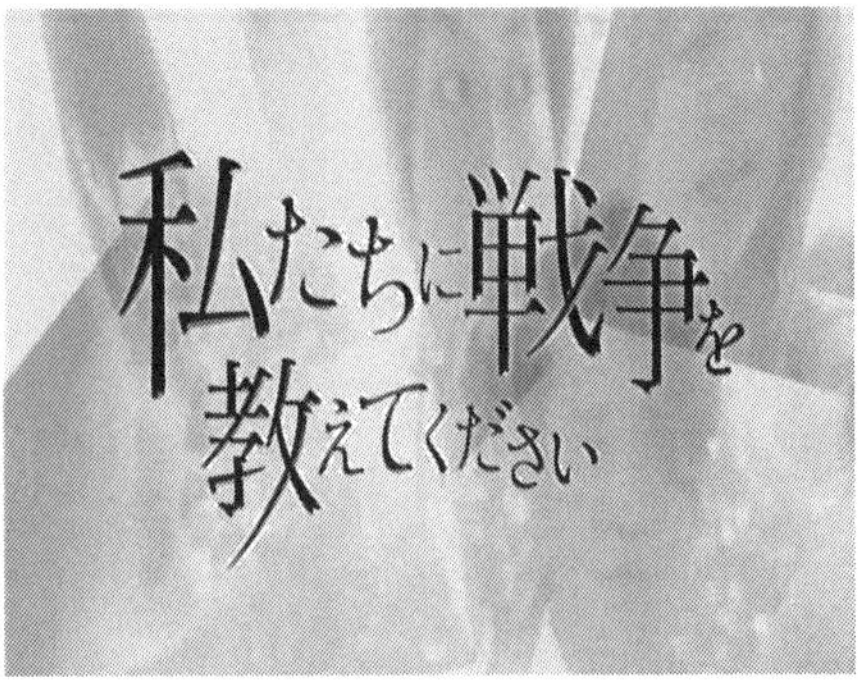

『私たちに戦争を教えてください』（フジテレビ、2015年8月15日）

組には合計一六人の「主要証言者」が登場していた。その一六人の平均年齢は八八・三歳である。注目すべきは、一六人の国籍別の内訳である。日本人が一〇人、アメリカ人が六人（日系アメリカ人二人を含む）となっており、アジア諸国の人々などを含め日本・アメリカ以外の国籍の証言者は一人も登場していない。つまり、日本によるアジア諸国への様々な「加害」に関連する「証言」は、若手俳優が「教えてもらう」べき対象には含まれていないのである。

　このような番組の構成・内容からは、『私たちに戦争を教えてください』においても『教科書で学べない戦争』と全く同様の構図があることが分かる。すなわち、「戦争を知らない若者」が「証言」を聞いて「継承」すべき「戦争体験・記憶」とは、日本人（兵士、民間人）の「被害」「犠牲」に関わるものであり、しかもそれらはアメリカとのあいだでの戦争（太平洋戦争）によってもたらされたものである、という構図である。

　ここでは『教科書が教えない戦争』『私たちに戦争を教えてください』という二つの番組の事例を見てきたが、戦後七〇年の節目の年（二〇一五年）に「継承」をコンセプト・テーマとして放送された他の番組においても、基本的な傾向は同様であった。「継承」されるべき戦争記憶・体験として取り上げられるテーマ・話題は、満州開拓・引き揚げ、従軍看護婦、勤労動員、学童疎開など多岐にわ

表6－4　「戦後70年」関連の『NHKスペシャル』一覧（2015年8月前半）

放送日	番組タイトル	テーマ
8月2日	密室の戦争 ～発掘・日本人捕虜の肉声～	日本人捕虜
8月6日	きのこ雲の下で何が起きていたのか	原爆（広島）
8月7日	憎しみはこうして激化した ～戦争とプロパガンダ～	戦争とメディア
8月8日	特攻 ～なぜ拡大したのか～	特攻隊
8月9日	“あの子”を訪ねて ～長崎・山里小被爆児童の70年～	原爆（長崎）
8月11日	アニメドキュメント あの日、僕らは戦場で ～少年兵の告白～	沖縄戦
8月13日	女たちの太平洋戦争 ～従軍看護婦 激戦地の記録～	従軍看護婦
8月15日	カラーでみる太平洋戦争 ～３年８か月・日本人の記録～	太平洋戦争
8月15日	戦後70年 ニッポンの肖像―戦後70年を越えて― 日本人は何ができるのか	戦後日本
8月16日	“終戦” 知られざる７日間	終戦秘話

たっているものの、それらはすべて日本人（兵士、民間人）の「被害」「犠牲」に関わるものであった。

他方で、この年のテレビの「八月ジャーナリズム」においては、「継承」をコンセプト・テーマとしていなかった番組を含めて、日本の「加害」に関わるテーマ・内容を主題的に扱ったドキュメンタリーは一本もなかった。例えば、NHKはこの年、「終戦から70年この夏、NHKスペシャルは改めて戦争と平和を見つめます 私たちの未来のために」と銘打って、八月前半だけで戦争関連の『NHKスペシャル』を計一〇本放送するという異例の大規模編成を行っている。しかし「70年目の戦争と平和」というこのシリーズ（一〇本）において取り上げられたテーマ・内容は、原爆、特攻隊、日本人捕虜、沖縄戦、従軍看護婦などであり、やはり日本人（兵士、民間人）の「被害」「犠牲」に関わるものばかりであった。そして、日本・日本人による「加害」に関わるテーマを主題的に取り上げた番組は一本もなかった（**表6－4**）。

このように、「戦後七〇年」という節目において、「戦争体験・記憶」の「継承」は重要な社会的課題として位置づけられ、テレビの「八月ジャーナリズム」においても主要アジェンダとなったものの、実際に多くの番組が次世代に「継承」すべきテーマとして扱った「戦争体験・記憶」のリストから、日本によるアジア侵略や日中戦争、そのなかでの日本の様々な「加害」に関わる「体験・記憶」は完全に排除されていたのである。

「安倍談話」との符合

ところで、以上のように「戦後七〇年（二〇一五年）」の「八月ジャーナリズム」において、日本の「加害」に関わる「体験・記憶」の「継承」がもはや不要であるかのように扱われていた状況は、先にも挙げた「安倍談話」（二〇一五年八月一四日）の中の、次の一節を想起させる。

日本では、戦後生まれの世代が、今や、人口の八割を超えています。あの戦争には何ら関わりのない、私たちの子や孫、そしてその先の世代の子どもたちに、謝罪を続ける宿命を背負わせてはなりません。

この一節は、中国、韓国をはじめとしたアジア諸国に対する戦時中の日本の「加害」について謝罪を続けることに終止符を打ちたいと主張しているように読める。[30] これに対しては、一部の海外メディアなどから批判的な指摘があったものの、国内ではそれほど多くの批判を招くことはなかった。この一節の意図は必ずしも明確ではないが、いつまでもアジア諸国への「謝罪」を続ける必要はないという主張は、「戦後レジームからの脱却」を掲げて登場し、集団的自衛権の容認など「戦後日本」を規定してきた主要政策の大きな転換を図った安倍政権の基本スタンスと一致している。そして、ここで注目する必要があるのは、多くの日本人がこの一節を肯定的に受け止めたということである。朝日新聞が「談話」発表直後の八月二二〜二三日に実施した世論調査によると、「安倍談話」を「評価する」は四〇%で「評価しない」三一%を上回った。[31] そして、次の世代に「謝罪を続ける宿命を背負わせてはならない」という一節に「共感する」は六三%で「共感」しないの二一%を大きく上回っていた。そして談話を「評価しない」と答えた人でも、この主張に「共感する」は四六%で、「共感しない」の三九%よりも高かった。

こうしてみると、テレビの「八月ジャーナリズム」において、「継承」されるべきとされた「戦争体験・記憶」のリストから「加害」の要素が排除されたことは、決して偶然の産物だったのではなく、むしろ背景的な時代状況や社会的雰囲気と符合したものだったと言えるだろう。テレビの「八月ジャーナリズム」において「受難の語り」が圧倒的に多くを占めるという伝統的な傾向は、九〇年代の一時期にこそ変化を見せたものの、その後、九〇年代後半から〇〇年代にかけて再び主流となり、「戦後七〇年」という大きな節目のあった二〇一〇年代を通じて完全に定着するに至ったのである。

【注】

1 朝日新聞「太平洋戦争、『知っている』62％ 伝えていきたい87％ 朝日新聞社世論調査」二〇〇五年六月二八日朝刊。

2 牧田徹雄「日本人の戦争と平和観・その持続と風化」『放送研究と調査』二〇〇〇年九月号。

3 小林利行「薄れる被爆の記憶・高まる核戦争への不安〜『広島・日本・アメリカ原爆意識』に関する調査から〜」『放送研究と調査』二〇〇五年一二月号、西久美子「原爆投下から六五年 消えぬ核の脅威〜『原爆意識調査』から〜」『放送研究と調査』二〇一〇年一〇月号、政木みき「原爆投下から70年 薄れる記憶、どう語り継ぐ〜原爆意識調査（広島・長崎・全国）より〜」『放送研究と調査』二〇一五年一一月号。

4 NHK「原爆の記憶 ヒロシマ・ナガサキ 番組ライブラリー」https://www.nhk.or.jp/archives/shogenarchives/no-more-hibakusha/library/bangumi/（二〇二〇年八月一六日）。

5 同前。

6 韓国は五月八日、扶桑社の教科書に対して二五カ所、またその他の会社の教科書についても一〇カ所の修正を求めた。中国は五月一七日、扶桑社の教科書に対して八項目の修正要求をした。

7 朝日新聞「韓国・中国、『日本嫌い』6割に 常任理8割反対 今年3月、世論調査」二〇〇五年四月二七日朝刊。

8 内田雅敏『元徴用工和解への道――戦時被害と個人請求権』筑摩書房、二〇二〇年参照。

9 翌〇六年に放送された『日本、これから「もう一度話そう アジアの中の日本」』（NHK、二〇〇六年八月一五日）でも同様のテーマが扱われている。

10 一九九〇年代以降のネット右派の形成と展開については、伊藤昌亮『ネット右派の歴史社会学 アンダーグラウンド平成史 1990-2000年代』青弓社、二〇一九年参照。

11 永田浩三『NHKと政治権力――番組改変事件当事者の証言』岩波書店、二〇一四年、川本裕司『変容するNHK――「忖度」とモラル崩壊の現場』花伝社、二〇一九年、VAWW-NETジャパン編『消された裁き――NHK番組改変と政治介入事件』凱風社、二〇〇五年、参照。

12 最高裁判決（二〇〇八年六月一二日）は、二〇〇万円の支払いをNHK側に命じた二審・東京高裁の判決を破棄し、市民団体側の請求をすべて退けた。これに対してBPO（放送倫理・番組向上機構）は二〇〇九年四月二九日、NHK幹部が与党の有力政治家と面談（事前説明）した後に、スタッフに改変を指示した点について「公共放送の自主・自律を危うくする行為である」とする「意見」を出した。

13 『NHKスペシャル 戦後70年 ニッポンの肖像―世界の中で―第1回 信頼回復への道』（NHK、二〇一五年七月一九日）では部分的ながら「慰安婦」問題を取り上げていた。同番組は、サンフランシスコ講和条約（一九五一年）で国際社会に復帰した日本が、アジア諸国との信頼を回復するためにどのような交渉や賠償、経済協力を行ったかをテーマとし、その中で日韓請求権協定や「アジア女性基金」などに関連して「従軍慰安婦」問題を扱った。

14 視聴可能な本数は二〇二一年一月現在、約一万本である（NHKアーカイブスホームページより）。

15 「戦争証言アーカイブス」については、宮本聖二「放送デジタルアーカイブの現状と課題」『デジタルアーカイブ学会誌』二〇一八年、Vol.2、№4、宮本聖二「公共放送によるインターネット時代のコンテンツ展開―NHK戦争証言アーカイブスのこころみ―」『アーカイブズ学研究』№15、二〇一一年一一月。東野真「『NHK戦争証言アーカイブス』のこころみ」『放送研究と調査』二〇〇九年一〇月号、参照。

16 同シリーズの番組は地上波でも二〇〇九年以降に再放送されている。

17 「戦争証言アーカイブス」では、証言動画を収録・撮影したときのままではなく、見やすい形で再編集しており、一本の長さは最大一時間までとなっている。

18 NHK『ETV特集【アンコール】よみがえる色彩 激動の20世紀 アーカイブ映像の可能性』（NHK・Eテレ、二〇一四年一〇月一一日）の番組HPの記述から（https://www.nhk.or.jp/etv21c/file/2014/0322.html 二〇二〇年八月二四日）。

19 『NHKスペシャル カラーでみる太平洋戦争～3年8か月・日本人の記録～』番組HP（https://www6.nhk.or.jp/special/detail/index.html?aid=20150815 二〇二〇年八月二四日）。

20 中村直文・吉田好克「NHKスペシャル『沖縄戦 全記録』70年前の戦争を若い世代に伝える」『新聞研究』№771、二〇一五年一〇月号。

21 長谷部恭男（早稲田大学教授）、小林節（慶応大学名誉教授）、笹田栄司（早稲田大学教授）。

22　法案の審議が行われていた二〇一五年七月にマスコミ各社が行った世論調査によると、朝日新聞では「賛成」二六％、「反対」五六％、読売新聞では「賛成」三八％、「反対」五一％、ＮＨＫでは「安保法制整備」を「評価する」が三二％、「評価しない」が六一％などとなっていた。

23　砂間裕之「戦争体験はどうすれば伝わるのか――『千の証言』での工夫とメディアの責任」『新聞研究』№７７４、二〇一六年一月。

24　砂間裕之、同前。

25　番組公式ＨＰ（https://www.tv-asahi.co.jp/sengo70/）（二〇二〇年八月二七日）。

26　浜日出夫「集中するヒロシマ・分散するヒロシマ――ヒロシマの継承の可能性」『日仏社会学会年報』第一五号、二〇〇五年。

27　番組公式ＨＰ（http://www.ntv.co.jp/sengo70/）（二〇一七年一一月一九日）。

28　番組公式ＨＰ（http://www.fujitv.co.jp/sensou_oshiete/）（二〇一七年一一月一九日）。

29　同前。

30　安倍首相は、談話発表直後に出演したＮＨＫ『ニュースウォッチ９』（二〇一五年八月一四日）において、この一節の意図について聞かれ、「次の世代も謝罪を繰り返していくことは、多くの国々とともに未来に向かって、希望を紡ぎ出していくことにはつながらない」と説明している。

31　朝日新聞「安倍談話『評価』40％、『評価せず』31％　朝日新聞世論調査」二〇一五年八月二五日朝刊。

終章　「八月ジャーナリズム」の行方

ここまで、「八月ジャーナリズム」の成立から現在までの歴史的展開を辿りながら、その傾向や特徴、功罪について分析・検討してきた。「八月ジャーナリズム」とは何だったのか、戦後日本にとってどのような意味を持ってきたのか、そして今後、どうなっていくのか。最後に、これまでの議論の流れを総括し、「八月ジャーナリズム」の行方を展望したい。

1　「八月ジャーナリズム」とは何だったのか

「建国神話」としての「八月ジャーナリズム」

一九五〇年代に誕生してから現在に至るまで、九〇年代の一時期を例外として「八月ジャーナリズム」は基本的に、戦争における日本・日本人の「被害」「犠牲」を焦点化するジャーナリズムであり続けてきた。第1章で見たように、「八月ジャーナリズム」の原型は、「戦後一〇年」に当たる一九五五年に形成され、その時点においてすでに戦争や終戦についての「語り」の三つの基本類型が生まれていた。すなわち、戦争を「受難」の経験として語り継ぐ「受難の語り」、敗戦からの日本の歩みを民主主義や文化的成熟などの観点から自己査定・省察する「戦後史の語り」、「唯一の戦争被爆国」であり憲法で「戦争放棄」を誓った日本には「平和国家」として果たすべき重要な役割があるとする「平和主義の語り」、という三つである。そしてそのなかでも「受難の語り」が当初から圧倒的な優位を占めてきた。この「受難の語り」においては、原爆や空襲、沖縄戦や外地からの引き揚げなどに代表される民間人の過酷な「被害」の体験、そして特攻隊や玉砕戦に代表されるアジア・太平洋の戦線での兵士達の壮絶な「犠牲」の体験が、繰り返し語られてきた。

「八月ジャーナリズム」において「受難の語り」が圧倒的な優位を占めてきた理由は、単に送り手であるメディアの側（記者、番組制作者たち）が、選択的・意識的に「被害」「犠牲」だけを取り上げてきたから、という説明では十分ではないだろう。むしろ、「八月ジャーナリズム」には、現場の制作者（送り手）達の意識・意図の如何に関わらず、戦後日本の歴史のなかで敗戦直後から形成され構造化されてきた戦争観や歴史認識を反映してきたという側面があると言える。「八月ジャーナリズム」と戦後日本は、いわば「合わせ鏡」のような関係であり続けてきたのである。『敗北を抱きしめて』においてジョン・ダワーが言ったように、無残な形で戦争に敗れて焦土と化した日本は、その敗北をもたらした当のアメリカによる強力な「指導」の下で、「敗北を抱きしめながら」再出発し、「戦後」をスタートさせた。[1] それは東西冷戦におけるアメリカの世界戦略に組み込まれる形での「従属的な独立」（ダワー）であった。アメリカの意向によって天皇制は「象徴天皇制」という形で温存され、多くの国々が日本に対する賠償請求権を放棄し、日本は国際社会に復帰した（サンフランシスコ講和条約）。そうした経緯のなかで、戦後日本は加害責任や戦争責任をめぐる諸問題に正面から向き合うことを「免除」された。[2]そして結果的に、戦後日本はその出発点において、戦争における「被害」「犠牲」の体験に基づく「被害者意識」を「拠り所」にすることになった。戦争を「受難」の体験として捉える戦争観が、戦後日本にとっての「アイデンティティ」の基礎となったのである。

多くの国々には、近代以降の戦争を契機として形成され語り継がれてきた近現代版の「建国神話」のようなものがある。その多くは、不当な権力支配、他国からの侵略や植民地支配に晒されながらも、人々がそれに抗して立ち上がり、最終的に解放や独立を勝ち取ったというストーリーである。[3]では、戦後日本の「建国神話」はどのようなものだったか。それは、多大の「被害」「犠牲」を支払わされた惨めな敗戦から這い上がり、「不戦」を誓い合った人々が努力と苦労を重ねて平和と経済的繁栄を手にするに至った、というものであった。「八月ジャーナリズム」はそうしたストーリーを繰り返し伝え続けてきた。そしてそのように伝えられることを通じて、戦争と戦後についての人々の「共通の記憶」が作られていった。このように、戦後日本の「建国神話」の形成過程に組み込まれ、その普及を担い、拡大再生産してきたのが「八月ジャーナリズム」であった。

止まらない「加害」の忘却

他方で、「八月ジャーナリズム」が「被害」と「犠牲」のジャーナリズムであり続けてきたことによって、アジアへの侵略、植民地支配、残虐行為、「従軍慰安婦」、徴用工といった日本による「戦争加害」の要素は傍流に押しやられ続けてきた。それは戦後日本の「建国神話」にとっては都合の悪い夾雑物だったからである。「加害」が全く語られなかったわけではない。「加害」への問いは、「八月ジャーナリズム」のなかで伏流水のように流れ続けてきたし、特定の時代状況において、あたかも間欠泉が噴き出すように「加害」に関わるテーマが活発に取り上げられる時期が幾度かあった。それが最も顕在化したのが一九九〇年代（前半〜半ば）であった。それは一時的ではあれ、「八月ジャーナリズム」における「言説布置の変容」と形容し得るような大きな変化をもたらしもした。第5章で分析したように、そうしたタイミングの殆どすべてが諸外国からの批判や訴訟といった「外圧」によって生じたものであった。しかし、「外圧」によるものだったとはいえ、「加害」に関わる諸テーマを取り上げることは、アジアからの視線を意識すること、アジアへの視野を確保することを意味していた。そこには中国や韓国をはじめとするアジア諸国との間に、戦争観や歴史認識をめぐる対話の回路を開き、「歴史和解」を促していく可能性が存在していた。また「八月ジャーナリズム」が、国内的な価値観を反映するだけの内向きのものから、より「開かれた」ジャーナリズムへと転換する契機も含まれていた。にもかかわらず、関連する諸問題に一定の区切りがつけられると、すぐに「加害」への関心や問題意識は遠のき、後景化していった。そして、中国や韓国をはじめとするアジア諸国の経済発展が続き、日本の相対的地位の低下が顕著になった二〇〇〇年代〜一〇年代においては、「八月ジャーナリズム」は再び内向きなジャーナリズムへと後退していった。こうした「八月ジャーナリズム」の近年の傾向も、新保守主義や歴史修正主義が台頭し、排外的なナショナリズムが高まった日本社会の状況と、まさに「合わせ鏡」のような関係にあった。

もちろん、「加害」を取り上げる番組が完全に無くなったわけではない。二〇一〇年代以降も、「加害」に関わるテーマを正面から取り上げる番組は数こそ少ないものの放送され続けている。その代表的なものとして挙げられるのが、『NNNドキュメント　南京事件　兵士たちの遺言』（日本テレビ、二〇一五年一〇月四日）、『NNNドキュメント　南京事件Ⅱ』（日本テレビ、二〇一八年五月二〇日）、『NHKスペシャル　731部隊の真実～エリート医学者と人体実験』（NHK、二〇一七年八月一三日）の三本である。前二本は放送日が八月ではなく「八月ジャーナリズム」には当たらないが、これまで「八月ジャーナリズム」のなかでも殆ど扱われることのなかった南京大虐殺の真相に迫った番組であり、一〇年代の戦争関連のドキュメンタリーを代表する番組でもある。また、『NHKスペシャル　731部隊の真実～エリート医学者と人体実験』は、南京大虐殺と並んで中国での日本の「加害」を代表するテーマである七三一部隊の問題を取り上げた。三本ともに放送後、大きな社会的な反響を呼んだ。前二作は、ギャラクシー賞、日本民放連最優秀賞、石橋湛山記念早稲田ジャーナリズム大賞など、『731部隊の真実』は放送人グランプリ、アメリカ国際フィルム・ビデオ祭ゴールド・カメラ賞など、内外で多くの賞を受賞して高い評価を得た。

『NNN ドキュメント　南京事件　兵士たちの遺言』（日本テレビ、2015 年 10 月 4 日）

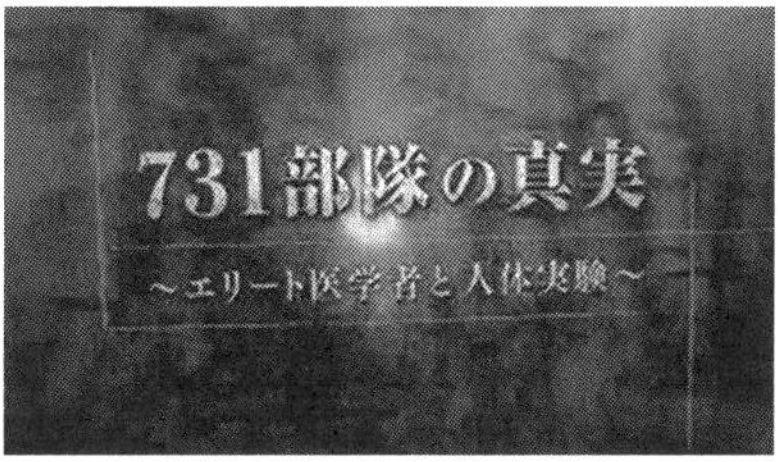

『NHK スペシャル 731 部隊の真実～エリート医学者と人体実験』（NHK、2017 年 8 月 13 日）

他方で、これらの番組は保守派・右派勢力を中心として激しい反発を巻き起こしもした。インターネット上には「偏向放送だ」「自虐史観だ」「反日報道だ」「事実の歪曲・捏造だ」といった批判が溢れた。制作者達によれば、こうした批判に対抗するうえで何よりも重要なのは確固たる一次資料の存在であるという[4]。実際、三本の番組には、兵士の手記、裁判の音声記録、当事者の証言といった「一次資料」に基づいて事実を積み上げていく調査報道の手法で制作されているという共通点がある。言い換えれば、そうした「一次資料」さえあれば、どのような時代状況にあっても「加害」に関わるテーマを取り上げることは決して不可能ではない。しかし、こうした番組は「八月ジャーナリズム」のなかでは、あくまでもごく少数の例外となっている。制作現場においても、戦争や歴史認識をめぐって議論が広く展開されたり問題意識が共有されたりしているわけではなく、一部の限られた制作者によって細々と制作されているというのが現状である。

「戦後七五年」の「八月ジャーナリズム」における既視感

そして「戦後七五年」にあたった二〇二〇年の八月、テレビの「八月ジャーナリズム」では、NHK一八本、民放七本、合わせて二五本のドキュメンタリー番組が放送された（地上波・全国放送）。同年春からの新型コロナウイルスの感染拡大のなかで取材・制作に制約があったことを考えれば、決して少なくない本数である。ただし、テーマ・内容的には従来と大きく変わることなく、日本・日本人の「被害」「犠牲」に関わるものが圧倒的に多くを占めていた。特に広島・長崎の原爆関連のテーマを扱った番組は一三本と全体の半分以上に上っていた。それ以外では、空襲、沖縄戦、ガダルカナル戦、サイパンでの玉砕戦、女性やアスリートにとっての戦争体験などが扱われた。これまであまり取り上げられていないテーマを扱った番組としては、読売新聞主筆の渡辺恒雄へのインタビューをベースに戦後日本における政治と戦争の関係史を扱った『NHKスペシャル 渡辺恒雄 戦争と政治〜戦後日本の自画像』（NHK、八月一一日）、民間人の戦争被害に対する補償が行われてこなかった戦後日本の状況と国家の戦争責任のあり方を問うた『忘れられた戦後補償』（NHK、八月一五日）の二本が挙げられる。「戦後史の語り」に該当するこの二本は、これまで見過ごされてきた視点から戦後日本に光を当てる番組であった。他方で、この年の「八月ジャーナリズム」には、日本・日本人の「加害」を主題的に扱った番組は一本もなかった。「受難の語り」が圧倒的な優勢を占める傾向、そしてその反面で「加害」に関わるテーマが殆ど取り上げられないという傾向は、二〇二〇年代以降も変わることなく継続されようとしている。

同じ二〇二〇年の八月一五日（終戦記念日）、全国戦没者追悼式典の首相式辞において安倍晋三首相（当時）は、「今日、私たちが享受している平和と繁栄は、戦没者の皆さまの尊い犠牲の上に築かれたものである」という、これもほぼ例年通りの一節を繰り返した。安倍は「戦後レジームからの脱却」を掲げて首相になった人物だが、その安倍にも「大きな犠牲を伴った敗戦から平和と繁栄へいたった」という戦後日本の「建国神話」の基本的な枠組みそれ自体を改変する意図は見られなかった。他方で安倍は、アジア諸国に対する「加害責任」に七年連続して言及しなかった。「加害責任」への言及は、一九九四年に村山富市首相（当時）が「深い反省」「哀悼の意」という言葉によって表明して以来、歴代首相の式辞で踏襲されてきた。安倍も第一次政権の〇七年には「アジア諸国の人々に対して多大の損害と苦痛を与えた」「深い反省とともに、犠牲となった方々に謹んで哀悼の意を表す」と述べていた。しかし、彼が第二次政権を発足させた二〇一三年に「深い反省」「哀悼の意」という文言は首相式辞から消えた。当初は、そのこと自体が大きなニュースとして報道され、中国・韓国からの反発もあったが[6]、その後は「今年も加害に言及せず」という短信扱いで報じられる程度にとどまってきた。代わって、二〇二〇年の首相式辞でニュースになったのは、「歴史に向き合う」という趣旨の言葉が消えたことであった。従来は「歴史に謙虚に向き合い」「歴史を直視し」「歴史の教訓を深く胸に刻み」などの表現で、必ず「歴史」への言及がなされていたが、二〇二〇年の式辞からは完全に無くなったのである。こうして、メディアの次元においても、政治的言説の次元においても、「被害」と「犠牲」を焦点化する戦争観・歴史観が再生産され続ける一方で、「戦争加害」はますます後景化し、ついには歴史そのものと共に忘却されようとしているように見える。

2　ポスト「テレビ時代」と「八月ジャーナリズム」の行方

〝戦争体験者のいない戦後日本〟へ

「八月ジャーナリズム」の今後を展望するうえでは、「戦争体験・記憶」を次世代にどう「継承」するのかということが中心的な問いとなる。「継承」は、第6章で確認したように、特に二一世紀に入って以降、「八月ジャーナリズム」でも大きなテーマとして扱われてきた。背景には、言うまでもなく戦争体験者の高齢化と減少がある。「戦後七五年」が経過した二〇二〇年、戦後生まれの人口が総人口に占める割合は八五％となり、戦争体験者の平均年齢は八一・八歳、被爆者の平均年齢は八三歳に達している。戦争経験者の高齢化・減少を象徴するのが「戦友会」の解散である。戦後、旧日本軍の兵士達が各地で結成した戦友会は、全盛期の一九六〇年代には五千〜一万数千を数えたとされるが、会員の高齢化とともに活動が維持できなくなり、九〇年代後半から〇〇年代にかけて解散が相次いだ。全国規模の組織だけでも、靖国神社「国体護持」を目的に結成された「全国戦友会連合会」が二〇〇二年に解散、陸軍少年飛行兵出身者の全国組織「少飛会」の会報が〇四年に終刊、旧海軍関係者らがつくる「海交国連合会」の事務局が二〇〇七年に解散している。[7] そして、二〇一〇年代以降に活動を維持している戦友会は数えるほどになっている。[8] 戦没者遺族の全国団体「日本遺族会」の会員も同様で、ピーク時の一九六七年には約一二五万世帯だったが、二〇一九年には約五七万世帯まで減少している。旧軍人や遺族を対象とした「軍人恩給」の受給者数も、ピーク時の二六一万人（一九六九年）から約二二万（二〇二〇年三月現在）へと一〇分の一以下にまで減少している。[9]

　こうして、〝戦争体験者のいない戦後日本〟の到来が目前に迫っている。では、〝戦争体験者のいない戦後日本〟における「戦争体験・記憶」の「継承」とは、どのようなものになるだろうか。この問題を考えるうえでは、戦後日本における「戦争」と「世代」の関係を整理しておくことが有益である。成田龍一は、戦争体験との関係で戦後日本における各世代について、斎藤美奈子の議論を援用しながら次の三つに分類している。[10] すなわち、（A）戦争の直接的な経験者（当事者）、（B）「親の戦争体験を一次情報として聞かされた」経験を持つ「戦後第一世代」、そして（C）「学校教育やメディアを通して再編された戦争しか知らない」「戦後第二世代」である（表7−1）。この場合、（B）「戦後第一世代」は一九四五年〜六〇年代生まれ、（C）「戦後第二世代」は一九七〇年代以降の生まれであるとさ

表7－1　戦後と世代

世代分類	生年	2025年時点での年齢
(A) 戦争経験者	戦前～戦中生まれ	81歳以上
(B) 戦後第一世代	1945～60年代生まれ	56～80歳
(C) 戦後第二世代	1970年代～90年代生まれ	30～55歳
(D) 戦後第三世代	00年以降生まれ	～25歳

れる。この分類に拠りながら、各世代の実年齢をみてみると、例えば「戦後八〇年」の節目となる二〇二五年時点では、(A)は八一歳以上、(B)「戦後第一世代」は五六歳～八〇歳である。そして(C)「戦後第二世代」でも一九七〇年生まれであれば五五歳である。つまり、まもなく到来する〝戦争体験者のいない戦後日本〟においては、(C)「戦後第二世代」でも、年齢的には子を持つ親の世代に当たる人が多く含まれていることになる。従って、今後の「戦争体験・記憶」の「継承」を考えていくうえでは、(C)「戦後第二世代」だけでなく、新たに(D)「戦後第三世代」と名づけられる世代(二〇〇〇年前後以降生まれ)を想定すべき状況となっている。

「継承」におけるメディアの役割の増大

「戦後世代」のなかでも、(B)「戦後第一世代」に属する人々の多くは、自身は戦争を直接経験していないとはいえ、親や親戚など周辺に戦争体験者を持ち、戦争体験者の話を「直接」聞いた経験がある。従って、多かれ少なかれ戦争の「影」や「雰囲気」を感じながら成長した世代である。しかし、世代(C)(D)にとってアジア太平洋戦争は日清・日露戦争などと同様に歴史として知るだけの、もはや「遠い過去」の出来事である。そして、この世代(C)(D)の割合が高まることは、単に戦後日本から「戦争」が遠ざかるというだけでなく、「戦争体験・記憶」の「継承」にとってメディアの役割と影響力がこれまでに以上に大きくなることを意味する。なぜならば、世代（C）（D）の人々にとっては、メディアを通して間接的にしか「戦争体験・記憶」を知る機会がなくなるからである。もとより、この場合のメディアは、「八月ジャーナリズム」のような新聞、テレビの報道だけでなく、映画、文学、教育（歴史教科書、平和学習）、インターネットなどを含む。また、博物館や資料館、記念碑や遺構、建築物なども、記憶を媒介する役割を果たしていることから、広い意味におけるメディアである。つまり、今後はこれらの幅広いメディアの領域が、「戦争体験・記憶」の「継承」を担う主要な「現場」になる。従って、そうした「現場」において、どのような「戦争体験・記憶」がどのように「継承」されていくのかが注目・検証されていかなければならない。

その意味で、二〇二〇年夏に放送された三本のテレビ番組が、資料館や慰霊碑、建物の保存や存続・維持の問題をテーマとして取り上げていたことは象徴的であった。『クローズアップ現代＋ 戦争の記憶をつなぐ資料館・慰霊碑の危機』（NHK、七月三〇日）は、各地にある戦争関連の博物館や資料館が入館者減などによって閉鎖される例が相次いでいることや、そうしたなかで戦争関連の遺品や資料の収集・保管が困難になっていることを紹介していた。また民放の二本のドキュメンタリー、『NNNドキュメント シリーズ戦後75年 煉瓦の記憶 広島・被爆建物は語る』（日本テレビ系列、八月二日）、『テレメンタリー 揺れる平和都市 ～被服支廠は残るのか～』（テレビ朝日系列、八月二日）は、偶然同じ日に放送され、ともに広島市内に残る最大級の被爆建物である「旧広島陸軍被服支廠」の保存問題を取り上げていた。被服支廠は、軍の服や靴を製造・管理する軍需工場で、広島市内に当時二

『NNN ドキュメント シリーズ戦後 75 年　煉瓦の記憶　広島・被爆建物は語る』（日本テレビ系列、2020 年 8 月 2 日）

〇箇所あった軍関連施設の一つである。二つの番組では、被爆者の高齢化が進むなか、被爆建物である被服支廠を解体するのか・保存するのかで揺れる広島の現状を伝えていた。

注目すべきは、これらの三本の番組が扱った博物館・資料館や建築物をめぐっても、「戦争記憶・保存」の「継承」における選別と排除のプロセスが存在し、そのなかでせめぎあいが生じている点である。ＮＨＫの『クローズアップ現代＋　戦争の記憶をつなぐ資料館・慰霊碑の危機』では、計画が凍結されたままになっている東京都の平和祈念館の問題に触れていた。二〇〇一年に墨田区内に開館予定であった平和祈念館では、展示計画に日本の「加害」に関連する内容が含まれていたことから、一部の都議や団体から「自虐的で偏向している」といった批判があり建設が凍結された。開館に向けて収集されていた五〇〇〇点を超える資料や証言映像は行き場を失ったままになっているという。また民放の二本のドキュメンタリーが扱っていた広島の被服支廠は、被爆の実相を伝える「被害の記憶」だけでなく、軍事都市としてアジア侵略を支える拠点となった広島の「加害の記憶」をも伝える建築物である。建物の保存を訴える人の中には、建物が解体されれば、併せて広島の「加害の記憶」も失われてしまうのではないかという危機感を持つ人もいる。第6章ではテレビ・ドキュメンタリーのなかでの「戦争体験・記憶」の「継承」をめぐる選別と排除のプロセスに注目したが、博物館・資料館や建築物などを含む幅広いメディアの諸領域において同様の問題が生じているのである。

「テレビ時代」の終焉と公共性の揺らぎ

このように「戦争体験・記憶」の「継承」におけるメディアの重要性が高まる一方で、インターネットの急速な台頭に伴うメディア環境の変化によって、テレビ、新聞などマス・メディアがその存在感や影響力を失うという状況が生じている。インターネットは、それ自体メディアであると同時に、多様なメディア、サービス、アプリを統合する「メタ・メディア」としても機能し、現代社会を生きる人々の日常生活を隅々まで覆い尽くすようになっている。[11] その結果、新聞、テレビなどのマス・メディアは、大きな変化の波に晒されている。

新聞は、発行部数が急速に減少している。国内の新聞発行部数は、ピークだった一九九七年の五三七七万部から二〇二〇年には三五〇九万部と、二〇年あまりのあいだに約三五%減少した。[12] テレビも同様で、人々のテレビ離れが顕著である。NHKの「国民生活時間調査」によると、一日にテレビを一五分以上見る人の割合（＝行為者率）は、一九九五年の九二%から二〇二〇年には七九%に減少している。[13] そしてテレビ視聴時間が、特に若年層で急速に減少している。例えば、二〇代男性の視聴時間は、一九九五年に二時間一九分（平日平均）だったが、二〇二〇年には一時間一六分になっている。こうした接触・視聴の減少は、テレビのメディアとしての訴求力を縮小させている。テレビ広告費は、ピークだった二〇〇〇年前後を境に漸減傾向が続いており、二〇一九年には急伸してきたインターネット広告費に逆転された。[14] それは、戦後日本で長く続いてきた「テレビ時代」の終焉を告げる象徴的な出来事でもあった。「八月ジャーナリズム」が誕生し発展した「戦後」が「マス・メディア時代」であり「テレビ時代」であったとするならば、現在はポスト「マス・メディア時代」、ポスト「テレビ時代」への移行期であると言える。

もちろん「テレビ時代」の終焉は、テレビがただちに消滅することを意味しない。テレビはその影響力を漸次的に縮小させながらも、当面のあいだは存続するだろう。しかし、「テレビ時代」の終焉は、テレビの社会的機能を変質させていくだろう。放送にはこれまで、高度な「公共性」が求められてきた（＝「放送の公共性」）。人々が日常生活を送るうえで必要な基本的情報を伝え、また社会の多様な立場や価値観を反映することによって民主主義の発達に寄与することが放送の公共的役割とされてきたのである。そしてそれゆえに、放送は他のメディアにはない様々な公的な規律・統制の対象にもなってきた。しかし今、この「放送の公共性」が揺らいでいる。なぜならば、「放送の公共性」を基礎づけてきた、①有限希少な電波を用いること、②社会的影響力が大きいこと、という二つの根拠がともに説得力を失っているからである。①については、すでに一九九〇年代以降、衛星放送やケーブルテレビの普及によって多チャンネル化が実現し、有限希少な電波（地上波）に依存する意味は薄れてきていた。そしてインターネットの普及は、そうした流れを決定的なものにした。また、②社会的影響力は先述のように相対的に減少しつつあり、「放送」だけを特権的に規律することの正当性が薄らいでいる。こうして、「テレビ時代」の終焉は、テレビが民主主義社会の再生産にとって必要な基本的情報を供給する基幹インフラであるという従来の前提を掘り崩していくだろう。そしてそうした事態は、戦争をめぐる「公共的な言論空間」としての「八月ジャーナリズム」のあり方にも影響を与えていくと考えられる。

しかし「八月ジャーナリズム」にとっての困難は「テレビ時代」の終焉だけではない。終戦からの時間の経過も、ますます大きな問題となっていくことが予想される。「戦後七〇年（二〇一五年）」の「八月ジャーナリズム」を振り返る『新聞研究』の特集に寄せた文章において、高木忍（室蘭民報社）は若年層に戦争を伝える難しさについて次のように書いている。

日本と他国とが真っ向からぶつかり合うような戦争はこの先、起きるわけはないと、特に若い世代ほど思っているのは疑いない。70年前の戦争の記録映像や映画にしても、まるで弓・槍の戦国時代劇を観るのと同じ感覚でしか伝わらない。そう、彼らにとって第2次世界大戦は、もはや「時代劇」の距離感になっていると思ったほうがいい。[15]

高木が指摘する通り、若年層の多くにとって戦争は「現在」から時間的にも空間的にあまりにも遠く隔たっており、自分達たちとの直接的な関係を見出しにくい事柄になっている。そして、テレビや新聞の「八月ジャーナリズム」も、毎年夏になるとお約束のように繰り返される「伝統芸能」「時代劇」のようなものとしてしか感受され得なくなっているように見える。もちろん、こうした「伝統芸能化」は今に始まったことではなく、すでに二〇～三〇年以上前から少しずつ進行していたかもしれない。しかし新聞、テレビが求心力を失ってきたことに加えて、戦後世代の世代交代の進行に伴って、「八月ジャーナリズム」が伝える戦争にリアリティを見出せない人が増え続けているのである。

「八月ジャーナリズム」の行方

しかし、こうした「八月ジャーナリズム」を取り巻く幾重もの困難にもかかわらず、「八月ジャーナリズム」がその歴史的役割を終えたと考えることはできない。

確かに「八月ジャーナリズム」は「年中行事」のようになっているかもしれないが、しかしまさに「年中行事」であることによって、人々が普段は忘れている戦争を思い出し、戦争の犠牲者を偲び、追悼し、平和への誓いを新たにする機会を提供し、戦後日本を「戦後日本」たらしめてきた。また「八月ジャーナリズム」は「被害と犠牲のジャーナリズム」として無視し得ないバイアスを抱えてきたことは事実だとしても、他方で、そうした「被害」「犠牲」を扱った膨大な番組（原爆関連番組はその代表的なものである）が放送され続けてきたことは、日本独自の「反核・平和思想」の形成にとって小さくない意味を持ってきた。それ自体の歴史的意義は過小評価されるべきではない。さらに「八月ジャーナリズム」には、傍流であり続けてきたとはいえ、「加害の語り」の系譜も存在してきた。それは戦争加害や戦争責任に対する自己反省を促し、戦争で被害を受けたアジア諸国の人々との対話や和解の可能性を開く様々な契機を内包していた。戦後七〇年以上にわたるこれまでの営為のなかで「八月ジャーナリズム」が積み上げてきたものは、戦後日本にとっては貴重な社会的資産であると言える。日本社会が少なくとも「戦後日本」である限りにおいて、私たちは今後も「八月ジャーナリズム」を必要とし続けるのではないだろうか。

また「八月ジャーナリズム」は、インターネットを中心に編成されつつある新しいメディア環境下においても、引き続きテレビや新聞などのマス・メディアがその主たる担い手であり続けるべきである。なぜなら「八月ジャーナリズム」を担うメディアには、多様な「戦争記憶」を広く共有し「集合的記憶」として次世代に継承する力、そして戦争や平和をめぐる多様な意見が行き交う「公共的な言論空間」を設営する機能、さらには戦争や戦後のあり方を反省し、関連する諸問題の所在を明らかにしたり掘り下げたりする役割が求められるからである。インターネットは、情報の共有よりもむしろ個人化・細分化を促進し、社会的な対話や包摂よりも時として対立や分断を助長することが指摘される。少なくとも現状においてはテレビや新聞などのマス・メディアのほうが、「八月ジャーナリズム」の担い手として求められるメディア特性をより多く備えていると考えられる。

もちろん、今後「戦後八〇年（二〇二五年）」「戦後九〇年（二〇三五年）」に向けて営まれていく「八月ジャーナリズム」が、従来のあり方そのままで引き継がれていけば良いというわけではない。「八月ジャーナリズム」が抱えてきた一面性、様々な問題や限界についての真摯な総括と反省に立ちながら、内向きで自閉的なジャーナリズムから国の内外に開かれた対話的なジャーナリズムへと転換を図っていく必要がある。そしてそうした転換を通じて、戦争と平和をめぐる批判的かつ建設的な「公共的な言論空間」を形成し、「伝統芸能」と見なされるような形骸化に抗っていかなければならない。またその際には、前述のようにテレビ、新聞などのマス・メディアが「八月ジャーナリズム」の主たる担い手であるべきであるとしても、インターネットとの有効な連携や様々な新しいデジタル技術の活用も積極的に試みながら、新しい時代に相応しい「八月ジャーナリズム」の形が模索されていかなければならない。

以上のような困難な諸課題に取り組みながら「八月ジャーナリズム」をどう前進させていくのか、ジャーナリズムの現場の構想力と実践力が試されている。「八月ジャーナリズム」と戦後日本をめぐる問いは、ジャーナリズムにも、そして社会全体にも開かれた問いとして、今後もなお問われ続けていかなければならない。

【注】

1　ジョン・ダワー『敗北を抱きしめて 上・下 増補版――第二次大戦後の日本人』三浦陽一・高杉忠明訳、岩波書店、二〇〇四年。

2　東京裁判をはじめとする戦犯裁判は、連合国（戦勝国）という「外部」からの裁きであり、内発的なものではない。連合国による裁判の後も、自身の手によってナチスの戦争犯罪に向き合い続け、訴追・裁判を重ねてきたドイツとは、戦後日本は大きく異なっている。石田勇治『過去の克服――ヒトラー後のドイツ』白水社、二〇〇二年、熊谷徹『ドイツは過去とどう向き合ってきたか』高文研、二〇〇七年、三島憲一『戦後ドイツ――その知的歴史』岩波書店、一九九一年など参照。

3　例えば、アメリカの「建国神話」は、メイフラワー号で東海岸に到着した入植者達が開拓し、イギリスの重税と圧政に対抗して独立戦争を戦い、独立を勝ち取ったというものである。大西直樹『ピルグリム・ファーザーズという神話――作られた「アメリカ建国」』講談社、一九九八年。また中国においては、19世紀以降の欧米列強および日本による侵略や支配に苦しみながら、建国の父・毛沢東に率いられた人民が抗日戦争に勝利し、最終的に社会主義中国を建設したというストーリーが、ある種の「公定の歴史」として機能している。

4 毎日新聞「『NNNドキュメント』清水潔さんが検証 南京事件『否定論』なぜ」二〇一八年六月一日朝刊。その他、制作者、関係者らへの筆者によるヒアリングから。

5 首相官邸ホームページ参照。https://www.kantei.go.jp/

6 例えば、朝日新聞「中韓、首相式辞に反発続く 米は緊張の高まり懸念」二〇一三年八月一六日朝刊、毎日新聞「終戦記念日：祈り、68回目の夏 首相、加害責任に触れず」二〇一三年八月一五日朝刊など。

7 吉田裕『兵士たちの戦後史――戦後日本社会を支えた人びと』岩波書店、二〇二〇年、三頁。

8 遠藤美幸「『戦友会』の変容と世代交代 戦場体験の継承をめぐる葛藤と可能性」『日本オーラル・ヒストリー研究』第一四号、二〇一八年九月、九頁。笹幸恵「消滅する『戦友会』」『新潮45』二〇一三年一二月号、参照。

9 毎日新聞「戦後75年：高齢化とコロナ、継承阻む 恩給受給、5年で半減」二〇二〇年八月一五日朝刊。

10 成田龍一『戦後史入門』河出書房新社、二〇一五年、二一四頁（斎藤美奈子「『戦争の語り方』の語り方」『ちくま』二〇一二年二月号）。

11 毛利嘉孝「ポストメディア時代の批判的メディア理論研究に向けて」『マス・コミュニケーション研究』No.90、二〇一七年、遠藤薫『間メディア社会と〈世論〉形成――TV・ネット・劇場社会』東京電機大学出版局、二〇〇七年。

12 日本新聞協会「新聞発行部数と世帯数の推移」から。https://www.pressnet.or.jp/data/circulation/circulation01.php（二〇二一年三月一日）。

13 NHK放送文化研究「国民生活時間調査２０２０」https://www.nhk.or.jp/bunken/research/yoron/pdf/20210521_1.pdf（二〇二一年五月二五日）。

14 電通「日本の広告費」https://www.dentsu.co.jp/knowledge/ad_cost/（二〇二〇年九月一〇日）。

15 高木忍「戦争体験者がいることの重み――『だまされた国民』の内面に迫る作業を」『新聞研究』No.７７４、二〇一六年一月号。

初出一覧

本書の各章は、左記の既発表の論文を大幅に加筆・修正して構成したものである（序章、第2章、第5章、終章は書き下ろし）。

第1章「『八月ジャーナリズム』の形成─終戦期～一九五〇年代におけるラジオ、新聞による戦争関連報道の展開─」『政経研究』第五六巻 第一号（二〇一九年七月）

第3章「『戦争加害』という主題の形成─1970年代におけるテレビの「8月ジャーナリズム」を中心に─」『ジャーナリズム&メディア』Vol.13（二〇一九年九月）

第4章「冷戦下の『反核・平和主義』と『加害』の前景化─一九八〇年代におけるテレビの『八月ジャーナリズム』─」『政経研究』第五七巻 第一号（二〇二〇年六月）

第6章「『戦争体験・記憶』の継承をめぐるポリティクス─〝戦後七〇年〟関連テレビ番組の内容分析を中心に─」『政経研究』第五四巻 第四号（二〇一八年三月）

あとがき

本書のベースとなる研究に取り組んでいた二〇一九年、在外研究でヨーロッパに半年間滞在する機会を得た。北欧フィンランドを拠点としながら、ドイツ、ポーランド、イギリス、バルト三国、そして東欧の幾つかの国を回り、それぞれの国で戦争がどのように語られてきたのか、メディアでどのように表象されてきたのかについて調査した。戦争に関する語りやメディア表象の特徴は、国によって大きく異なっていた。言うまでもなくそれらは、戦争がその国の現代史にどのような意味を持ち、何をもたらしたかということに深く規定されていた。印象的だったのはドイツであった。首都ベルリンには、ナチスの独裁政治やユダヤ人迫害に関する資料館や博物館、モニュメント等が数多く整備されていた。そしてそうした場所に国内外から多くの人々が訪れ、展示や資料に熱心に見入っていた。戦後ドイツがナチスやヒトラーをドイツ史に突然変異のように現れた異形の存在として他者化することで、過去の清算を図ろうとしてきたとする批判があることは承知している。しかしそれを踏まえてもなお、自国の「戦争加害」の歴史から目を逸らすことなく、それと向き合い続けるドイツの姿勢には深い感銘を受けた。

そして同時に、戦後日本との落差のあまりの大きさに暗澹たる思いを禁じ得なかった。東京には、なぜ日本の「戦争加害」を正面から扱った国公立の資料館や博物館が存在しないのか。日本のメディアでは、なぜ「加害の語り」がかくも傍流に追いやられてきたのか。本書の執筆動機のひとつは、彼我の差を生み出し拡大再生産してきた諸要因を探り出し、それらについて説明する言葉を得たいということに他ならなかった。

ただし、研究は容易には進捗しなかった。第一に、対象が膨大であった。「八月ジャーナリズム」において積み上げられてきたものは、テレビ番組に限定してもあまりに数が多い。それらを戦後史のコンテクストのなかに位置づけながら、その全体像を捉えることは想像以上の難題であった。第二に、それ以前の問題として、過去のテレビ番組についての史料が体系的に整備・公開されていないために、新聞の「ラ・テ欄」やテレビ雑誌、テレビ局のHPなどを頼りに対象番組を特定し、リストアップすることに多くの時間とエネルギーを要した。また第三に、そのようにしてリストアップした番組のうち、実際に視聴できるものは限られていた。古い番組の多くはそもそも保存されていないうえ、保存番組についても著作権処理の問題もあって公開があまり進んでいない。今回対象とした一六五四本の戦争・終戦関連番組のうち、視聴し得たのは二割に満たない。この国のアーカイブ文化の貧困は、現代史の検証を著しく困難なものにしていることを改めて痛感することになった。安倍・自民党政権下では公文書の改ざんや廃棄が顕在化して大きな問題となったが、基礎資料を体系的に保存・公開することの重要性が共有されていないという問題は、行政のレベルに留まらず広く社会全体に及んでいると言うべきである。

他方、そうしたこととは別に、本書にはいくつかの限界がある。今回はテレビの「八月ジャーナリズム」のなかでも主としてドキュメンタリー番組を対象としたため、その他のジャンルの番組についてはごく簡単にしか扱うことができなかった。また、分析対象を地上波で全国放送された番組に限定したが、ローカル放送の番組のなかにも数多くの優れた関連番組が存在するほか、近年では衛星（BS）放送でも重要な番組が多く放送されている。それらについても対象としていない。

さらに本書の記述は、テレビの「八月ジャーナリズム」の内容分析が中心で、番組制作者たちの企画意図や問題意識などには深く立ち入ることができなかった。戦争体験者の高齢化や数の減少については本書でも言及した通りであるが、実は同様の問題は放送業界内でも生じている。戦争・終戦関連番組を制作した経験を持つ作り手たちの高齢化が進み、物故者も増えている。そして次世代の作り手の育成が、制作現場で課題となっている。テレビの「八月ジャーナリズム」の歴史を検証し、その蓄積を未来への資産として継承していくためにも、過去の番組制作者の証言収集は急務である。そして、そのように収集した証言の分析を通じて、研究がさらに深められていかなければならない。以上列挙した作業については、今後の課題としたい。

本書刊行にあたっては多くの方々にお世話になった。

執筆の過程では、かつて勤務したNHK時代の諸先輩や同僚、現在奉職している日本大学法学部の先生方、筆者が参加している幾つかの研究会（現代テレビ・ジャーナリズム研究会、早稲田大学〝和解学の創生〟プロジェクト、メディア史研究会、ハイパーリアリティ研究会など）のメンバー、そして私を客員研究員として招聘し、様々な便宜を図ってくれたフィンランド・タンペレ大学の研究者たち等から、数多くの貴重な意見や助言をいただいた。これらの方々には深く感謝している。なかでも、小川浩一先生（東海大学名誉教授）、成田康昭先生（立教大学名誉教授）には、本研究に着手した頃からの長きにわたって、不勉強な私にお付き合いいいただき、的確かつ丁寧なご指導を賜った。この場を借りて最大限の感謝を申し上げたい。

本書は、二〇一七―二一年度の科学研究費補助金（新学術領域研究「戦争と植民地をめぐる和解文化と記憶イメージ」）、ならびにNHK番組アーカイブス学術利用トライアル（「戦争・終戦関連のテレビ番組における『アジア』と『加害』の表象」二〇一九年度・第三回）の成果である。また刊行にあたっては日本大学法学部の出版助成（二〇二一年度）を受けている。記して謝意を表したい。

本書の企画は、大学の紀要に発表した私の一本の論文に、花伝社の佐藤恭介氏が目を留めて下さったところからスタートした。それから出版に至るまでに三年近くが経過してしまった。なかなか進捗しない私の作業を辛抱強く待ち、サポートし続けていただいた佐藤氏に、厚く御礼を申し上げたい。

最後に、いつも私を温かく見守り、最も身近な〝読者〟として励まし続けてくれた家族――父、亡き母、そして妻に心からの感謝の言葉を伝えたい。

二〇二一年六月

米倉　律

米倉　律（よねくら・りつ）
1968年愛媛県生まれ。日本大学法学部教授。早稲田大学大学院政治学研究科修士課程修了後、NHK広島放送局、報道局ディレクター、NHK放送文化研究所主任研究員、日本大学法学部准教授などを経て、2019年から現職。専門は、映像ジャーナリズム論、メディア史。著書に『新放送論』（共編著、学文社）、『ローカルテレビの60年』（共編著、森話社）、『メディアの地域貢献』（共著、一藝社）など。

日本大学法学部叢書 第43巻

「八月ジャーナリズム」と戦後日本――戦争の記憶はどう作られてきたのか

2021年7月5日　初版第1刷発行

著者 ――― 米倉　律
発行者 ―― 平田　勝
発行 ――― 花伝社
発売 ――― 共栄書房
〒101-0065　東京都千代田区西神田2-5-11出版輸送ビル2F
電話　03-3263-3813
FAX　03-3239-8272
E-mail　info@kadensha.net
URL　http://www.kadensha.net
振替 ――― 00140-6-59661
装幀 ――― 北田雄一郎
印刷・製本 ― 中央精版印刷株式会社

ISBN978-4-7634-0975-1 C3036